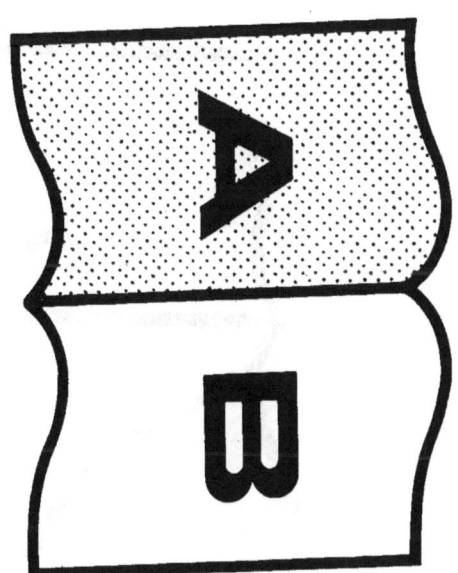

Contraste insuffisant
NF Z 43-120-14

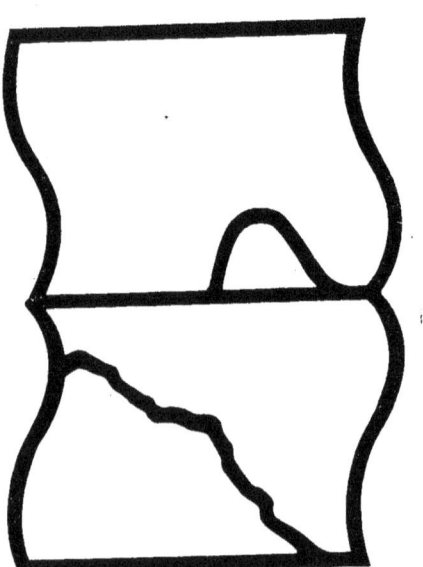

Texte détérioré — reliure défectueuse

NF Z 43-120-11

1ʳᵉ LIVRAISON.   10 CENTIMES.

VICTOR HUGO
LES MISÉRABLES

NOUVELLE ÉDITION ILLUSTRÉE

EUGÈNE HUGUES, ÉDITEUR, RUE DU HASARD-RICHELIEU, 8.

VICTOR HUGO

NOUVELLES ÉDITIONS ILLUSTRÉES

En cours de publication

LES MISÉRABLES

NOUVELLE ÉDITION SPLENDIDEMENT ILLUSTRÉE

500 DESSINS DE MM.

J.-P. Laurens, G. Brion, de Neuville, Émile Bayard
Lix, Edmond Morin, D. Vierge, Lançon, H. Scott, — Victor Hugo.

200 Livraisons à 10 cent. — 40 Séries à 50 cent. — Les cinq volumes : 20 fr.

Il suffit d'envoyer un mandat-poste de 4 fr. à l'adresse de M. Hugues, éditeur, pour recevoir franco par toute la France les 8 premières Séries, au fur et à mesure qu'elles paraîtront.

NOTRE-DAME DE PARIS

200 DESSINS DE MM.

Meissonier, Brion, Raffet, Chifflart, Bayard, Daubigny, Vierge, Viollet-le-Duc
Tony Johannot, Jacque, Morin, Hoftbauer, Riou, Foulquier, Lemud, Méryon, — Victor Hugo.

85 Livraisons à 10 cent. — 17 Séries à 50 cent. — Le volume, 8 fr. 50

OUVRAGES COMPLETS

HISTOIRE D'UN CRIME

DESSINS DE MM.

J.-P. Laurens, G. Brion, É. Bayard, Chifflart
D. Vierge, Lix, A. Marie, H. Scott, etc.

60 Livraisons à 10 cent. — 12 Séries à 50 cent.

Broché, 6 fr. Demi-reliure, tranche dorée, 10 fr.

NAPOLÉON LE PETIT

DESSINS DE MM.

J.-P. Laurens, É. Bayard, E. Morin, D. Vierge
Chifflart, Lix, H. Scott, Brun, etc.

30 Livraisons à 10 cent. — 6 séries à 50 cent.

Broché, 3 fr. Demi-reliure, tranche dorée, 7 fr.

QUATREVINGT-TREIZE

DESSINS DE MM.

É. Bayard, G. Brion, K. Bodmer, Férat,
Lançon, Morin, Riou, H. Scott, D. Vierge,
Victor Hugo.

60 Livraisons à 10 cent. — 12 Séries à 50 cent.
Le volume 6 fr.

Cart. toile, fers spéciaux, tranche dorée, 9 fr
Demi-reliure et tranche dorée, 10 fr.

L'ANNÉE TERRIBLE

DESSINS NOUVEAUX DE MM.

J.-P. Laurens,
L. Flameng, É. Bayard, Vierge, Lix, E. Morin,
Victor Hugo.

— 40 Livraisons à 10 centimes —
8 Séries à 50 centimes

Broché, 4 fr. — Demi-reliure, tranche dorée, 7 fr

LA SOUSCRIPTION RESTE PERMANENTE AUX LIVRAISONS ET SÉRIES DE CES QUATRE OUVRAGES

Les quatre ouvrages sont envoyés *franco* contre le prix en un mandat-poste a l'adresse de l'éditeur.

PARIS, — Impr. J. CLAYE. — A. QUANTIN et Cᵉ, rue Saint-Benoît.

LES MISÉRABLES

TROISIÈME PARTIE

MARIUS

(c)

LES MISÉRABLES

TROISIÈME PARTIE

MARIUS

MARIUS

TROISIÈME PARTIE

MARIUS

LIVRE PREMIER

PARIS ÉTUDIÉ DANS SON ATOME

I

PARVULUS

Paris a un enfant et la forêt a un oiseau ; l'oiseau s'appelle le moineau ; l'enfant s'appelle le gamin.

Accouplez ces deux idées qui contiennent, l'une toute la fournaise, l'autre toute l'aurore ; choquez ces étincelles, Paris, l'enfance ; il en jaillit un petit être. *Homuncio*, dirait Plaute.

Ce petit être est joyeux. Il ne mange pas tous les jours et il va au spectacle, si bon lui semble, tous les soirs. Il n'a pas de chemise sur le corps, pas de souliers aux pieds, pas de toit sur la tête ; il est comme les mouches du ciel qui n'ont rien de tout cela. Il a de sept à treize ans, vit par bandes, bat le pavé, loge en plein air, porte un vieux pantalon de son père qui lui descend plus bas que les talons, un vieux chapeau de quelque autre père qui lui descend plus bas que les oreilles, une seule bretelle en lisière jaune, court, guette, quête, perd le temps, culotte des pipes, jure comme un damné, hante le cabaret, connaît des voleurs, tutoie des filles, parle argot, chante des chansons obscènes, et n'a rien de mauvais dans le cœur. C'est qu'il a dans l'âme une perle, l'innocence; et les perles ne se dissolvent pas dans la boue. Tant que l'homme est enfant, Dieu veut qu'il soit innocent.

Si l'on demandait à l'énorme ville : Qu'est-ce que c'est que cela? elle répondrait : C'est mon petit.

II

QUELQUES-UNS DE SES SIGNES PARTICULIERS

Le gamin de Paris, c'est le nain de la géante.

N'exagérons point, ce chérubin du ruisseau a quelquefois une chemise, mais alors il n'en a qu'une; il a quelquefois des souliers, mais alors ils n'ont point de semelles; il a quelquefois un logis, et il l'aime, car il y trouve sa mère; mais il préfère la rue, parce qu'il y trouve la liberté. Il a ses jeux à lui, ses malices à lui, dont la haine des bourgeois fait le fond; ses métaphores à lui : être mort, cela s'appelle *manger des pissenlits par la racine*; ses métiers à lui, amener des fiacres, baisser les marchepieds des voitures, établir des péages d'un côté de la rue à l'autre dans les grosses pluies, ce qu'il appelle faire *des ponts des arts*, crier les discours prononcés par l'autorité en faveur du peuple français, gratter l'entre-deux des pavés; il a sa monnaie à lui, qui se compose de tous les petits morceaux de cuivre façonné qu'on peut trouver sur la voie publique. Cette curieuse monnaie, qui prend le nom de *loques*, a un cours invariable et fort bien réglé dans cette petite bohème d'enfants.

Enfin il a sa faune à lui, qu'il observe studieusement dans des coins; la bête à bon Dieu, le puceron tête-de-mort, le faucheux, « le diable », insecte noir qui menace en tordant sa queue armée de deux cornes. Il a son monstre fabuleux qui a des écailles sous le ventre et qui n'est pas un lézard, qui a des pustules sur le dos et qui n'est pas un crapaud, qui habite les trous des vieux fours à chaux et des puisards desséchés, noir, velu, visqueux, rampant, tantôt lent, tantôt rapide, qui ne crie pas, mais qui regarde, et qui est si terrible que personne ne l'a jamais vu; il nomme ce monstre « le sourd ». Chercher des sourds dans les pierres, c'est un plaisir du genre redoutable. Autre plaisir, lever brusquement un pavé, et voir des cloportes. Chaque région de Paris est célèbre par les trouvailles intéressantes qu'on peut y faire. Il y a des perce-oreilles dans les chantiers des Ursulines, il y a des mille-pieds au Panthéon, il y a des têtards dans les fossés du Champ-de-Mars.

Quant à des mots, cet enfant en a comme Talleyrand. Il n'est pas moins cynique, mais il est plus honnête. Il est doué d'on ne sait quelle jovialité imprévue; il ahurit le boutiquier de son fou rire. Sa gamme va gaillardement de la haute comédie à la farce.

Un enterrement passe. Parmi ceux qui accompagnent le mort, il y a un médecin. — Tiens, s'écrie un gamin, depuis quand les médecins reportent-ils leur ouvrage?

Un autre est dans une foule. Un homme grave, orné de lunettes et de breloques, se retourne indigné : — Vaurien, tu viens de prendre « la taille » à ma femme. — Moi, monsieur! fouillez-moi.

III

IL EST AGRÉABLE

Le soir, grâce à quelques sous qu'il trouve toujours moyen de se procurer, l'*homuncio* entre à un théâtre. En franchissant ce seuil magique, il se transfigure; il était le gamin, il devient le titi. Les théâtres sont des espèces de vaisseaux retournés qui ont la cale en haut. C'est dans cette cale que le titi s'entasse. Le titi est au gamin ce que la phalène est à la larve; le même être envolé et planant. Il suffit qu'il soit là, avec son rayonnement de bonheur, avec sa puissance d'enthousiasme et de joie, avec son battement de mains qui ressemble à un battement d'ailes, pour que cette cale étroite, fétide, obscure, sordide, malsaine, hideuse, abominable, se nomme le Paradis.

Donnez à un être l'inutile et ôtez-lui le nécessaire, vous aurez le gamin.

Le gamin n'est pas sans quelque intuition littéraire. Sa tendance, nous le disons avec la quantité de regret qui convient, ne serait point le goût classique. Il est, de sa nature, peu académique. Ainsi, pour donner un exemple, la popularité de mademoiselle Mars dans ce petit public d'enfants orageux était assaisonnée d'une pointe d'ironie. Le gamin l'appelait mademoiselle *Muche*.

Cet être braille, raille, gouaille, bataille, a des chiffons comme un bambin et des guenilles comme un philosophe, pêche dans l'égout, chasse dans le cloaque, extrait la gaieté de l'immondice, fouaille de sa verve les carrefours, ricane et mord, siffle et chante, acclame et engueule, tempère Alleluia par Matanturlurette, psalmodie tous les rhythmes depuis le De Profundis jusqu'à la Chie-en-lit, trouve sans chercher, sait ce qu'il ignore, est spartiate jusqu'à la filouterie, est fou jusqu'à la sagesse, est lyrique jusqu'à l'ordure, s'accroupirait sur l'Olympe, se vautre dans le fumier et en sort couvert d'étoiles. Le gamin de Paris, c'est Rabelais petit.

Il n'est pas content de sa culotte, s'il n'y a point de gousset de montre.

Il s'étonne peu, s'effraye encore moins, chansonne les superstitions, dégonfle les exagérations, blague les mystères, tire la langue aux revenants, dépoétise les échasses, introduit la caricature dans les grossissements épiques. Ce n'est pas qu'il soit prosaïque; loin de là; mais il remplace la vision solennelle par la fantasmagorie farce. Si Adamastor lui apparaissait, le gamin dirait : Tiens! Croquemitaine!

IV

IL PEUT ÊTRE UTILE

Paris commence au badaud et finit au gamin, deux êtres dont aucune autre ville n'est capable; l'acceptation passive qui se satisfait de regarder, et l'initiative inépuisable; Prudhomme et Fouillou. Paris seul a cela dans son histoire naturelle. Toute la monarchie est dans le badaud; toute l'anarchie est dans le gamin.

Ce pâle enfant des faubourgs de Paris vit et se développe, se noue et « se dénoue » dans la souffrance, en présence des réalités sociales et des choses humaines, témoin pensif. Il se croit lui-même insouciant; il ne l'est pas. Il regarde, prêt à rire; prêt à autre chose aussi. Qui que vous soyez qui vous nommez Préjugé, Abus, Ignominie, Oppression, Iniquité, Despotisme, Injustice, Fanatisme, Tyrannie, prenez garde au gamin béant.

Ce petit grandira.

De quelle argile est-il fait? de la première fange venue. Une poignée de boue, un souffle, et voilà Adam. Il suffit qu'un Dieu passe. Un Dieu a toujours passé sur le gamin. La fortune travaille à ce petit être. Par ce mot « la fortune », nous entendons un peu l'aventure. Ce pygmée pétri à même dans la grosse terre commune, ignorant, illettré, ahuri, vulgaire, populacier, sera-ce un ionien ou un béotien? Attendez, *currit rota*, l'esprit de Paris, ce démon qui crée les enfants du hasard et les hommes du destin, au rebours du potier latin, fait de la cruche une amphore.

V

SES FRONTIÈRES

Le gamin aime la ville, il aime aussi la solitude, ayant du sage en lui. *Urbis amator*, comme Fuscus; *ruris amator*, comme Flaccus.

Errer songeant, c'est-à-dire flâner, est un bon emploi du temps pour le philosophe; particulièrement dans cette espèce de campagne un peu bâtarde, assez laide, mais bizarre et composée de deux natures, qui entoure certaines grandes villes, notamment Paris. Observer la banlieue, c'est observer l'amphibie. Fin des arbres, commencement des toits; fin de l'herbe, commencement du pavé; fin des sillons, commencement des boutiques; fin des ornières, commencement des passions; fin du murmure divin, commencement de la rumeur humaine; de là un intérêt extraordinaire.

De là, dans ces lieux peu attrayants, et marqués à jamais par le

passant de l'épithète : *triste*, les promenades, en apparence sans but, du songeur.

Celui qui écrit ces lignes a été longtemps rôdeur de barrières à Paris, et c'est pour lui une source de souvenirs profonds. Ce gazon ras, ces sentiers pierreux, cette craie, ces marnes, ces plâtres, ces âpres monotonies des friches et des jachères, les plants de primeurs des maraîchers aperçus tout à coup dans un fond, ce mélange du sauvage et du bourgeois, ces vastes recoins déserts où les tambours de la garnison tiennent bruyamment école et font une sorte de bégayement de la bataille, ces thébaïdes le jour, coupe-gorge la nuit, le moulin dégingandé qui tourne au vent, les roues d'extraction des carrières, les guinguettes au coin des cimetières; le charme mystérieux des grands murs sombres coupant carrément d'immenses terrains vagues innondés de soleil et pleins de papillons, tout cela l'attirait.

Presque personne sur la terre ne connaît ces lieux singuliers, la Glacière, la Cunette, le hideux mur de Grenelle tigré de balles, le Mont-Parnasse, la Fosse-aux-Loups, les Aubiers sur la berge de la Marne, Mont-Souris, la Tombe-Issoire, la Pierre-Plate de Châtillon où il y a une vieille carrière épuisée qui ne sert plus qu'à faire pousser des champignons, et que ferme à fleur de terre une trappe en planches pourries. La campagne de Rome est une idée, la banlieue de Paris en est une autre; ne voir dans ce que nous offre un horizon rien que des champs, des maisons ou des arbres, c'est rester à la surface; tous les aspects des choses sont des pensées de Dieu. Le lieu où une plaine fait sa jonction avec une ville est toujours empreint d'on ne sait quelle mélancolie pénétrante. La nature et l'humanité vous y parlent à la fois. Les originalités locales y apparaissent.

Quiconque a erré comme nous dans ces solitudes contiguës à nos faubourgs qu'on pourrait nommer les limbes de Paris, y a entrevu çà et là, à l'endroit le plus abandonné, au moment le plus inattendu, derrière une haie maigre ou dans l'angle d'un mur lugubre, des enfants, groupés tumultueusement, fétides, boueux, poudreux, dépenaillés, hérissés, qui jouent à la pigoche couronnés de bleuets. Ce sont tous les petits échappés des familles pauvres. Le boulevard extérieur est leur milieu respirable : la banlieue leur appartient. Ils y font une éternelle école buissonnière. Ils y chantent ingénument leur répertoire de chansons malpropres. Ils sont là, où pour mieux dire, ils existent là, loin de tout regard, dans la douce clarté de mai ou de juin, agenouillés autour d'un trou dans la terre, chassant des billes avec le pouce, se disputant des liards, irresponsables, envolés, lâchés, heureux; et, dès qu'ils vous aperçoivent, ils se souviennent qu'ils ont une industrie, et qu'il leur faut gagner leur vie, et ils vous offrent à vendre un vieux bas de laine plein de hannetons ou une touffe de lilas. Ces rencontres d'enfants étranges sont une des grâces charmantes, et en même temps poignantes, des environs de Paris.

Quelquefois, dans ces tas de garçons, il y a des petites filles, — sont-ce leurs sœurs? — presque jeunes filles, maigres, fiévreuses,

gantées de hâle, marquées de taches de rousseur, coiffées d'épis de seigle et de coquelicots, gaies, hagardes, pieds nus. On en voit qui mangent des cerises dans les blés. Le soir, on les entend rire. Ces groupes, chaudement éclairés de la pleine lumière de midi ou entrevus dans le crépuscule, occupent longtemps le songeur, et ces visions se mêlent à son rêve.

Paris, centre, la banlieue, circonférence; voilà pour ces enfants toute la terre. Jamais ils ne se hasardent au delà. Ils ne peuvent pas plus sortir de l'atmosphère parisienne que les poissons ne peuvent sortir de l'eau. Pour eux, à deux lieues des barrières, il n'y a plus rien : Ivry, Gentilly, Arcueil, Belleville, Aubervilliers, Ménilmontant, Choisy-le-Roi, Billancourt, Meudon, Issy, Vanvre, Sèvres, Puteaux, Neuilly, Gennevilliers, Colombes, Romainville, Chatou, Asnières, Bougival, Nanterre, Enghien, Noisy-le-Sec, Nogent, Gournay, Drancy, Gonesse; c'est là que finit l'univers.

VI

UN PEU D'HISTOIRE

A l'époque, d'ailleurs presque contemporaine, où se passe l'action de ce livre, il n'y avait pas, comme aujourd'hui, un sergent de ville à chaque coin de rue (bienfait qu'il n'est pas temps de discuter); les enfants errants abondaient dans Paris. Les statistiques donnent une moyenne de deux cent soixante enfants sans asile ramassés alors annuellement par les rondes de police dans les terrains non clos, dans les maisons en construction et sous les arches des ponts. Un de ces nids, resté fameux, a produit « les hirondelles du pont d'Arcole ». C'est là, du reste, le plus désastreux des symptômes sociaux. Tous les crimes de l'homme commencent au vagabondage de l'enfant.

Exceptons Paris pourtant. Dans une mesure relative, et nonobstant le souvenir que nous venons de rappeler, l'exception est juste. Tandis que dans toute autre grande ville un enfant vagabond est un homme perdu, tandis que, presque partout, l'enfant livré à lui-même est en quelque sorte dévoué et abandonné à une sorte d'immersion fatale dans les vices publics qui dévore en lui l'honnêteté et la conscience, le gamin de Paris, insistons-y, si fruste et si entamé à la surface, est intérieurement à peu près intact. Chose magnifique à constater et qui éclate dans la splendide probité de nos révolutions populaires, une certaine incorruptibilité résulte de l'idée qui est dans l'air de Paris comme du sel qui est dans l'eau de l'Océan. Respirer Paris, cela conserve l'âme.

Ce que nous disons là n'ôte rien au serrement de cœur dont on se sent pris chaque fois qu'on rencontre un de ces enfants autour desquels il semble qu'on voit flotter les fils de la famille brisée. Dans la civilisation actuelle, si incomplète encore, ce n'est point une chose très-anormale que ces fractures de famille se vidant dans l'ombre, ne sachant plus trop ce que leurs enfants sont devenus, et laissant tomber leurs entrailles sur la voie publique. De là des destinées obscures. Cela s'appelle, car cette chose triste a fait locution, « être jeté sur le pavé de Paris ».

Soit dit en passant, ces abandons d'enfants n'étaient point découragés par l'ancienne monarchie. Un peu d'Égypte et de Bohème dans les basses régions accommodait les hautes sphères, et faisait l'affaire des puissants. La haine de l'enseignement des enfants du peuple était un dogme. A quoi bon « les demi-lumières »? Tel était le mot d'ordre. Or l'enfant errant est le corollaire de l'enfant ignorant.

D'ailleurs, la monarchie avait quelquefois besoin d'enfants, et alors elle écumait la rue.

Sous Louis XIV, pour ne pas remonter plus haut, le roi voulait, avec raison, créer une flotte. L'idée était bonne. Mais voyons le moyen. Pas de flotte si, à côté du navire à voiles, jouet du vent, et pour le remorquer au besoin, on n'a pas le navire qui va où il veut, soit par la rame, soit par la vapeur; les galères étaient alors à la marine ce que sont aujourd'hui les steamers. Il fallait donc des galères; mais la galère ne se meut que par le galérien; il fallait donc des galériens. Colbert faisait faire par les intendants de province et par les parlements le plus de forçats qu'il pouvait. La magistrature y mettait beaucoup de complaisance. Un homme gardait son chapeau sur sa tête devant une procession, attitude huguenote; on l'envoyait aux galères. On rencontrait un enfant dans la rue; pourvu qu'il eût quinze ans et qu'il ne sût où coucher, on l'envoyait aux galères. Grand règne; grand siècle.

Sous Louis XV, les enfants disparaissaient dans Paris; la police les enlevait, on ne sait pour quel mystérieux emploi. On chuchotait avec épouvante de monstrueuses conjectures sur les bains de pourpre du roi. Barbier parle naïvement de ces choses. Il arrivait parfois que les exempts, à court d'enfants, en prenaient qui avaient des pères. Les pères, désespérés, couraient sus aux exempts. En ce cas-là, le parlement intervenait, et faisait pendre, qui? Les exempts? Non, les pères.

VII

LE GAMIN AURAIT SA PLACE DANS LES CLASSIFICATIONS DE L'INDE

La gaminerie parisienne est presque une caste. On pourrait dire : n'en est pas qui veut.

Ce mot, *gamin*, fut imprimé pour la première fois et arriva de la langue populaire dans la langue littéraire en 1834. C'est dans un opuscule intitulé *Claude Gueux* que ce mot fit son apparition. Le scandale fut vif. Le mot a passé.

Les éléments qui constituent la considération des gamins entre eux sont très-variés. Nous en avons connu et pratiqué un qui était fort respecté et fort admiré pour avoir vu tomber un homme du haut des tours de Notre-Dame; un autre pour avoir réussi à pénétrer dans l'arrière-cour où étaient momentanément déposées les statues du dôme des Invalides et leur avoir « chipé » du plomb; un troisième, pour avoir vu verser une diligence; un autre encore, parce qu'il « connaissait » un soldat qui avait manqué crever un œil à un bourgeois.

C'est ce qui explique cette exclamation d'un gamin parisien, épiphonème profond dont le vulgaire rit sans le comprendre. — *Dieu de Dieu! ai-je du malheur! dire que je n'ai pas encore vu quelqu'un tomber d'un cinquième!* (Ai-je se prononce *j'ai-t-y*; cinquième se prononce *cintième*.)

Certes, c'est un beau mot de paysan que celui-ci : — Père un tel, votre femme est morte de sa maladie; pourquoi n'avez-vous pas envoyé chercher de médecin? — Que voulez-vous, monsieur, nous autres pauvres gens, *j'nous mourons nous-mêmes*. Mais si toute la passivité du paysan est dans ce mot, toute l'anarchie libre-penseuse du mioche faubourien est, à coup sûr, dans cet autre. Un condamné à mort dans la charrette écoute son confesseur. L'enfant de Paris se récrie : — *Il parle à son calotin. Oh! le capon!*

Une certaine audace en matière religieuse rehausse le gamin. Être esprit fort est important.

Assister aux exécutions constitue un devoir. On se montre la guillotine et l'on rit. On l'appelle de toutes sortes de petits noms : — Fin de la soupe, — Grognon, — La Mère au Bleu (au ciel), — La Dernière Bouchée, — etc., etc. Pour ne rien perdre de la chose, on escalade les murs, on se hisse aux balcons, on monte aux arbres, on se suspend aux grilles, on s'accroche aux cheminées. Le gamin naît couvreur comme il naît marin. Un toit ne lui fait pas plus peur qu'un mât. Pas de fête qui vaille la Grève. Samson et l'abbé Montès sont les vrais noms populaires. On hue le patient pour l'encourager. On l'admire quelquefois. Lacenaire, gamin, voyant l'affreux Dautun mourir bravement, a dit ce mot où il y a un avenir : *J'en étais jaloux*. Dans la gaminerie, on ne connaît pas Voltaire, mais on connaît Papavoine. On mêle dans la même légende « les politiques » aux assassins. On a les traditions du dernier vêtement de tous. On sait que Tolleron avait un bonnet de chauffeur, Avril une casquette de loutre, Louvel un chapeau rond, que le vieux Delaporte était chauve et nu-tête, que Castaing était tout rose et très-joli, que Bories avait une barbiche romantique, que Jean Martin avait gardé ses bretelles, que Lecouffé et sa mère se querellaient. — *Ne vous reprochez donc pas votre panier*, leur cria un gamin. Un autre, pour voir passer Debacker, trop petit dans la foule, avise la lanterne du quai et y grimpe. Un gendarme, de station là, fronce le sourcil. — Laissez-moi monter, m'sieu le gendarme, dit le gamin. Et pour attendrir l'autorité, il ajoute : Je ne tomberai pas. — Je m'importe peu que tu tombes, répond le gendarme.

Dans la gaminerie, un accident mémorable est fort compté. On parvient au sommet de la considération s'il arrive qu'on se coupe très-profondément, « jusqu'à l'os ».

Le poing n'est pas un médiocre élément de respect. Une des choses que le gamin dit le plus volontiers, c'est : *Je suis joliment fort, va!* — Être gaucher vous rend fort enviable. Loucher est une chose estimée.

VIII

OU ON LIRA UN MOT CHARMANT DU DERNIER ROI

L'été, il se métamorphose en grenouille; et le soir, à la nuit tombante, devant les ponts d'Austerlitz et d'Iéna, du haut des trains à charbon et des bateaux de blanchisseuses, il se précipite tête baissée dans la Seine et dans toutes les infractions possibles aux lois de la pudeur et de la police. Cependant les sergents de ville veillent, et il en résulte une situation hautement dramatique qui a donné lieu une fois à un cri fraternel et mémorable; ce cri, qui fut célèbre vers 1830, est un avertissement stratégique de gamin à gamin; il se scande comme un vers d'Homère, avec une notation presque aussi inexprimable que la mélopée éleusiaque des Panathénées, et l'on y retrouve l'antique Évohé. Le voici : — *Ohé, Titi, ohééé! y a de la grippe, y a de la cogne, prends tes zardes et va-t'en, passe par l'égoût!*

Quelquefois ce moucheron — c'est ainsi qu'il se qualifie lui-même — sait lire; quelquefois il sait écrire, toujours il sait barbouiller. Il n'hésite pas à se donner, par on ne sait quel mystérieux enseignement mutuel, tous les talents qui peuvent être utiles à la chose publique; de 1815 à 1830, il imitait le cri du dindon; de 1830 à 1848, il griffonnait une poire sur les murailles. Un soir d'été, Louis-Philippe, rentrant à pied, en vit un, tout petit, haut comme cela, qui suait et se haussait pour charbonner une poire gigantesque sur un des piliers de la grille de Neuilly; le roi, avec cette bonhomie qui lui venait de Henri IV, aida le gamin, acheva la poire, et donna un louis à l'enfant en lui disant : *La poire est aussi là-dessus.* Le gamin aime le hourvari. Un certain état violent lui plaît. Il exècre « les curés ». Un jour, rue de l'Université, un de ces jeunes drôles faisait un pied de nez à la porte cochère du numéro 69. — Pourquoi fais-tu cela à cette porte? lui demanda un passant. L'enfant répondit : — Il y a là un curé. — C'est là, en effet, que demeure le nonce du pape.

Cependant, quel que soit le voltairianisme du gamin, si l'occasion se présente d'être enfant de chœur, il se peut qu'il accepte, et dans ce cas il sert la messe poliment. Il y a deux choses dont il est le tantale et qu'il désire toujours sans y atteindre jamais : renverser le gouvernement et faire recoudre son pantalon.

Le gamin à l'état parfait possède tous les sergents de ville de Paris, et sait toujours, lorsqu'il en rencontre un, mettre le nom sous la figure. Il les dénombre sur le bout du doigt. Il étudie leurs mœurs, et il a sur chacun des notes spéciales. Il lit à livre ouvert dans les âmes de la police. Il vous dira couramment et sans broncher : — « Un tel est *traître*; un tel est *très-méchant*; un tel est *grand*; un tel est *ridicule*; » (tous ces mots : traître, méchant, grand, ridicule, ont dans sa bouche une acception particulière); — « celui-ci s'imagine que le Pont-Neuf est à lui et empêche *le monde* de se promener sur la corniche en dehors des parapets; celui-là a la manie de tirer les oreilles aux *personnes*; — etc., etc. »

IX

LA VIEILLE AME DE LA GAULE

Il y avait de cet enfant-là dans Poquelin, fils des halles; il y en avait dans Beaumarchais. La gaminerie est une nuance de l'esprit gaulois. Mêlée au bon sens, elle lui ajoute parfois de la force, comme l'alcool au vin. Quelquefois elle est défaut. Homère rabâche, soit; on pourrait dire que Voltaire gamine. Camille Desmoulins était faubourien. Championnet, qui brutalisait les miracles, était sorti du pavé de Paris; il avait, tout petit, *inondé les portiques* de Saint-Jean de Beauvais et de Saint-Étienne du Mont; il avait assez tutoyé la châsse de sainte Geneviève pour donner des ordres à la fiole de saint Janvier.

Le gamin de Paris est respectueux, ironique et insolent. Il a de vilaines dents parce qu'il est mal nourri et que son estomac souffre, et de beaux yeux parce qu'il a de l'esprit. Jéhovah présent, il sauterait à cloche-pied les marches du paradis. Il est fort à la savate. Toutes les croissances lui sont possibles. Il joue dans le ruisseau et se redresse par l'émeute; son effronterie persiste devant la mitraille; c'était un polisson, c'est un héros; ainsi que le petit Thébain, il secoue la peau du lion; le tambour Barra était un gamin de Paris; il crie : « En avant! » comme le cheval de l'Écriture dit : « Vah! » et en une minute, il passe du marmot au géant.

Cet enfant du bourbier est aussi l'enfant de l'idéal. Mesurez cette envergure qui va de Molière à Barra.

Somme toute, et pour tout résumer d'un mot, le gamin est un être qui s'amuse, parce qu'il est malheureux.

X

ECCE PARIS, ECCE HOMO

Pour tout résumer encore, le gamin de Paris aujourd'hui, comme autrefois le *græculus* de Rome, c'est le peuple enfant ayant au front la ride du monde vieux.

Le gamin est une grâce pour la nation, et en même temps une maladie; maladie qu'il faut guérir, comment? par la lumière.

La lumière assainit.

La lumière allume.

Toutes les généreuses irradiations sociales sortent de la science, des lettres, des arts, de l'enseignement. Faites des hommes, faites des hommes. Éclairez-les pour qu'ils vous échauffent. Tôt ou tard la splendide question de l'instruction universelle se posera avec l'irrésistible autorité du vrai absolu; et alors ceux qui gouverneront sous la surveillance de l'idée française auront à faire ce choix : les enfants de la France ou les gamins de Paris; des flammes dans la lumière ou des feux follets dans les ténèbres.

Le gamin exprime Paris, et Paris exprime le monde.

Car Paris est un total. Paris est le plafond du genre humain. Toute cette prodigieuse ville est un raccourci des mœurs mortes et des mœurs vivantes. Qui voit Paris croit voir le dessous de toute l'histoire avec du ciel et des constellations dans les intervalles. Paris a un Capitole, l'Hôtel de ville, un Parthénon, Notre-Dame, un mont Aventin, le faubourg Saint-Antoine, un Asinarium, la Sorbonne, un Panthéon, le Panthéon, une voie Sacrée, le boulevard des Italiens, une tour des Vents, l'opinion; et il remplace les gémonies par le ridicule. Son *majo* s'appelle le faraud, son transtévérin s'appelle le faubourien, son *hammal* s'appelle le fort de la halle, son lazzarone s'appelle le pègre, son cockney s'appelle le gandin. Tout ce qui est ailleurs est à Paris.

La poissarde de Dumarsais peut donner la réplique à la vendeuse d'herbes d'Euripide, le discobole Vejanus revit dans le danseur de corde Forioso, Therapontigonus Miles prendrait bras dessus bras dessous le grenadier Vadeboncœur, Damasippe le brocanteur serait heureux chez les marchands de bric-à-brac, Vincennes empoignerait Socrate tout comme l'Agora coffrerait Diderot, Grimod de la Reynière a découvert le roastbeef au suif comme Curtillus avait inventé le hérisson rôti, nous voyons reparaître sous le ballon de l'arc de l'Étoile le trapèze qui est dans Plaute, le mangeur d'épées du Pœcile rencontré par Apulée est avaleur de sabres sur le Pont-Neuf, le neveu de Rameau et Curculion le parasite font la paire, Ergasile se ferait présenter chez Cambacérès par d'Aigrefeuille; les quatre muscadins de Rome, Alcesimarchus, Phœdromus, Diabolus et Argyrippe, descendent de la Courtille dans la chaise de poste de Labatut; Aulu-Gelle ne s'arrêtait pas plus longtemps devant Congrio que Charles Nodier devant Polichinelle; Marton n'est pas une tigresse, mais Pardalisca n'était point un dragon; Pantolabus le loustic blague au Café anglais Nomentanus le viveur, Hermogène est ténor aux Champs-Élysées, et, autour de lui, Thrasius le gueux, vêtu en Bobèche, fait la quête; l'importun qui vous arrête aux Tuileries par le bouton de votre habit vous fait répéter après deux mille ans l'apostrophe de Thesprion : *quis properantem me prehendit pallio?* Le vin de Surène parodie le vin d'Albe, le rouge bord de Désaugiers fait équilibre à la grande coupe de Balatron, le Père Lachaise exhale sous les pluies nocturnes les mêmes lueurs que les Esquilies, et la fosse du pauvre achetée pour cinq ans vaut la bière de louage de l'esclave.

Cherchez quelque chose que Paris n'ait pas. La cuve de Trophonius ne contient rien qui ne soit dans le baquet de Mesmer; Ergaphilas ressuscite dans Cagliostro; le brahmine Vâsaphantâ s'incarne dans le comte de Saint-Germain; le cimetière de Saint-Médard fait de tout aussi bons miracles que la mosquée Oumoumié de Damas.

Paris a un Ésope qui est Mayeux, et une Canidie qui est mademoiselle Lenormand. Il s'effare comme Delphes aux réalités fulgurantes de la vision; il fait tourner les tables comme Dodone les trépieds. Il met la grisette sur le trône, comme Rome y met la courtisane; et, somme toute, si Louis XV est pire que Claude, madame Dubarry vaut mieux que Messaline. Paris combine dans un type inouï, qui a vécu et que nous avons coudoyé, la nudité grecque, l'ulcère hébraïque et le quolibet gascon. Il mêle Diogène, Job et Paillasse, habille un spectre de vieux numéros du *Constitutionnel* et fait Chodruc Duclos.

Bien que Plutarque dise : *le tyran n'en vieillit guère,* Rome, sous Sylla comme sous Domitien, se résignait et mettait volontiers de l'eau dans son vin. Le Tibre était un Léthé, s'il faut en croire l'éloge un peu doctrinaire qu'en faisait Varus Vibiscus : ***Contra Gracchos Tiberim habemus. Bibere Tiberim, id est seditionem oblivisci.*** Paris boit un million de litres d'eau par jour, mais cela ne l'empêche pas dans l'occasion de battre la générale et de sonner le tocsin.

A cela près, Paris est bon enfant. Il accepte royalement tout ; il n'est pas difficile en fait de Vénus ; sa Callipyge est hottentote ; pourvu qu'il rie, il amnistie ; la laideur l'égaye, la difformité le désopile, le vice le distrait ; soyez drôle et vous pourrez être un drôle ; l'hypocrisie même, ce cynisme suprême, ne le révolte pas ; il est si littéraire qu'il ne se bouche pas le nez devant Basile, et il ne se scandalise pas plus de la prière de Tartuffe qu'Horace ne s'effarouche du « hoquet » de Priape. Aucun trait de la face universelle ne manque au profil de Paris. Le bal Mabile n'est pas la danse polymnienne du Janicule, mais la revendeuse à la toilette y couve des yeux la lorette exactement comme l'entremetteuse Staphyla guettait la vierge Planesium. La barrière du Combat n'est pas un Colisée, mais on y est féroce comme si César regardait. L'hôtesse syrienne a plus de grâce que la mère Saguet, mais, si Virgile hantait le cabaret romain, David d'Angers, Balzac et Charlet se sont attablés à la gargote parisienne. Paris règne. Les génies y flamboient, les queues rouges y prospèrent. Adonaï y passe sur son char à douze roues de tonnerre et d'éclairs ; Silène y fait son entrée sur sa bourrique. Silène lisez Ramponneau.

Paris est synonyme de Cosmos. Paris est Athènes, Rome, Sybaris, Jérusalem, Pantin. Toutes les civilisations y sont en abrégé, toutes les barbaries aussi. Paris serait bien fâché de n'avoir pas une guillotine.

Un peu de place de Grève est bon. Que serait toute cette fête éternelle sans cet assaisonnement? Nos lois y ont sagement pourvu, et, grâce à elles, ce couperet s'égoutte sur ce mardi gras.

XI

RAILLER, RÉGNER

De limite à Paris, point. Aucune ville n'a eu cette domination qui bafoue parfois ceux qu'elle subjugue. *Vous plaire, ô Athéniens!* s'écriait Alexandre. Paris fait plus que la loi, il fait la mode; Paris fait plus que la mode, il fait la routine. Paris peut être bête si bon lui semble; il se donne quelquefois ce luxe; alors l'univers est bête avec lui; puis Paris se réveille, se frotte les yeux, dit : Suis-je stupide! et éclate de rire à la face du genre humain. Quelle merveille qu'une telle ville! chose étrange que ce grandiose et ce burlesque fassent bon voisinage, que toute cette majesté ne soit pas dérangée par toute cette parodie, et que la même bouche puisse souffler aujourd'hui dans le clairon du jugement dernier et demain dans la flûte à l'oignon! Paris a une jovialité souveraine. Sa gaieté est de la foudre et sa farce tient un sceptre. Son ouragan sort parfois d'une grimace. Ses explosions, ses journées, ses chefs-d'œuvre, ses prodiges, ses épopées, vont au bout de l'univers, et ses coq-à-l'âne aussi. Son rire est une bouche de volcan qui éclabousse toute la terre. Ses lazzi sont des flammèches. Il impose aux peuples ses caricatures aussi bien que son idéal; les plus hauts monuments de la civilisation humaine acceptent ses ironies et prêtent leur éternité à ses polissonneries. Il est superbe; il a un prodigieux 14 juillet qui délivre le globe; il fait faire le serment du jeu de paume à toutes les nations; sa nuit du 4 août dissout en trois heures mille ans de féodalité; il fait de sa logique le muscle de la volonté unanime; il se multiplie sous toutes les formes du sublime; il emplit de sa lueur Washington, Kosciusko, Bolivar, Botzaris, Riégo, Bem, Manin, Lopez, John Brown, Garibaldi; il est partout où l'avenir s'allume, à Boston en 1779, à l'île de Léon en 1820, à Pesth en 1848, à Palerme en 1860; il chuchote le puissant mot d'ordre : *Liberté*, à l'oreille des abolitionistes américains groupés au bac de Harper's Ferry, et à l'oreille des patriotes d'Ancône assemblés dans l'ombre aux Archi devant l'auberge Gozzi au bord de la mer; il crée Canaris; il crée Quiroga; il crée Pisacane; il rayonne le grand sur la terre; c'est en allant où son souffle les pousse que Byron meurt à Missolonghi et que Mazet meurt à Barcelone; il est tribune sous les pieds de Mirabeau et cratère sous les pieds de Robespierre; ses livres, son théâtre, son art, sa science, sa littérature, sa philosophie, sont les manuels du genre humain; il a Pascal, Régnier, Corneille, Descartes, Jean-Jacques : Voltaire pour toutes les minutes, Molière pour tous les siècles; il fait parler sa langue à la bouche universelle, et cette langue devient verbe; il construit dans tous les esprits l'idée de progrès, les dogmes libérateurs qu'il forge sont pour les générations des épées de chevet, et c'est avec l'âme de ses penseurs et de ses poëtes que sont faits depuis 1789 tous les héros de tous les peuples; cela ne l'empêche pas de gaminer, et ce génie énorme qu'on appelle Paris, tout en transfigurant le monde par sa lumière, charbonne le nez de Bouginier au mur du temple de Thésée et écrit *Crédeville voleur* sur les pyramides.

Paris montre toujours les dents; quand il ne gronde pas, il rit.

Tel est ce Paris. Les fumées de ses toits sont les idées de l'univers. Tas de boue et de pierre si l'on veut, mais, par-dessus tout, être moral. Il est plus que grand, il est immense. Pourquoi? parce qu'il ose.

Oser; le progrès est à ce prix.

Toutes les conquêtes sublimes sont plus ou moins des prix de hardiesse. Pour que la révolution soit, il ne suffit pas que Montesquieu la pressente, que Diderot la prêche, que Beaumarchais l'annonce, que Condorcet la calcule, qu'Arouet la prépare, que Rousseau la prémédite; il faut que Danton l'ose.

Le cri : *Audace!* est un *Fiat lux*. Il faut, pour la marche en avant du genre humain, qu'il y ait sur les sommets en permanence de fières leçons de courage. Les témérités éblouissent l'histoire et sont une des grandes clartés de l'homme. L'aurore ose quand elle se lève. Tenter, braver, persister, persévérer, s'être fidèle à soi-même, prendre corps à corps le destin, étonner la catastrophe par le peu de peur qu'elle nous fait, tantôt affronter la puissance injuste, tantôt insulter la victoire ivre, tenir bon, tenir tête; voilà l'exemple dont les peuples ont besoin, et la lumière qui les électrise. Le même éclair formidable va de la torche de Prométhée au brûle-gueule de Cambronne.

XII

L'AVENIR LATENT DANS LE PEUPLE

Quant au peuple parisien, même homme fait, il est toujours le gamin; peindre l'enfant, c'est peindre la ville; et c'est pour cela que nous avons étudié cet aigle dans ce moineau franc.

C'est surtout dans les faubourgs, insistons-y, que la race parisienne apparaît; là est le pur sang; là est la vraie physionomie; là ce peuple travaille et souffre, et la souffrance et le travail sont les deux figures de l'homme. Il y a là des quantités profondes d'êtres inconnus où fourmillent les types les plus étranges, depuis le déchargeur de la Râpée jusqu'à l'équarrisseur de Montfaucon. *Fex urbis*, s'écrie Cicéron; *mob*, ajoute Burke indigné; tourbe, multitude, populace. Ces mots-là sont vite dits. Mais soit. Qu'importe? qu'est-ce que cela me fait qu'ils aillent pieds nus! Ils ne savent pas lire; tant pis. Les abandonnerez-vous pour cela? leur ferez-vous de leur détresse une malédiction? la lumière ne peut-elle pénétrer ces masses? Revenons à ce cri : Lumière! et obstinons-nous-y! Lumière! lumière! — Qui sait si ces opacités ne deviendront pas transparentes? les révolutions ne sont-elles pas des transfigurations? Allez, philosophes, enseignez, éclairez, allumez, pensez haut, parlez haut, courez joyeux au grand soleil, fraternisez avec les places publiques, annoncez les bonnes nouvelles, prodiguez les alphabets, proclamez les droits, chantez les Marseillaises, semez les enthousiasmes, arrachez des branches vertes aux chênes. Faites de l'idée un tourbillon. Cette foule peut être sublimée. Sachons nous servir de ce vaste embrasement des principes et des vertus qui pétille, éclate et frissonne à de certaines heures. Ces pieds nus, ces bras nus, ces haillons, ces ignorances, ces abjections, ces ténèbres, peuvent être employés à la conquête de l'idéal. Regardez à travers le peuple et vous apercevrez la vérité. Ce vil sable que vous foulez aux pieds, qu'on le jette dans la fournaise, qu'il y fonde et qu'il y bouillonne, il deviendra cristal splendide, et c'est grâce à lui que Galilée et Newton découvriront les astres.

XIII

LE PETIT GAVROCHE

Huit ou neuf ans environ après les événements racontés dans la deuxième partie de cette histoire, on remarquait sur le boulevard du Temple et dans les régions du Château-d'Eau un petit garçon de onze à douze ans qui eût assez correctement réalisé cet idéal du gamin ébauché plus haut, si, avec le rire de son âge sur les lèvres, il n'eût pas eu le cœur absolument sombre et vide. Cet enfant était bien affublé d'un pantalon d'homme, mais il ne le tenait pas de son père, et d'une camisole de femme, mais il ne la tenait pas de sa mère. Des gens quelconques l'avaient habillé de chiffons par charité. Pourtant il avait un père et une mère. Mais son père ne songeait pas à lui et sa mère ne l'aimait point.

C'était un de ces enfants dignes de pitié entre tous qui ont père et mère et qui sont orphelins.

Cet enfant ne se sentait jamais si bien que dans la rue. Le pavé lui était moins dur que le cœur de sa mère.

Ses parents l'avaient jeté dans la vie d'un coup de pied.

Il avait tout bonnement pris sa volée.

C'était un garçon bruyant, blême, leste, éveillé, goguenard, à l'air vivace et maladif. Il allait, venait, chantait, jouait à la fayousse, grattait les ruisseaux, volait un peu, mais comme les chats et les passereaux, gaiement, riait quand on l'appelait galopin, se fâchait quand on l'appelait voyou.

Il n'avait pas de gîte, pas de pain, pas de feu, pas d'amour; mais il était joyeux, parce qu'il était libre.

Quand ces pauvres êtres sont des hommes, presque toujours la meule de l'ordre social les rencontre et les broie, mais tant qu'ils sont enfants, ils échappent, étant petits. Le moindre trou les sauve.

Pourtant, si abandonné que fût cet enfant, il arrivait parfois, tous les deux ou trois mois, qu'il disait : Tiens, je vais voir maman! Alors il quittait le boulevard, le Cirque, la porte Saint-Martin, descendait aux quais, passait les ponts, gagnait les faubourgs, atteignait la Salpêtrière, et arrivait où? Précisément à ce double numéro 50-52 que le lecteur connaît, à la masure Gorbeau.

A cette époque, la masure 50-52, habituellement déserte et éternellement décorée de l'écriteau : « Chambres à louer, » se trouvait, chose rare, habitée par plusieurs individus qui, du reste, comme cela est toujours à Paris, n'avaient aucun lien ni aucun rapport entre eux. Tous appartenaient à cette classe indigente qui commence à partir du dernier petit bourgeois gêné et qui se prolonge de misère en misère dans les bas-fonds de la société jusqu'à ces deux êtres auxquels toutes les choses matérielles de la civilisation viennent aboutir, l'égoutier qui balaye la boue et le chiffonnier qui ramasse les guenilles.

La « principale locataire » du temps de Jean Valjean était morte et avait été remplacée par une toute pareille. Je ne sais quel philosophe a dit : On ne manque jamais de vieilles femmes.

Cette nouvelle vieille s'appelait madame Burgon, et n'avait rien de remarquable dans sa vie qu'une dynastie de trois perroquets, lesquels avaient successivement régné sur son âme.

Les plus misérables entre ceux qui habitaient la masure étaient une famille de quatre personnes, le père, la mère et deux filles déjà assez grandes, tous les quatre logés dans le même galetas, une de ces cellules dont nous avons déjà parlé.

Cette famille n'offrait au premier abord rien de très-particulier que son extrême dénûment; le père, en louant la chambre, avait dit s'appeler Jondrette. Quelque temps après son emménagement, qui avait singulièrement ressemblé, pour emprunter l'expression mémorable de la principale locataire, à *l'entrée de rien du tout*, ce Jondrette avait dit à cette femme qui, comme sa devancière, était en même temps portière et balayait l'escalier : — Mère une telle, si quelqu'un venait par hasard demander un Polonais, ou un Italien, ou peut-être un Espagnol, ce serait moi.

Cette famille était la famille du joyeux va-nu-pieds. Il y arrivait et il y trouvait la détresse, et, ce qui est plus triste, aucun sourire; le froid dans l'âtre et le froid dans les cœurs. Quand il entrait, on lui demandait : — D'où viens-tu? Il répondait : — De la rue. Quand il s'en allait, on lui demandait : — Où vas-tu? Il répondait : — Dans la rue. Sa mère lui disait : Qu'est-ce que tu viens faire ici?

Cet enfant vivait dans cette absence d'affection comme ces herbes pâles qui viennent dans les caves. Il ne souffrait pas d'être ainsi et n'en voulait à personne. Il ne savait pas au juste comment devaient être un père et une mère.

Du reste, sa mère aimait ses sœurs.

Nous avons oublié de dire que sur le boulevard du Temple on nommait cet enfant le petit Gavroche. Pourquoi s'appelait-il Gavroche? Probablement parce que son père s'appelait Jondrette.

Casser le fil semble être l'instinct de certaines familles misérables.

La chambre que les Jondrette habitaient dans la masure Gorbeau était la dernière au bout du corridor. La cellule d'à côté était occupée par un jeune homme très-pauvre qu'on nommait M. Marius.

Disons ce que c'était que M. Marius.

LIVRE DEUXIÈME

LE GRAND BOURGEOIS

I

QUATRE-VINGT-DIX ANS ET TRENTE-DEUX DENTS

Rue Boucherat, rue de Normandie et rue de Saintonge, il existe encore quelques anciens habitants qui ont gardé le souvenir d'un bonhomme appelé M. Gillenormand, et qui en parlent avec complaisance. Ce bonhomme était vieux quand ils étaient jeunes. Cette silhouette, pour ceux qui regardent mélancoliquement ce vague fourmillement d'ombres qu'on nomme le passé, n'a pas encore tout à fait disparu du labyrinthe des rues voisines du Temple auxquelles, sous Louis XIV, on a attaché les noms de toutes les provinces de France, absolument comme on a donné de nos jours aux rues du nouveau quartier Tivoli les noms de toutes les capitales d'Europe; progression, soit dit en passant, où est visible le progrès.

M. Gillenormand, lequel était on ne peut plus vivant en 1831, était un de ces hommes devenus curieux à voir uniquement à cause qu'ils ont longtemps vécu, et qui sont étranges parce qu'ils ont jadis ressemblé à tout le monde et que maintenant ils ne ressemblent plus à personne. C'était un vieillard particulier, et bien véritablement l'homme d'un autre âge, le vrai bourgeois complet et un peu hautain du dix-huitième siècle, portant sa bonne vieille bourgeoisie de l'air dont les marquis portaient leur marquisat. Il avait dépassé quatre-vingt-dix ans, marchait droit, parlait haut, voyait clair, buvait sec, mangeait, dormait et ronflait. Il avait ses trente-deux dents. Il ne mettait de lunettes que pour lire. Il était d'humeur amoureuse, mais disait que depuis une dizaine d'années il avait décidément et tout à fait renoncé aux femmes. Il ne pouvait plus plaire, disait-il; il n'ajoutait pas : Je suis trop vieux, mais : Je suis trop pauvre. Il disait : Si je n'étais pas ruiné... héée! — Il ne lui restait en effet qu'un revenu d'environ quinze mille livres. Son rêve était de faire un héritage et d'avoir cent mille francs de rente pour avoir des maîtresses. Il n'appartenait point, comme on voit, à cette variété malingre d'octogénaires qui, comme M. de Voltaire, ont été mourants toute leur vie; ce n'était pas une longévité de pot fêlé; ce vieillard gaillard s'était toujours bien porté. Il était superficiel, rapide, aisément courroucé. Il entrait en tempête à tout propos, le plus souvent à contre-sens du vrai. Quand on le contredisait, il levait sa canne; il battait les gens comme au grand siècle. Il avait une fille de cinquante ans passés, non mariée, qu'il rossait très-fort lorsqu'il se mettait en colère, et qu'il eût volontiers fouettée. Elle lui faisait l'effet d'avoir huit ans. Il souffletait énergiquement ses domestiques et disait : Ah! carogne! Un de ses jurons était : *Par la pantoufloche de la pantouflochude!* Il avait des tranquillités singulières; il se faisait raser tous les jours par un barbier qui avait été fou, et qui le détestait, étant jaloux de M. Gillenormand à cause de sa femme, jolie barbière coquette. M. Gillenormand admirait son propre discernement en toute chose, et se déclarait très-sagace; voici un de ses mots : « J'ai, en vérité, quelque « pénétration; je suis de force à dire, quand une puce me pique, de « quelle femme elle me vient. » Les mots qu'il prononçait le plus souvent, c'était : *l'homme sensible*, et : *la nature*. Il ne donnait pas à ce dernier mot la grande acception que notre époque lui a rendue. Mais il le faisait entrer à sa façon dans ses petites satires du coin du feu :

— La nature, disait-il, pour que la civilisation ait un peu de tout, lui donne jusqu'à des spécimens de barbarie amusante. L'Europe a des échantillons de l'Asie et de l'Afrique, en petit format. Le chat est un tigre de salon, le lézard est un crocodile de poche. Les danseuses de l'Opéra sont des sauvagesses roses. Elles ne mangent pas les hommes, elles les grugent ; ou bien, les magiciennes ! elles les changent en huîtres, et les avalent. Les Caraïbes ne laissent que les os, elles ne laissent que l'écaille. Telles sont nos mœurs. Nous ne dévorons pas, nous rongeons ; nous n'exterminons pas, nous griffons.

II

TEL MAITRE, TEL LOGIS

Il demeurait au Marais, rue des Filles-du-Calvaire, numéro 6. La maison était à lui. Cette maison a été démolie et rebâtie depuis, et le chiffre en a probablement été changé dans ces révolutions de numérotage que subissent les rues de Paris. Il occupait un vieil et vaste appartement au premier, entre la rue et des jardins, meublé jusqu'aux plafonds de grandes tapisseries des Gobelins et de Beauvais représentant des bergerades ; les sujets des plafonds et des panneaux étaient répétés en petit sur les fauteuils. Il enveloppait son lit d'un vaste paravent à neuf feuilles en laque de Coromandel. De longs rideaux diffus pendaient aux croisées et y faisaient de grands plis cassés très-magnifiques. Le jardin, immédiatement situé sous ses fenêtres, se rattachait à celle d'entre elles qui faisait l'angle au moyen d'un escalier de douze ou quinze marches fort allégrement monté et descendu par ce bonhomme. Outre une bibliothèque contiguë à sa chambre, il avait un boudoir auquel il tenait fort, réduit galant tapissé d'une magnifique tenture de paille fleurdelysée et fleurie faite sur les galères de Louis XIV, et commandée par M. de Vivonne à ses forçats pour sa maîtresse. M. Gillenormand avait hérité cela d'une farouche grand'-tante maternelle, morte centenaire. Il avait eu deux femmes. Ses manières tenaient le milieu entre l'homme de cour qu'il n'avait jamais été et l'homme de robe qu'il aurait pu être. Il était gai, et caressant quand il voulait. Dans sa jeunesse, il avait été de ces hommes qui sont toujours trompés par leur femme et jamais par leur maîtresse, parce qu'ils sont à la fois les plus maussades maris et les plus charmants amants qu'il y ait. Il était connaisseur en peinture. Il avait dans sa chambre un merveilleux portrait d'on ne sait qui, peint par Jordaens, fait à grands coups de brosse, avec des millions de détails, à la façon fouillis et comme au hasard. Le vêtement de M. Gillenormand n'était pas l'habit Louis XV, ni même l'habit Louis XVI; c'était le costume des incroyables du Directoire. Il s'était cru tout jeune jusque-là et avait suivi les modes. Son habit était en drap léger, avec de spacieux revers, une longue queue de morue et de larges boutons d'acier. Avec cela, la culotte courte et les souliers à boucles. Il mettait toujours les mains dans ses goussets. Il disait avec autorité : *La révolution française est un tas de chenapans.*

III

LUC-ESPRIT

A l'âge de seize ans, un soir, à l'Opéra, il avait eu l'honneur d'être lorgné à la fois par deux beautés alors mûres et célèbres et chantées par Voltaire, la Camargo et la Sallé. Pris entre deux feux, il avait fait une retraite héroïque vers une petite danseuse, fillette appelée Nahenry, qui avait seize ans comme lui, obscure comme un chat et dont il était amoureux. Il abondait en souvenirs. Il s'écriait : — Qu'elle était jolie, cette Guimard-Guimardini-Guimardinette, la dernière fois que je l'ai vue à Longchamps, frisée en sentiments soutenus, avec ses venez-y-voir en turquoises, sa robe couleur de gens nouvellement arrivés, et son manchon d'agitation ! — Il avait porté dans son adolescence une veste de Nain-Londrin dont il parlait volontiers et avec effusion. — J'étais vêtu comme un turc du Levant Levantin, disait-il. — Madame de Boufflers, l'ayant vu par hasard quand il avait vingt ans, l'avait qualifié « un fol charmant ». Il se scandalisait de tous les noms qu'il voyait dans la politique et au pouvoir, les trouvant bas et bourgeois. Il lisait les journaux, *les papiers-nouvelles, les gazettes,* comme il disait, en étouffant des éclats de rire. Oh! disait-il, quels sont ces gens-là! Corbière! Humann! Casimir Périer! cela vous est ministre. Je me figure ceci dans un journal : M. Gillenormand, ministre! ce serait farce. Eh bien! ils sont si bêtes que ça irait! Il appelait allégrement toutes choses par le mot propre ou malpropre et ne se gênait pas devant les femmes. Il disait des grossièretés, des obscénités et des ordures avec je ne sais quoi de tranquille et de peu étonné qui était élégant. C'était le sans-façon de son siècle. Il est à remarquer que le temps des périphrases en vers a été le temps des crudités en prose. Son parrain avait prédit qu'il serait un homme de génie, et lui avait donné ces deux prénoms significatifs : Luc-Esprit.

IV

ASPIRANT CENTENAIRE

Il avait eu des prix en son enfance au collége de Moulins où il était né, et il avait été couronné de la main du duc de Nivernais qu'il appelait le duc de Nevers. Ni la Convention, ni la mort de Louis XVI, ni Napoléon, ni le retour des Bourbons, rien n'avait pu effacer le souvenir de ce couronnement. *Le duc de Nevers* était pour lui la grande figure du siècle. Quel charmant grand seigneur, disait-il, et qu'il avait bon air avec son cordon bleu! Aux yeux de M. Gillenormand, Catherine II avait réparé le crime du partage de la Pologne en achetant pour trois mille roubles le secret de l'élixir d'or à Bestuchef. Là-dessus, il s'animait : — L'élixir d'or, s'écriait-il, la teinture jaune de Bestuchef, les gouttes du général Lamotte, c'était au dix-huitième siècle, à un louis le flacon d'une demi-once, le grand remède aux catastrophes de l'amour, la panacée contre Vénus. Louis XV en envoyait deux cents flacons au pape. — On l'eût fort exaspéré et mis hors des gonds si on lui eût dit que l'élixir d'or n'est autre chose que le perchlorure de fer. M. Gillenormand adorait les Bourbons et avait en horreur 1789 ; il racontait sans cesse de quelle façon il s'était sauvé dans la Terreur, et comment il lui avait fallu bien de la gaieté et bien de l'esprit pour ne pas avoir la tête coupée. Si quelque jeune homme s'avisait de faire devant lui l'éloge de la république, il devenait bleu et s'irritait à s'évanouir. Quelquefois il faisait allusion à son âge de quatre-vingt-dix ans, et disait : *J'espère bien que je ne verrai pas deux fois quatre-vingt-treize.* D'autres fois, il signifiait aux gens qu'il entendait vivre cent ans.

V

BASQUE ET NICOLETTE

Il avait des théories. En voici une : « Quand un homme aime pas-
« sionnément les femmes, et qu'il a lui-même une femme à lui dont
« il se soucie peu, laide, revêche, légitime, pleine de droits, juchée
« sur le code et jalouse au besoin, il n'a qu'une façon de s'en tirer et
« d'avoir la paix, c'est de laisser à sa femme les cordons de la
« bourse. Cette abdication le fait libre. La femme s'occupe alors, se
« passionne au maniement des espèces, s'y vert-de-grise les doigts,
« entreprend l'élève des métayers et le dressage des fermiers, con-
« voque les avoués, préside les notaires, harangue les tabellions,
« visite les robins, suit les procès, rédige les baux, dicte les contrats,
« se sent souveraine, vend, achète, règle, jordonne, promet et com-
« promet, lie et résilie, cède, concède et rétrocède, arrange, dérange,
« thésaurise, prodigue ; elle fait des sottises, bonheur magistral et
« personnel, et cela console. Pendant que son mari la dédaigne, elle
« a la satisfaction de ruiner son mari. » Cette théorie, M. Gillenormand se l'était appliquée, et elle était devenue son histoire. Sa
femme, la deuxième, avait administré sa fortune de telle façon qu'il
restait à M. Gillenormand, quand un beau jour il se trouva veuf, juste
de quoi vivre, en plaçant presque tout en viager, une quinzaine de
mille francs de rente dont les trois quarts devaient s'éteindre avec lui.
Il n'avait pas hésité, peu préoccupé du souci de laisser un héritage.
D'ailleurs, il avait vu que les patrimoines avaient des aventures, et,

par exemple, devenaient des *biens nationaux*; il avait assisté aux avatars du tiers consolidé, et il croyait peu au grand-livre. — *Rue Quincampoix que tout cela!* disait-il. Sa maison de la rue des Filles-du-Calvaire, nous l'avons dit, lui appartenait. Il avait deux domestiques, « un mâle et une femelle ». Quand un domestique entrait chez lui, M. Gillenormand le rebaptisait. Il donnait aux hommes le nom de leur province : Nîmois, Comtois, Poitevin, Picard. Son dernier valet était un gros homme fourbu et poussif de cinquante-cinq ans, incapable de courir vingt pas; mais, comme il était né à Bayonne, M. Gillenormand l'appelait Basque. Quant aux servantes, toutes s'appelaient chez lui Nicolette (même la Magnon dont il sera question plus loin). Un jour, une fière cuisinière, cordon bleu, de haute race de concierges, se présenta. — Combien voulez-vous gagner de gages par mois? lui demanda M. Gillenormand. — Trente francs. — Comment vous nommez-vous? — Olympie. — Tu auras cinquante francs, et tu t'appelleras Nicolette.

VI

OÙ L'ON ENTREVOIT LA MAGNON ET SES DEUX PETITS

Chez M. Gillenormand la douleur se traduisait en colère; il était furieux d'être désespéré. Il avait tous les préjugés et prenait toutes les licences. Une des choses dont il composait son relief extérieur et sa satisfaction intime, c'était, nous venons de l'indiquer, d'être resté vert-galant, et de passer énergiquement pour tel. Il appelait cela avoir « royale renommée ». La royale renommée lui attirait parfois de singulières aubaines. Un jour on apporta chez lui dans une bourriche, comme une cloyère d'huîtres, un gros garçon nouveau-né, criant le diable et dûment emmitouflé de langes, qu'une servante chassée six mois auparavant lui attribuait. M. Gillenormand avait alors ses parfaits quatrevingt-quatre ans. Indignation et clameur dans l'entourage. Et à qui cette effrontée drôlesse espérait-elle faire accroire cela? Quelle audace! quelle abominable calomnie! M. Gillenormand, lui, n'eut

aucune colère. Il regarda le maillot avec l'aimable sourire d'un bonhomme flatté de la calomnie, et dit à la cantonade : — « Eh bien, quoi? qu'est-ce? qu'y a-t-il? qu'est-ce qu'il y a? vous vous ébahissez bellement, et, en vérité, comme aucunes personnes ignorantes. M. le duc d'Angoulême, bâtard de S. M. Charles IX, se maria à quatre-vingt-cinq ans avec une péronnelle de quinze ans; M. Virginal, marquis d'Alluye, frère du cardinal de Sourdis, archevêque de Bordeaux, eut à quatrevingt-trois ans d'une fille de chambre de madame la présidente Jacquin un fils, un vrai fils d'amour, qui fut chevalier de Malte et conseiller d'état d'épée; un des grands hommes de ce siècleci, l'abbé Tabaraud, est fils d'un homme de quatrevingt-sept ans. Ces choses-là n'ont rien que d'ordinaire. Et la Bible donc! Sur ce, je déclare que ce petit monsieur n'est pas de moi. Qu'on en prenne soin. Ce n'est pas sa faute. » — Le procédé était débonnaire. La créature, celle-là qui se nommait Magnon, lui fit un deuxième envoi l'année d'après. C'était encore un garçon. Pour le coup, M. Gillenormand capitula. Il remit à la mère les deux mioches, s'engageant à payer pour leur entretien quatrevingts francs par mois, à la condition que ladite mère ne recommencerait plus. Il ajouta : « J'entends que la mère les traite bien. Je les irai voir de temps en temps. » Ce qu'il fit. Il avait eu un frère prêtre, lequel avait été trente-trois ans recteur de l'académie de Poitiers, et était mort à soixante-dix-neuf ans. *Je l'ai perdu jeune*, disait-il. Ce frère, dont il est resté peu de souvenir, était un paisible avare qui, étant prêtre, se croyait obligé de faire l'aumône aux pauvres qu'il rencontrait, mais il ne leur donnait jamais que des monnerons ou des sous démonétisés, trouvant ainsi moyen d'aller en enfer par le chemin du paradis. Quant à M. Gillenormand aîné, il ne marchandait pas l'aumône et donnait volontiers, et noblement. Il était bienveillant, brusque, charitable, et s'il eût été riche, sa pente eût été le magnifique. Il voulait que tout ce qui le concernait fût fait grandement, même les friponneries. Un jour, dans une succession, ayant été dévalisé par un homme d'affaires d'une manière grossière et visible, il jeta cette exclamation solennelle : — « Fi! c'est malproprement fait! j'ai vraiment honte de ces grivelleries. Tout a dégénéré dans ce siècle, même les coquins. Morbleu! ce n'est pas ainsi qu'on doit voler un homme de ma sorte. Je suis volé comme dans un bois, mais mal volé. *Silvæ sint consule dignæ!* » — Il avait eu, nous l'avons dit, deux femmes ; de la première une fille qui était restée fille, et de la seconde une autre fille, morte vers l'âge de trente ans, laquelle avait épousé par amour ou par hasard ou autrement un soldat de fortune qui avait servi dans les armées de la république et de l'empire, avait eu la croix à Austerlitz et avait été fait colonel à Waterloo. *C'est la honte de ma famille*, disait le vieux bourgeois. Il prenait force tabac et avait une grâce particulière à chiffonner son jabot de dentelle d'un revers de main. Il croyait fort peu en Dieu.

VII

RÈGLE : NE RECEVOIR PERSONNE QUE LE SOIR

Tel était M. Luc-Esprit Gillenormand, lequel n'avait point perdu ses cheveux, plutôt gris que blancs, et était toujours coiffé en oreilles de chien. En somme, et avec tout cela, vénérable.

Il tenait du dix-huitième siècle; frivole et grand.

En 1814, et dans les premières années de la restauration, M. Gillenormand, qui était encore jeune, — il n'avait que soixante-quatorze ans, — avait habité le faubourg Saint-Germain, rue Servandoni, près Saint-Sulpice. Il ne s'était retiré au Marais qu'en sortant du monde, bien après ses quatrevingts ans sonnés.

Et en sortant du monde, il s'était muré dans ses habitudes. La principale, et où il était invariable, c'était de tenir sa porte absolument fermée le jour, et de ne jamais recevoir qui que ce soit pour quelque affaire que ce fût, que le soir. Il dînait à cinq heures, puis sa porte était ouverte. C'était la mode de son siècle, et il n'en voulait point démordre. — Le jour est canaille, disait-il, et ne mérite qu'un volet fermé. Les gens comme il faut allument leur esprit quand le zénith allume ses étoiles. — Et il se barricadait pour tout le monde, fût-ce pour le roi. Vieille élégance de son temps.

VIII

LES DEUX NE FONT PAS LA PAIRE

Quant aux deux filles de M. Gillenormand, nous venons d'en parler. Elles étaient nées à dix ans d'intervalle. Dans leur jeunesse, elles s'étaient fort peu ressemblé, et, par le caractère comme par le visage, avaient été aussi peu sœurs que possible. La cadette était une charmante âme tournée vers tout ce qui est lumière, occupée de fleurs, de vers et de musique, envolée dans des espaces glorieux, enthousiaste, éthérée, fiancée dès l'enfance dans l'idéal à une vague figure héroïque. L'aînée avait aussi sa chimère; elle voyait dans l'azur un fournisseur, quelque bon gros munitionnaire bien riche, un mari splendidement bête, un million fait homme, ou bien un préfet; les réceptions de la préfecture, un huissier d'antichambre chaîne au cou, les bals officiels, les harangues de la mairie, être « madame la préfète, » cela tourbillonnait dans son imagination. Les deux sœurs s'égaraient ainsi, chacune dans son rêve, à l'époque où elles étaient jeunes filles. Toutes deux avaient des ailes, l'une comme un ange, l'autre comme une oie.

Aucune ambition ne se réalise pleinement, ici-bas du moins. Aucun paradis ne devient terrestre à l'époque où nous sommes. La cadette avait épousé l'homme de ses songes, mais elle était morte. L'aînée ne s'était pas mariée.

Au moment où elle fait son entrée dans l'histoire que nous racontons, c'était une vieille vertu, une prude incombustible, un des nez les plus pointus et un des esprits les plus obtus qu'on pût voir. Détail caractéristique : en dehors de la famille étroite, personne n'avait jamais su son petit nom. On l'appelait *mademoiselle Gillenormand l'aînée*.

En fait de *cant*, mademoiselle Gillenormand l'aînée eût rendu des points à une miss. C'était la pudeur poussée au noir. Elle avait un souvenir affreux dans sa vie ; un jour, un homme avait vu sa jarretière.

L'âge n'avait fait qu'accroître cette pudeur impitoyable. Sa guimpe n'était jamais assez opaque, et ne montait jamais assez haut. Elle multipliait les agrafes et les épingles là où personne ne songeait à regarder. Le propre de la pruderie, c'est de mettre d'autant plus de factionnaires que la forteresse est moins menacée.

Pourtant, explique qui pourra ces vieux mystères d'innocence, elle se laissait embrasser sans déplaisir par un officier de lanciers qui était son petit-neveu et qui s'appelait Théodule.

En dépit de ce lancier favorisé, l'étiquette : *Prude,* sous laquelle nous l'avons classée, lui convenait absolument. Mademoiselle Gillenormand était une espèce d'âme crépusculaire. La pruderie est une demi-vertu et un demi-vice.

Elle ajoutait à la pruderie le bigotisme, doublure assortie. Elle était de la confrérie de la Vierge, portait un voile blanc à de certaines fêtes, marmottait des oraisons spéciales, révérait « le saint sang », vénérait « le sacré cœur », restait des heures en contemplation devant un autel rococo-jésuite dans une chapelle fermée au commun des fidèles, et y laissait envoler son âme parmi de petites nuées de marbre et à travers de grands rayons de bois doré.

Elle avait une amie de chapelle, vieille vierge comme elle, appelée mademoiselle Vaubois, absolument hébétée, et près de laquelle mademoiselle Gillenormand avait le plaisir d'être un aigle. En dehors des Agnus Dei et des Ave Maria, mademoiselle Vaubois n'avait de lumières que sur les différentes façons de faire les confitures. Mademoiselle Vaubois, parfaite en son genre, était l'hermine de la stupidité sans une seule tache d'intelligence.

Disons-le, en vieillissant, mademoiselle Gillenormand avait plutôt gagné que perdu. C'est le fait des natures passives. Elle n'avait jamais été méchante, ce qui est une bonté relative; et puis, les années usent les angles, et l'adoucissement de la durée lui était venu. Elle était triste d'une tristesse obscure dont elle n'avait pas elle-même le secret. Il y avait dans toute sa personne la stupeur d'une vie finie qui n'a pas commencé.

Elle tenait la maison de son père. M. Gillenormand avait près de lui sa fille comme on a vu que monseigneur Bienvenu avait auprès de lui sa sœur. Ces ménages d'un vieillard et d'une vieille fille ne sont point rares et ont l'aspect toujours touchant de deux faiblesses qui s'appuient l'une sur l'autre.

Il y avait en outre dans la maison, entre cette vieille fille et ce vieillard, un enfant, un petit garçon toujours tremblant et muet devant M. Gillenormand. M. Gillenormand ne parlait jamais à cet enfant que d'une voix sévère et quelquefois la canne levée : — *Ici! monsieur, — maroufle, polisson, approchez! — Répondez, drôle! Que je vous voie, vaurien!* etc., etc. Il l'idolâtrait.

C'était son petit-fils. Nous retrouverons cet enfant.

LIVRE TROISIÈME

LE GRAND-PÈRE ET LE PETIT-FILS

I

UN ANCIEN SALON

Lorsque M. Gillenormand habitait la rue Servandoni, il hantait plusieurs salons très bons et très nobles. Quoique bourgeois, M. Gillenormand était reçu. Comme il avait deux fois de l'esprit, d'abord l'esprit qu'il avait, ensuite l'esprit qu'on lui prêtait, on le recherchait même et on le fêtait. Il n'allait nulle part qu'à la condition d'y dominer. Il est des gens qui veulent à tout prix l'influence et qu'on s'occupe d'eux; là où ils ne peuvent être oracles, ils se font loustics. M. Gillenormand n'était pas de cette nature; sa domination dans les salons royalistes qu'il fréquentait ne coûtait rien à son respect de lui-même. Il était oracle partout. Il lui arrivait de tenir tête à M. de Bonald, et même à M. Bengy-Puy-Vallée.

Vers 1817, il passait invariablement deux après-midi par semaine dans une maison de son voisinage, rue Férou, chez madame la baronne de T., digne et respectable personne dont le mari avait été, sous Louis XVI, ambassadeur de France à Berlin. Le baron de T., qui de son vivant donnait passionnément dans les extases et les visions magnétiques, était mort ruiné dans l'émigration, laissant, pour toute fortune, en dix volumes manuscrits reliés en maroquin rouge et dorés sur tranche, des mémoires fort curieux sur Mesmer et son baquet. Madame de T. n'avait point publié les mémoires par dignité, et se soutenait d'une petite rente qui avait surnagé on ne sait comment. Madame de T. vivait loin de la cour, *monde fort mêlé*, disait-elle, dans un isolement noble, fier et pauvre. Quelques amis se réunissaient deux fois par semaine autour de son feu de veuve, et cela constituait un salon royaliste pur. On y prenait le thé, et l'on y poussait, selon que le vent était à l'élégie ou au dithyrambe, des gémissements ou des cris d'horreur sur le siècle, sur la charte, sur les buonapartistes, sur la prostitution du cordon bleu à des bourgeois, sur le jacobinisme de Louis XVIII; et l'on s'y entretenait tout bas des espérances que donnait Monsieur, depuis Charles X.

On y accueillait avec des transports de joie des chansons poissardes où Napoléon était appelé *Nicolas*. Des duchesses, les plus délicates et les plus charmantes femmes du monde, s'y extasiaient sur des couplets comme celui-ci, adressé « aux fédérés » :

> Renfoncez dans vos culottes
> Le bout d' chemis' qui vous pend.
> Qu'on n' dis' pas qu' les patriotes
> Ont arboré l' drapeau blanc!

On s'y amusait à des calembours qu'on croyait terribles, à des jeux de mots innocents qu'on supposait venimeux, à des quatrains, même à des distiques; ainsi sur le ministère Dessolles, cabinet modéré dont faisaient partie MM. Decazes et Deserre :

> Pour raffermir le trône ébranlé sur sa base,
> Il faut changer de sol, et de serre et de case.

Ou bien on y façonnait la liste de la chambre des pairs, « chambre abominablement jacobine, » et l'on combinait sur cette liste des alliances de noms, de manière à faire, par exemple, des phrases comme celle-ci : *Damas. Sabran. Gouvion-Saint-Cyr.* Le tout gaiement.

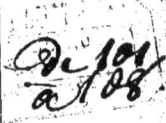

Dans ce monde-là, on parodiait la révolution. On avait je ne sais quelles velléités d'aiguiser les mêmes colères en sens inverse. On chantait son petit *Ça ira* :

> Ah! ça ira! ça ira! ça ira!
> Les buonapartist' à la lanterne!

Les chansons sont comme la guillotine; elles coupent indifféremment, aujourd'hui cette tête-ci, demain celle-là. Ce n'est qu'une variante.

Dans l'affaire Fualdès, qui est de cette époque, 1816, on prenait parti pour Bastide et Jausion, parce que Fualdès était « buonapartiste ». On qualifiait les libéraux, *les frères et amis;* c'était le dernier degré de l'injure.

Comme certains clochers d'église, le salon de madame la baronne de T. avait deux coqs. L'un était M. Gillenormand, l'autre était le comte de Lamothe-Valois, duquel on se disait à l'oreille avec une sorte de considération : *Vous savez? C'est le Lamothe de l'affaire du collier.* Les partis ont de ces amnisties singulières.

Ajoutons ceci : dans la bourgeoisie, les situations honorées s'amoindrissent par des relations trop faciles; il faut prendre garde à qui l'on admet; de même qu'il y a perte de calorique dans le voisinage de ceux qui ont froid, il y a diminution de considération dans l'approche des gens méprisés. L'ancien monde d'en haut se tenait au-dessus de cette loi-là comme de toutes les autres. Marigny, frère de la Pompadour, a ses entrées chez M. le prince de Soubise. Quoique? Non, parce que. Du Barry, parrain de la Vaubernier, est le très-bien venu chez M. le maréchal de Richelieu. Ce monde-là, c'est l'Olympe. Mercure et le prince de Guéménée y sont chez eux. Un voleur y est admis, pourvu qu'il soit dieu.

Le comte de Lamothe, qui, en 1815, était un vieillard de soixante-quinze ans, n'avait de remarquable que son air silencieux et sentencieux, sa figure anguleuse et froide, ses manières parfaitement polies, son habit boutonné jusqu'à la cravate, et ses grandes jambes toujours croisées dans un long pantalon flasque, couleur terre de Sienne brûlée. Son visage était de la couleur de son pantalon.

Ce M. de Lamothe était « compté » dans ce salon, à cause de sa « célébrité », et, chose étrange à dire, mais exacte, à cause du nom de Valois.

Quant à M. Gillenormand, sa considération était absolument de bon aloi. Il faisait autorité. Il avait, tout léger qu'il était et sans que cela coûtât rien à sa gaieté, une certaine façon d'être, imposante, digne, honnête et bourgeoisement altière; et son grand âge s'y ajoutait. On n'est pas impunément un siècle. Les années finissent par faire autour d'une tête un échevellement vénérable.

Il avait, en outre, de ces mots qui sont tout à fait l'étincelle de la vieille roche. Ainsi quand le roi de Prusse, après avoir restauré Louis XVIII, vint lui faire visite sous le nom de comte de Ruppin, il fut reçu par le descendant de Louis XIV un peu comme marquis de Brandebourg et avec l'impertinence la plus délicate. M. Gillenormand approuva. — *Tous les rois qui ne sont pas le roi de France*, dit-il, *sont des rois de province*. On fit un jour devant lui cette demande et cette réponse : — A quoi donc a été condamné le rédacteur du *Courrier français*? A être suspendu. — *Sus* est de trop, observa M. Gillenormand. Des paroles de ce genre fondent une situation.

A un *Te Deum* anniversaire du retour des Bourbons, voyant passer M. de Talleyrand, il dit : *Voilà son Excellence le Mal.*

M. Gillenormand venait habituellement accompagné de sa fille, cette longue mademoiselle qui avait alors passé quarante ans et en semblait cinquante, et d'un beau petit garçon de sept ans, blanc, rose, frais, avec des yeux heureux et confiants, lequel n'apparaissait jamais dans ce salon sans entendre toutes les voix bourdonner autour de lui : « Qu'il est joli! quel dommage! pauvre enfant! » Cet enfant était celui dont nous avons dit un mot tout à l'heure. On l'appelait « pauvre enfant », parce qu'il avait pour père « un brigand de la Loire ».

Ce brigand de la Loire était ce gendre de M. Gillenormand dont il a déjà été fait mention, et que M. Gillenormand qualifiait *la honte de sa famille.*

II

UN DES SPECTRES ROUGES DE CE TEMPS-LA

Quelqu'un qui aurait passé à cette époque dans la petite ville de Vernon et qui s'y serait promené sur ce beau pont monumental auquel succédera bientôt, espérons-le, quelque affreux pont en fil de fer, aurait pu remarquer, en laissant tomber ses yeux du haut du parapet, un homme d'une cinquantaine d'années coiffé d'une casquette de cuir, vêtu d'un pantalon et d'une veste de gros drap gris, à laquelle était cousu quelque chose de jaune, qui avait été un ruban rouge, chaussé de sabots, hâlé par le soleil, la face presque noire et les cheveux presque blancs, une large cicatrice sur le front se continuant sur la joue, courbé, voûté, vieilli avant l'âge, se promenant à peu près tous les jours, une bêche et une serpe à la main, dans un de ces compartiments entourés de murs qui avoisinent le pont et bordent comme une chaîne de terrasses la rive gauche de la Seine, charmants enclos pleins de fleurs desquels on dirait, s'ils étaient beaucoup plus grands : ce sont des jardins, et, s'ils étaient un peu plus petits : ce sont des bouquets. Tous ces enclos aboutissent par un bout à la rivière et par l'autre à une maison. L'homme en veste et en sabots dont nous venons de parler habitait vers 1817 le plus étroit de ces enclos et la plus humble de ces maisons. Il vivait là seul et solitaire, silencieusement et pauvrement, avec une femme ni jeune, ni vieille, ni belle, ni laide, ni paysanne, ni bourgeoise, qui le servait. Le carré de terre qu'il appelait son jardin était célèbre dans la ville pour la beauté des fleurs qu'il y cultivait. Les fleurs étaient son occupation.

A force de travail, de persévérance, d'attention et de seaux d'eau, il avait réussi à créer après le créateur, et il avait inventé de certaines tulipes et de certains dahlias qui semblaient avoir été oubliés par la nature. Il était ingénieux ; il avait devancé Soulange Bodin dans la formation des petits massifs de terre de bruyère pour la culture des rares et précieux arbustes d'Amérique et de Chine. Dès le point du jour, en été, il était dans ses allées, piquant, taillant, sarclant, arrosant, marchant au milieu de ses fleurs avec un air de bonté, de tristesse et de douceur, quelquefois rêveur et immobile des heures entières, écoutant le chant d'un oiseau dans un arbre, le gazouillement d'un enfant dans une maison, ou bien les yeux fixés au bout d'un brin d'herbe sur quelque goutte de rosée dont le soleil faisait une escarboucle. Il avait une table fort maigre, et buvait plus de lait que de vin. Un marmot le faisait céder, sa servante le grondait. Il était timide jusqu'à sembler farouche, sortait rarement, et ne voyait personne que les pauvres qui frappaient à sa vitre, et son curé, l'abbé Mabeuf, bon vieux homme. Pourtant, si des habitants de la ville ou

des étrangers, les premiers venus, curieux de voir ses tulipes et ses roses, venaient sonner à sa petite maison, il ouvrait sa porte en souriant. C'était le brigand de la Loire.

Quelqu'un qui, dans le même temps, aurait lu les mémoires militaires, les biographies, le *Moniteur* et les bulletins de la grande armée, aurait pu être frappé d'un nom qui y revient assez souvent, le nom de Georges Pontmercy. Tout jeune, ce Georges Pontmercy était soldat au régiment de Saintonge. La révolution éclata. Le régiment de Saintonge fit partie de l'armée du Rhin; car les anciens régiments de la monarchie gardèrent leurs noms de provinces, même après la chute de la monarchie, et ne furent embrigadés qu'en 1794. Pontmercy se battit à Spire, à Worms, à Neustadt, à Turkheim, à Alzey, à Mayence où il était des deux cents qui formaient l'arrière-garde de Houchard. Il tint, lui douzième, contre le corps du prince de Hesse derrière le vieux rempart d'Andernach, et ne se replia sur le gros de l'armée que lorsque le canon ennemi eut ouvert la brèche depuis le cordon du parapet jusqu'au talus de plongée. Il était sous Kléber à Marchiennes et au combat du Mont-Palissel où il eut le bras cassé d'un biscaïen. Puis il passa à la frontière d'Italie, et il fut un des trente grenadiers qui défendirent le col de Tende avec Joubert. Joubert en fut nommé adjudant général et Pontmercy sous-lieutenant. Pontmercy était à côté de Berthier au milieu de la mitraille dans cette journée de Lodi qui fit dire à Bonaparte : **Berthier a été canonnier, cavalier et grenadier.** Il vit son ancien général Joubert tomber à Novi, au moment où, le sabre levé, il criait : « En avant! » Ayant été embarqué avec sa compagnie pour les besoins de la campagne dans une péniche qui allait de Gênes à je ne sais plus quel petit port de la côte, il tomba dans un guêpier de sept ou huit voiles anglaises. Le commandant génois voulait jeter les canons à la mer, cacher les soldats dans l'entre-pont et se glisser dans l'ombre comme navire marchand. Pontmercy fit frapper les couleurs à la drisse du mât de pavillon, et passa fièrement sous le canon des frégates britanniques. A vingt lieues de là, son audace croissant, avec sa péniche il attaqua et captura un gros transport anglais qui portait des troupes en Sicile, si chargé d'hommes et de chevaux que le bâtiment était bondé jusqu'aux hiloires. En 1805, il était de cette division Malher qui enleva Günzbourg à l'archiduc Ferdinand. A Weltingen, il reçut dans ses bras sous une grêle de balles le colonel Maupetit blessé mortellement à la tête du 9e dragons. Il se distingua à Austerlitz dans cette admirable marche en échelons faite sous le feu de l'ennemi. Lorsque la cavalerie de la garde impériale russe écrasa un bataillon du 4e de ligne, Pontmercy fut de ceux qui prirent la revanche et qui culbutèrent cette garde. L'empereur lui donna la croix. Pontmercy vit successivement faire prisonniers Wurmser dans Mantoue, Mélas dans Alexandrie, Mack dans Ulm. Il fit partie du huitième corps de la grande armée que Mortier commandait et qui s'empara de Hambourg. Puis il passa dans le 55e de ligne qui était l'ancien régiment de Flandre. A Eylau, il était dans le cimetière où l'héroïque capitaine Louis Hugo, oncle de l'auteur de ce livre, soutint seul avec sa compagnie de quatrevingt-trois hommes, pendant deux heures, tout l'effort de l'armée ennemie. Pontmercy fut un des trois qui sortirent de ce cimetière vivants. Il fut de Friedland. Puis il vit Moscou, puis la Bérésina, puis Lutzen, Bautzen, Dresde, Wachau, Leipsick et les défilés de Gelenhausen; puis Montmirail, Château-Thierry, Craon, les bords de la Marne, les bords de l'Aisne et la redoutable position de Laon. A Arnay-le-Duc, étant capitaine, il sabra dix cosaques et sauva, non son général, mais son caporal. Il fut haché à cette occasion et on lui tira vingt-sept esquilles rien que du bras gauche. Huit jours avant la capitulation de Paris, il venait de permuter avec un camarade et d'entrer dans la cavalerie. Il avait ce qu'on appelle dans l'ancien régime *la double-main*, c'est-à-dire une aptitude égale à manier, soldat, le sabre ou le fusil, officier, un escadron ou un bataillon. C'est de cette aptitude, perfectionnée par l'éducation militaire, que sont nées certaines armes spéciales, les dragons, par exemple, qui sont tout ensemble cavaliers et fantassins. Il accompagna Napoléon à l'île d'Elbe. A Waterloo, il était chef d'escadron de cuirassiers dans la brigade Dubois. Ce fut lui qui prit le drapeau du bataillon de Lunebourg. Il vint jeter le drapeau aux pieds de l'empereur. Il était couvert de sang. Il avait reçu, en arrachant le drapeau, un coup de sabre à travers le visage. L'empereur, content, lui cria : *Tu es colonel, tu es baron, tu es officier de la Légion d'honneur!* Pontmercy répondit : *Sire, je vous remercie pour ma veuve.* Une heure après, il tombait dans le ravin d'Ohain. Maintenant, qu'était-ce que Georges Pontmercy? C'était ce même brigand de la Loire.

On a déjà vu quelque chose de son histoire. Après Waterloo, Pontmercy, tiré, on s'en souvient, du chemin creux d'Ohain, avait réussi à regagner l'armée, et s'était traîné d'ambulance en ambulance jusqu'aux cantonnements de la Loire.

La restauration l'avait mis à la demi-solde, puis l'avait envoyé en résidence, c'est-à-dire en surveillance à Vernon. Le roi Louis XVIII, considérant comme non avenu tout ce qui s'était fait dans les Cent-Jours, ne lui reconnut ni sa qualité d'officier de la Légion d'honneur, ni son grade de colonel, ni son titre de baron. Lui, de son côté, ne négligeait aucune occasion de signer *le colonel baron Pontmercy*. Il n'avait qu'un vieil habit bleu, et il ne sortait jamais sans y attacher la rosette d'officier de la légion d'honneur. Le procureur du roi le fit prévenir que le parquet le poursuivrait pour port « illégal » de cette décoration. Quand cet avis lui fut donné par un intermédiaire officieux, Pontmercy répondit avec un amer sourire : — Je ne sais point si c'est moi qui n'entends plus le français, ou si c'est vous qui ne le parlez plus; mais le fait est que je ne comprends pas. — Puis il sortit huit jours de suite avec sa rosette. On n'osa point l'inquiéter. Deux ou trois fois le ministre de la guerre et le général commandant le département lui écrivirent avec cette suscription : *A monsieur le commandant Pontmercy*. Il renvoya les lettres non décachetées. En ce même moment, Napoléon à Sainte-Hélène traitait de la même façon les missives de sir Hudson Lowe adressées *au général Bonaparte*. Pontmercy avait fini, qu'on nous passe le mot, par avoir dans la bouche la même salive que son empereur.

Il y avait ainsi à Rome des soldats carthaginois prisonniers qui refusaient de saluer Flaminius et qui avaient un peu de l'âme d'Annibal.

Un matin, il rencontra le procureur du roi dans une rue de Vernon, alla à lui et lui dit : — Monsieur le procureur du roi, m'est-il permis de porter ma balafre ?

Il n'avait rien, que sa très chétive demi-solde de chef d'escadron. Il avait loué à Vernon la plus petite maison qu'il avait pu trouver. Il y vivait seul, on vient de voir comment. Sous l'empire, entre deux guerres, il avait trouvé le temps d'épouser mademoiselle Gillenormand. Le vieux bourgeois, indigné au fond, avait consenti en soupirant et en disant : *Les plus grandes familles y sont forcées*. En 1815, madame Pontmercy, femme, du reste, de tout point admirable, élevée et rare et digne de son mari, était morte, laissant un enfant. Cet enfant eût été la joie du colonel dans sa solitude; mais l'aïeul avait impérieusement réclamé son petit-fils, déclarant que, si on ne le lui donnait pas, il le déshériterait. Le père avait cédé dans l'intérêt du petit, et, ne pouvant avoir son enfant, il s'était mis à aimer les fleurs.

Il avait, du reste, renoncé à tout, ne remuant ni ne conspirant. Il partageait sa pensée entre les choses innocentes qu'il faisait et les choses grandes qu'il avait faites. Il passait son temps à espérer un œillet ou à se souvenir d'Austerlitz.

M. Gillenormand n'avait aucune relation avec son gendre. Le colonel était pour lui « un bandit », et il était pour le colonel « une ganache ». M. Gillenormand ne parlait jamais du colonel, si ce n'est quelquefois pour faire des allusions moqueuses à « sa baronie ». Il était expressément convenu que Pontmercy n'essayerait jamais de voir son fils ni de lui parler, sous peine qu'on le lui rendît chassé et déshérité. Pour les Gillenormand, Pontmercy était un pestiféré. Ils entendaient élever l'enfant à leur guise. Le colonel eut tort peut-être d'accepter ces conditions, mais il les subit, croyant bien faire et ne sacrifier que lui.

L'héritage du père Gillenormand était peu de chose; mais l'héritage de mademoiselle Gillenormand aînée était considérable. Cette tante, restée fille, était fort riche du côté maternel, et le fils de sa sœur était son héritier naturel. L'enfant, qui s'appelait Marius, savait qu'il avait un père, mais rien de plus. Personne ne lui en ouvrait la bouche. Cependant, dans le monde où son grand-père le menait, les chuchotements, les demi-mots, les clins d'yeux, s'étaient fait jour à la longue jusque dans l'esprit du petit; il avait fini par comprendre quelque chose, et comme il prenait naturellement, par une sorte d'infiltration et de pénétration lente, les idées et les opinions qui étaient, pour ainsi dire, son milieu respirable, il en vint peu à peu à ne songer à son père qu'avec honte et le cœur serré.

Pendant qu'il grandissait ainsi, tous les deux ou trois mois, le colonel s'échappait, venait furtivement à Paris, comme un repris de justice qui rompt son ban, et allait se poster à Saint-Sulpice, à l'heure où la tante Gillenormand menait Marius à la messe. Là, tremblant que la tante ne se retournât, caché derrière un pilier, immobile, n'osant respirer, il regardait son enfant. Ce balafré avait peur de cette vieille fille.

De là même était venue sa liaison avec le curé de Vernon, M. l'abbé Mabeuf.

Ce digne prêtre était frère d'un marguillier de Saint-Sulpice, lequel avait plusieurs fois remarqué cet homme contemplant son enfant, et la cicatrice qu'il avait sur la joue, et la grosse larme qu'il avait dans les yeux. Cet homme, qui avait si bien l'air d'un homme et qui pleurait comme une femme, avait frappé le marguillier. Cette figure lui était restée dans l'esprit. Un jour, étant allé à Vernon voir son frère, il rencontra sur le pont le colonel Pontmercy et reconnut l'homme de Saint-Sulpice. Le marguillier en parla au curé, et tous deux, sous un prétexte quelconque, firent une visite au colonel. Cette visite en amena d'autres. Le colonel, d'abord très fermé, finit par s'ouvrir, et le curé et le marguillier arrivèrent à savoir toute l'histoire, et comment Pontmercy sacrifiait son bonheur à l'avenir de son enfant. Cela fit que le curé le prit en vénération et en tendresse, et le colonel, de son côté, prit en affection le curé. D'ailleurs, quand d'aventure ils sont sincères et bons tous les deux, rien ne se pénètre et ne s'amalgame plus aisément qu'un vieux prêtre et un vieux soldat. Au fond, c'est le même homme. L'un s'est dévoué pour la patrie d'en bas, l'autre pour la patrie d'en haut; pas d'autre différence.

Deux fois par an, au 1er janvier et à la Saint-Georges, Marius écrivait à son père des lettres de devoir que sa tante dictait, et qu'on eût dit copiées dans quelque formulaire; c'était tout ce que tolérait M. Gillenormand; et le père répondait des lettres fort tendres que l'aïeul fourrait dans sa poche sans les lire.

III

REQUIESCANT

Le salon de madame de T. était tout ce que Marius Pontmercy connaissait du monde. C'était la seule ouverture par laquelle il pût regarder dans la vie. Cette ouverture était sombre, et il lui venait par cette lucarne plus de froid que de chaleur, plus de nuit que de jour. Cet enfant, qui n'était que joie et lumière en entrant dans ce monde étrange, y devint en peu de temps triste, et, ce qui est plus contraire encore à cet âge, grave. Entouré de toutes ces personnes imposantes et singulières, il regardait autour de lui avec un étonnement sérieux. Tout se réunissait pour accroître en lui cette stupeur. Il y avait dans le salon de madame de T. de vieilles nobles dames très-vénérables qui s'appelaient Mathan, Noé, Lévis, qu'on prononçait Lévi, Cambis, qu'on prononçait Cambyse. Ces antiques visages et ces noms bibliques se mêlaient dans l'esprit de l'enfant à son ancien testament qu'il apprenait par cœur, et quand elles étaient là toutes, assises en cercle autour d'un feu mourant, à peine éclairées par une lampe voilée de vert, avec leurs profils sévères, leurs cheveux gris ou blancs, leurs longues robes d'un autre âge dont on ne distinguait que les couleurs lugubres, laissant tomber à de rares intervalles des paroles à la fois majestueuses et farouches, le petit Marius les considérait avec des yeux effarés, croyant voir, non des femmes, mais des patriarches et des mages, non des êtres réels, mais des fantômes.

A ces fantômes se mêlaient plusieurs prêtres, habitués de ce salon vieux, et quelques gentilshommes ; le marquis de Sass****, secrétaire des commandements de madame de Berry, le vicomte de Val***, qui publiait sous le pseudonyme de *Charles-Antoine* des odes monorimes, le prince de Beauff*******, qui, assez jeune, avait un chef grisonnant et une jolie et spirituelle femme dont les toilettes de velours écarlate à torsades d'or, fort décolletées, effarouchaient ces ténèbres, le marquis de C***** d'E******, l'homme de France qui savait le mieux « la politesse proportionnée », le comte d'Am*****, le bonhomme au menton bienveillant, et le chevalier de Port-de-Guy, pilier de la bibliothèque du Louvre, dite le cabinet du roi. M. de Port-de-Guy, chauve et plutôt vieilli que vieux, contait qu'en 1793, âgé de seize ans, on l'avait mis au bagne comme réfractaire, et ferré avec un octogénaire, l'évêque de Mirepoix, réfractaire aussi, mais comme prêtre, tandis que lui l'était comme soldat. C'était à Toulon. Leur fonction était d'aller la nuit ramasser sur l'échafaud les têtes et les corps des guillotinés du jour ; ils emportaient sur leur dos ces troncs ruisselants, et leurs capes rouges de galériens avaient derrière leur nuque une croûte de sang, sèche le matin, humide le soir. Ces récits tragiques abondaient dans le salon de madame de T., et à force d'y maudire Marat, on y applaudissait Trestaillon. Quelques députés du genre introuvable y faisaient leur whist : M. Thibord du Chalard, M. Lemarchant de Gomicourt, et le célèbre railleur de la droite, M. Cornet-Dincourt. Le bailli de Ferrette, avec ses culottes courtes et ses jambes maigres, traversait quelquefois ce salon en allant chez M. de Talleyrand. Il avait été le camarade de plaisir de M. le comte d'Artois, et à l'inverse d'Aristote, accroupi sous Campaspe, il avait fait marcher la Guimard à quatre pattes, et de la sorte montré aux siècles un philosophe vengé par un bailli.

Quant aux prêtres, c'était l'abbé Halma, le même à qui M. Larose, son collaborateur à *la Foudre*, disait : *Bah! qui est-ce qui n'a pas cinquante ans? quelques blancs-becs peut-être?* L'abbé Letourneur, prédicateur du roi, l'abbé Frayssinous, qui n'était encore ni comte, ni évêque, ni ministre, ni pair, et qui portait une vieille soutane où il manquait des boutons, et l'abbé Keravenant, curé de Saint-Germain-des-Prés; plus le nonce du pape, alors monsignor Macchi, archevêque de Nisibi, plus tard cardinal, remarquable par son long nez pensif, et un autre monsignor ainsi intitulé : abbate Palmieri, prélat domestique, un des sept protonotaires participants du saint-siége, chanoine de l'insigne basilique libérienne, avocat des saints, *postulatore di santi,* ce qui se rapporte aux affaires de canonisation et signifie à peu près : maître des requêtes de la section du paradis. Enfin deux cardinaux, M. de la Luzerne et M. de Cl******-T*******. M. le cardinal de la Luzerne était un écrivain et devait avoir, quelques années plus tard, l'honneur de signer dans le *Conservateur* des articles côte à côte avec Chateaubriand; M. de Cl******-T******* était archevêque de Toul****, et venait souvent en villégiature à Paris, chez son neveu le marquis de T*******, qui a été ministre de la marine et de la guerre. Le cardinal de Cl******-T******* était un petit vieillard gai, montrant ses bas rouges sous sa soutane troussée; il avait pour spécialité de haïr l'Encyclopédie et de jouer éperdument au billard, et les gens qui, à cette époque, passaient dans les soirs d'été rue M*****, où était alors l'hôtel de Cl******-T*******, s'arrêtaient pour entendre le choc des billes et la voix aiguë du cardinal criant à son conclaviste, monseigneur Cottret, évêque *in partibus* de Caryste : *Marque, l'abbé, je carambole.* Le cardinal de Cl******-T******* avait été amené chez madame de T. par son ami le plus intime, M. de Roquelaure, ancien évêque de Senlis et l'un des quarante. M. de Roquelaure était considérable par sa haute taille et par son assiduité à l'académie; à travers la porte vitrée de la salle voisine de la bibliothèque où l'académie française tenait alors ses séances, les curieux pouvaient tous les jeudis contempler l'ancien évêque de Senlis, habituellement debout, poudré à frais, en bas violets, et tournant le dos à la porte, apparemment pour mieux faire voir son petit collet. Tous ces ecclésiastiques, quoique la plupart hommes de cour autant qu'hommes d'église, s'ajoutaient à la gravité du salon de T., dont cinq pairs de France, le marquis de Vib****, — le marquis de Tal***, — le marquis d'Herb*******, — le vicomte Damb***, — et le duc de Val********, — accentuaient l'aspect seigneurial. Ce duc de Val********, — quoique prince de Mon***, — c'est-à-dire prince souverain étranger, avait une

si haute idée de la France et de la pairie qu'il voyait tout à travers elles. C'était lui qui disait : *Les cardinaux sont les pairs de France de Rome; les lords sont les pairs de France d'Angleterre*. Au reste, car il faut en ce siècle que la révolution soit partout, ce salon féodal était, comme nous l'avons dit, dominé par un bourgeois. M. Gillenormand y régnait.

C'était là l'essence et la quintessence de la société parisienne blanche. On y tenait en quarantaine les renommées, même royalistes. Il y a toujours de l'anarchie dans la renommée. Chateaubriand, entrant là, eût fait l'effet du Père Duchêne. Quelques ralliés pourtant pénétraient, par tolérance, dans ce monde orthodoxe. Le comte Beug*** y était reçu à correction.

Les salons « nobles » d'aujourd'hui ne ressemblent plus à ces salons-là. Le faubourg Saint-Germain d'à présent sent le fagot. Les royalistes de maintenant sont des démagogues, disons-le à leur louange.

Chez madame de T., le monde étant supérieur, le goût était exquis et hautain, sous une grande fleur de politesse. Les habitudes y comportaient toutes sortes de raffinements involontaires qui étaient l'ancien régime même, enterré, mais vivant. Quelques-unes de ces habitudes, dans le langage surtout, semblaient bizarres. Des connaisseurs superficiels eussent pris pour province ce qui n'était que vétusté. On appelait une femme *madame la générale*. *Madame la colonelle* n'était pas absolument inusité. La charmante madame de Léon, en souvenir sans doute des duchesses de Longueville et de Chevreuse, préférait cette appellation à son titre de princesse. La marquise de Créquy, elle aussi, s'était appelée *madame la colonelle*.

Ce fut ce petit haut monde qui inventa aux Tuileries le raffinement de dire toujours en parlant au roi dans l'intimité *le roi* à la troisième personne et jamais *votre majesté*, la qualification *votre majesté* ayant été « souillée par l'usurpateur ».

On jugeait là les faits et les hommes. On raillait le siècle, ce qui dispensait de le comprendre. On s'entr'aidait dans l'étonnement. On se communiquait la quantité de clarté qu'on avait. Mathusalem renseignait Épiménide. Le sourd mettait l'aveugle au courant. On déclarait non avenu le temps écoulé depuis Coblentz. De même que Louis XVIII était, par la grâce de Dieu, à la vingt-cinquième année de son règne, les émigrés étaient, de droit, à la vingt-cinquième année de leur adolescence.

Tout était harmonieux; rien ne vivait trop; la parole était à peine un souffle; le journal, d'accord avec le salon, semblait un papyrus. Il y avait des jeunes gens, mais ils étaient un peu morts. Dans l'antichambre, les livrées étaient vieillottes. Ces personnages, complètement passés, étaient servis par des domestiques du même genre. Tout cela avait l'air d'avoir vécu il y a longtemps, et de s'obstiner contre le sépulcre. Conserver, Conservation, Conservateur, c'était là à peu près tout le dictionnaire; *être en bonne odeur*, était la question. Il y avait en effet des aromates dans les opinions de ces groupes vénérables, et leurs idées sentaient le vétiver. C'était un monde momie. Les maîtres étaient embaumés, les valets étaient empaillés.

Une digne vieille marquise émigrée et ruinée, n'ayant plus qu'une bonne, continuait de dire : *Mes gens.*

Que faisait-on dans le salon de madame de T.? On était ultra.

Être ultra ; ce mot, quoique ce qu'il représente n'ait peut-être pas disparu, ce mot n'a plus de sens aujourd'hui. Expliquons-le.

Être ultra, c'est aller au delà. C'est attaquer le sceptre au nom du trône et la mitre au nom de l'autel ; c'est malmener la chose qu'on traîne, c'est ruer dans l'attelage ; c'est chicaner le bûcher sur le degré de cuisson des hérétiques ; c'est reprocher à l'idole son peu d'idolâtrie ; c'est insulter par excès de respect ; c'est trouver dans le pape pas assez de papisme, dans le roi pas assez de royauté, et trop de lumière à la nuit ; c'est être mécontent de l'albâtre, de la neige, du cygne et du lys au nom de la blancheur ; c'est être partisan des choses au point d'en devenir l'ennemi ; c'est être si fort pour, qu'on est contre.

L'esprit ultra caractérise spécialement la première phase de la restauration.

Rien dans l'histoire n'a ressemblé à ce quart d'heure qui commence à 1814 et qui se termine vers 1820, à l'avénement de M. de Villèle, l'homme pratique de la droite. Ces six années furent un moment extraordinaire ; à la fois brillant et morne, riant et sombre, éclairé comme par le rayonnement de l'aube et tout couvert en même temps des ténèbres des grandes catastrophes qui emplissaient encore l'horizon et s'enfonçaient lentement dans le passé. Il y eut là, dans cette lumière et dans cette ombre, tout un petit monde nouveau et vieux, bouffon et triste, juvénile et sénile, se frottant les yeux ; rien ne ressemble au réveil comme le retour ; groupe qui regardait la France avec humeur et que la France regardait avec ironie ; de bons vieux hiboux marquis plein les rues, les revenus et les revenants, des « ci-devant » stupéfaits de tout, de braves et nobles gentilshommes souriant d'être en France et en pleurant aussi, ravis de revoir leur patrie, désespérés de ne plus retrouver leur monarchie ; la noblesse des croisades conspuant la noblesse de l'empire, c'est-à-dire la noblesse de l'épée ; les races historiques ayant perdu le sens de l'histoire ; les fils des compagnons de Charlemagne dédaignant les compagnons de Napoléon. Les épées, comme nous venons de le dire, se renvoyaient l'insulte; l'épée de Fontenoy était risible et n'était qu'une rouillarde; l'épée de Marengo était odieuse et n'était qu'un sabre. Jadis méconnaissait Hier. On n'avait plus le sentiment de ce qui était grand, ni le sentiment de ce qui était ridicule. Il y eut quelqu'un qui appela Bonaparte Scapin. Ce monde n'est plus. Rien, répétons-le, n'en reste aujourd'hui. Quand nous en tirons par hasard quelque figure et que nous essayons de le faire revivre par la pensée, il nous semble étrange comme un monde antédiluvien. C'est qu'en effet il a été lui aussi englouti par un déluge. Il a disparu sous deux révolutions. Quels flots que les idées! Comme elles couvrent vite tout ce qu'elles ont mission de détruire et d'ensevelir, et comme elles font promptement d'effrayantes profondeurs!

Telle était la physionomie des salons de ces temps lointains et candides où M. Martainville avait plus d'esprit que Voltaire.

Ces salons avaient une littérature et une politique à eux. On y croyait en Fiévée. M. Agier y faisait la loi. On y commentait M. Colnet, le publiciste bouquiniste du quai Malaquais. Napoléon y était pleinement Ogre de Corse. Plus tard, l'introduction dans l'histoire de M. le marquis de Buonaparté, lieutenant-général des armées du roi, fut une concession à l'esprit du siècle.

Ces salons ne furent pas longtemps purs. Dès 1818, quelques doctrinaires commencèrent à y poindre, nuance inquiétante. La manière de ceux-là était d'être royalistes et de s'en excuser. Là où les ultras étaient très-fiers, les doctrinaires étaient un peu honteux. Ils avaient de l'esprit; ils avaient du silence; leur dogme politique était convenablement empesé de morgue; ils devaient réussir. Ils faisaient, utilement d'ailleurs, des excès de cravate blanche et d'habit boutonné. Le tort, ou le malheur, du parti doctrinaire a été de créer la jeunesse vieille. Ils prenaient des poses de sages. Ils rêvaient de greffer sur le principe absolu et excessif un pouvoir tempéré. Ils opposaient, et parfois avec une rare intelligence, au libéralisme démolisseur un libéralisme conservateur. On les entendait dire : « Grâce
« pour le royalisme! il a rendu plus d'un service. Il a rapporté la
« tradition, le culte, la religion, le respect. Il est fidèle, brave, che-
« valeresque, aimant, dévoué. Il vient mêler, quoique à regret, aux
« grandeurs nouvelles de la nation les grandeurs séculaires de la mo-
« narchie. Il a le tort de ne pas comprendre la révolution, l'empire,
« la gloire, la liberté, les jeunes idées, les jeunes générations, le

« siècle. Mais ce tort qu'il a envers nous, ne l'avons-nous pas quel-
« quefois envers lui? La révolution, dont nous sommes les héritiers,
« doit avoir l'intelligence de tout. Attaquer le royalisme, c'est le
« contre-sens du libéralisme. Quelle faute! et quel aveuglement! La
« France révolutionnaire manque de respect à la France historique,
« c'est-à-dire à sa mère, c'est-à-dire à elle-même. Après le 5 sep-
« tembre, on traite la noblesse de la monarchie comme après le
« 8 juillet on traitait la noblesse de l'empire. Ils ont été injustes pour
« l'aigle, nous sommes injustes pour la fleur de lys. On veut donc tou-
« jours avoir quelque chose à proscrire! Dédorer la couronne de
« Louis XIV, gratter l'écusson d'Henri IV, cela est-il bien utile? Nous
« raillons M. de Vaublanc qui effaçait les N du pont d'Iéna! Que fai-
« sait-il donc? Ce que nous faisons. Bouvines nous appartient comme
« Marengo. Les fleurs de lys sont à nous comme les N. C'est notre
« patrimoine. A quoi bon l'amoindrir? Il ne faut pas plus renier la
« patrie dans le passé que dans le présent. Pourquoi ne pas vouloir
« toute l'histoire? Pourquoi ne pas aimer toute la France? »

C'est ainsi que les doctrinaires critiquaient et protégeaient le royalisme, mécontent d'être critiqué et furieux d'être protégé.

Les ultras marquèrent la première époque du royalisme; la congrégation caractérisa la seconde. A la fougue succéda l'habileté. Bornons ici cette esquisse.

Dans le cours de ce récit, l'auteur de ce livre a trouvé sur son chemin ce moment curieux de l'histoire contemporaine; il a dû y jeter en passant un coup d'œil et retracer quelques-uns des linéaments singuliers de cette société aujourd'hui inconnue. Mais il le fait rapidement et sans aucune idée amère ou dérisoire. Des souvenirs, affectueux et respectueux, car ils touchent à sa mère, l'attachent à ce passé. D'ailleurs, disons-le, ce même petit monde avait sa grandeur. On en peut sourire, mais on ne peut ni le mépriser ni le haïr. C'était la France d'autrefois.

Marius Pontmercy fit, comme tous les enfants, des études quelconques. Quand il sortit des mains de la tante Gillenormand, son grand-père le confia à un digne professeur de la plus pure innocence classique. Cette jeune âme qui s'ouvrait passa d'une prude à un cuistre.

Marius eut ses années de collége, puis il entra à l'école de droit. Il était royaliste, fanatique et austère. Il aimait peu son grand-

père dont la gaieté et le cynisme le froissaient, et il était sombre à l'endroit de son père.

C'était, du reste, un garçon ardent et froid, noble, généreux, fier, religieux, exalté; digne jusqu'à la dureté, pur jusqu'à la sauvagerie.

IV

FIN DU BRIGAND

L'achèvement des études classiques de Marius coïncida avec la sortie du monde de M. Gillenormand. Le vieillard dit adieu au faubourg Saint-Germain et au salon de madame de T., et vint s'établir au Marais dans sa maison de la rue des Filles-du-Calvaire. Il avait là pour domestiques, outre le portier, cette femme de chambre Nicolette qui avait succédé à la Magnon, et ce basque essoufflé et poussif dont il a été parlé plus haut.

En 1827, Marius venait d'atteindre ses dix-sept ans. Comme il rentrait un soir, il vit son grand-père qui tenait une lettre à la main.

— Marius, dit M. Gillenormand, tu partiras demain pour Vernon.

— Pourquoi? dit Marius.

— Pour voir ton père.

Marius eut un tremblement. Il avait songé à tout, excepté à ceci, qu'il pourrait un jour se faire qu'il eût à voir son père. Rien ne pouvait être pour lui plus inattendu, plus surprenant, et, disons-le, plus désagréable. C'était l'éloignement contraint au rapprochement. Ce n'était pas un chagrin, non, c'était une corvée.

Marius, outre ses motifs d'antipathie politique, était convaincu que son père, le sabreur, comme l'appelait M. Gillenormand dans ses jours de douceur, ne l'aimait pas; cela était évident, puisqu'il l'avait abandonné ainsi et laissé à d'autres. Ne se sentant point aimé, il n'aimait point. Rien de plus simple, se disait-il.

Il fut si stupéfait qu'il ne questionna pas M. Gillenormand. Le grand-père reprit :

— Il paraît qu'il est malade. Il te demande.

Et après un silence il ajouta :

— Pars demain matin. Je crois qu'il y a, cour des Fontaines, une voiture qui part à six heures et qui arrive le soir. Prends-la. Il dit que c'est pressé.

Puis il froissa la lettre et la mit dans sa poche. Marius aurait pu partir le soir même et être près de son père le lendemain matin. Une diligence de la rue du Bouloi faisait à cette époque le voyage de Rouen la nuit et passait par Vernon. Ni M. Gillenormand ni Marius ne songèrent à s'informer.

Le lendemain, à la brune, Marius arrivait à Vernon. Les chandelles commençaient à s'allumer. Il demanda au premier passant venu : *la maison de M. Pontmercy*. Car dans sa pensée il était de l'avis de la restauration, et, lui non plus, ne reconnaissait son père ni baron ni colonel.

On lui indiqua le logis. Il sonna; une femme vint lui ouvrir, une petite lampe à la main.

— M. Pontmercy? dit Marius.

La femme resta immobile.

— Est-ce ici? demanda Marius.

La femme fit de la tête un signe affirmatif.

— Pourrais-je lui parler?

La femme fit un signe négatif.

— Mais je suis son fils! reprit Marius. Il m'attend.

— Il ne vous attend plus, dit la femme.

Alors il s'aperçut qu'elle pleurait.

Elle lui désigna du doigt la porte d'une salle basse; il entra.

Dans cette salle qu'éclairait une chandelle de suif posée sur la cheminée, il y avait trois hommes, un qui était debout, un qui était à genoux, et un qui était à terre en chemise, couché tout de son long sur le carreau. Celui qui était à terre était le colonel.

Les deux autres étaient un médecin et un prêtre qui priait.

Le colonel était depuis trois jours atteint d'une fièvre cérébrale. Au début de la maladie, ayant un mauvais pressentiment, il avait écrit à M. Gillenormand pour demander son fils. La maladie avait empiré. Le soir même de l'arrivée de Marius à Vernon, le colonel avait eu un accès de délire; il s'était levé de son lit malgré la servante, en criant : — Mon fils n'arrive pas! je vais au-devant de lui! — Puis il était sorti de sa chambre et était tombé sur le carreau de l'antichambre. Il venait d'expirer.

On avait appelé le médecin et le curé. Le médecin était arrivé trop tard, le curé était arrivé trop tard. Le fils aussi était arrivé trop tard.

A la clarté crépusculaire de la chandelle, on distinguait sur la joue du colonel gisant et pâle une grosse larme qui avait coulé de son œil mort. L'œil était éteint, mais la larme n'était pas séchée. Cette larme, c'était le retard de son fils.

Marius considéra cet homme qu'il voyait pour la première fois, et pour la dernière, ce visage vénérable et mâle, ces yeux ouverts qui

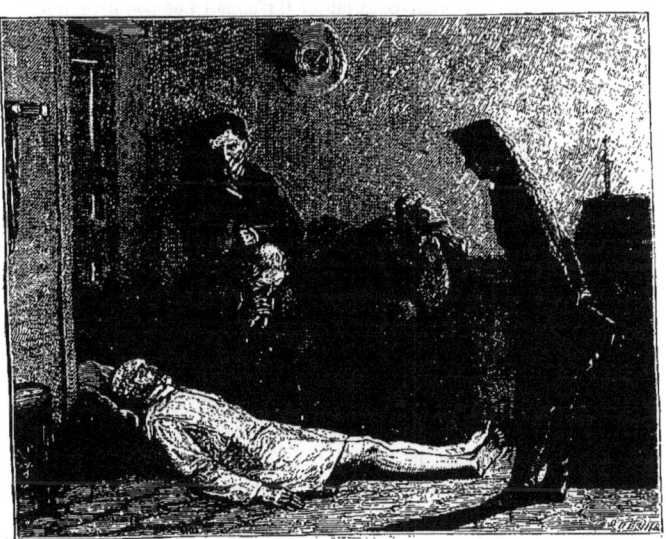

ne regardaient pas, ces cheveux blancs, ces membres robustes sur lesquels on distinguait çà et là des lignes brunes qui étaient des coups de sabre et des espèces d'étoiles rouges qui étaient des trous de balles. Il considéra cette gigantesque balafre qui imprimait l'héroïsme sur cette face où Dieu avait empreint la bonté. Il songea que cet homme était son père et que cet homme était mort, et il resta froid.

La tristesse qu'il éprouvait fut la tristesse qu'il aurait ressentie devant tout autre homme qu'il aurait vu étendu mort.

Le deuil, un deuil poignant, était dans cette chambre. La servante se lamentait dans un coin, le curé priait, et on l'entendait sangloter, le médecin s'essuyait les yeux; le cadavre lui-même pleurait.

Ce médecin, ce prêtre et cette femme regardaient Marius à travers leur affliction sans dire une parole; c'était lui qui était l'étranger. Marius, trop peu ému, se sentit honteux et embarrassé de son attitude; il avait son chapeau à la main, il le laissa tomber à terre, afin de faire croire que la douleur lui ôtait la force de le tenir.

En même temps, il éprouvait comme un remords et il se méprisait d'agir ainsi. Mais était-ce sa faute? Il n'aimait pas son père, quoi!

Le colonel ne laissait rien. La vente du mobilier paya à peine l'enterrement.

La servante trouva un chiffon de papier qu'elle remit à Marius. Il y avait ceci, écrit de la main du colonel :

« — *Pour mon fils.* — L'empereur m'a fait baron sur le champ « de bataille de Waterloo. Puisque la restauration me conteste ce « titre que j'ai payé de mon sang, mon fils le prendra et le portera. « Il va sans dire qu'il en sera digne. » Derrière, le colonel avait ajouté : « A cette même bataille de Waterloo, un sergent m'a sauvé « la vie. Cet homme s'appelle Thénardier. Dans ces derniers temps, « je crois qu'il tenait une petite auberge dans un village des envi- « rons de Paris, à Chelles ou à Montfermeil. Si mon fils le rencontre, « il fera à Thénardier tout le bien qu'il pourra. »

Non par religion pour son père, mais à cause de ce respect vague de la mort qui est toujours si impérieux au cœur de l'homme, Marius prit ce papier et le serra.

Rien ne resta du colonel. M. Gillenormand fit vendre au fripier son épée et son uniforme. Les voisins dévalisèrent le jardin et pillèrent les fleurs rares. Les autres plantes devinrent ronces et broussailles, et moururent.

Marius n'était demeuré que quarante-huit heures à Vernon. Après l'enterrement, il était revenu à Paris et s'était remis à son droit, sans plus songer à son père que s'il n'eût jamais vécu. En deux jours le colonel avait été enterré et en trois jours oublié.

Marius avait un crêpe à son chapeau. Voilà tout.

V

L'UTILITÉ D'ALLER A LA MESSE POUR DEVENIR RÉVOLUTIONNAIRE

Marius avait gardé les habitudes religieuses de son enfance. Un dimanche qu'il était allé entendre la messe à Saint-Sulpice, à cette même chapelle de la Vierge où sa tante le menait quand il était petit,

étant ce jour-là distrait et rêveur plus qu'à l'ordinaire, il s'était placé derrière un pilier et agenouillé, sans y faire attention, sur une chaise en velours d'Utrecht, au dossier de laquelle était écrit ce nom : *Monsieur Mabeuf, marguillier*. La messe commençait à peine qu'un vieillard se présenta et dit à Marius :

— Monsieur, c'est ma place.

Marius s'écarta avec empressement, et le vieillard reprit sa chaise.

La messe finie, Marius était resté pensif à quelques pas; le vieillard s'approcha de nouveau et lui dit :

— Je vous demande pardon, monsieur, de vous avoir dérangé

tout à l'heure et de vous déranger encore en ce moment; mais vous avez dû me trouver fâcheux, il faut que je vous explique.

— Monsieur, dit Marius, c'est inutile.

— Si! reprit le vieillard, je ne veux pas que vous ayez mauvaise idée de moi. Voyez-vous, je tiens à cette place. Il me semble que la messe y est meilleure. Pourquoi? je vais vous le dire. C'est à cette place-là que j'ai vu venir pendant dix années, tous les deux ou trois mois régulièrement, un pauvre brave père qui n'avait pas d'autre occasion et pas d'autre manière de voir son enfant, parce que, pour des arrangements de famille, on l'en empêchait. Il venait à l'heure où il savait qu'on menait son fils à la messe. Le petit ne se doutait pas que son père était là. Il ne savait même peut-être pas qu'il avait un père, l'innocent! Le père, lui, se tenait derrière un pilier pour qu'on ne le vît pas. Il regardait son enfant, et il pleurait. Il adorait ce petit, ce pauvre homme! J'ai vu cela. Cet endroit est devenu comme sanctifié pour moi, et j'ai pris l'habitude de venir y entendre la messe. Je le préfère au banc d'œuvre où j'aurais droit d'être comme marguillier. J'ai même un peu connu ce malheureux monsieur. Il avait un beau-père, une tante riche, des parents, je ne sais plus trop, qui menaçaient de déshériter l'enfant si, lui, le père, il le voyait. Il s'était sacrifié pour que son fils fût riche un jour et heureux. On l'en séparait pour opinion politique. Certainement j'approuve les opinions politiques, mais il y a des gens qui ne savent pas s'arrêter. Mon Dieu! parce qu'un homme a été à Waterloo, ce n'est pas un monstre; on ne sépare point pour cela un père de son enfant. C'était un colonel de Bonaparte. Il est mort, je crois. Il demeurait à Vernon où j'ai mon frère curé, et il s'appelait quelque chose comme Pontmarie ou Montpercy... — Il avait, ma foi, un beau coup de sabre.

— Pontmercy, dit Marius en pâlissant.

— Précisément, Pontmercy. Est-ce que vous l'avez connu?

— Monsieur, dit Marius, c'était mon père.

Le vieux marguillier joignit les mains, et s'écria:

— Ah! vous êtes l'enfant! Oui, c'est cela, ce doit être un homme à présent. Eh bien! pauvre enfant, vous pouvez dire que vous avez eu un père qui vous a bien aimé!

Marius offrit son bras au vieillard et le ramena jusqu'à son logis.

Le lendemain, il dit à M. Gillenormand:

— Nous avons arrangé une partie de chasse avec quelques amis. Voulez-vous me permettre de m'absenter trois jours?

— Quatre! répondit le grand-père, va, amuse-toi.

Et, clignant de l'œil, il dit bas à sa fille :

— Quelque amourette!

VI

CE QUE C'EST QUE D'AVOIR RENCONTRÉ UN MARGUILLIER

Où alla Marius, on le verra un peu plus loin.

Marius fut trois jours absent, puis il revint à Paris, alla droit à la bibliothèque de l'école de droit et demanda la collection du *Moniteur*.

Il lut le *Moniteur*, il lut toutes les histoires de la république et de l'empire, le *Mémorial de Sainte-Hélène*, tous les mémoires, les journaux, les bulletins, les proclamations; il dévora tout. La première fois qu'il rencontra le nom de son père dans les bulletins de la grande armée, il en eut la fièvre toute une semaine. Il alla voir les généraux sous lesquels Georges Pontmercy avait servi, entre autres le comte H. Le marguillier Mabeuf, qu'il était allé revoir, lui avait conté la vie de Vernon, la retraite du colonel, ses fleurs, sa solitude. Marius arriva à connaître pleinement cet homme rare, sublime et doux, cette espèce de lion-agneau qui avait été son père.

Cependant, occupé de cette étude qui lui prenait tous ses instants comme toutes ses pensées, il ne voyait presque plus les Gillenormand. Aux heures des repas, il paraissait; puis on le cherchait, il n'était plus là. La tante bougonnait. Le père Gillenormand souriait. — Bah! bah! c'est le temps des fillettes! — Quelquefois le vieillard ajoutait : — Diable! je croyais que c'était une galanterie. Il paraît que c'est une passion.

C'était une passion en effet. Marius était en train d'adorer son père.

En même temps un changement extraordinaire se faisait dans ses idées. Les phases de ce changement furent nombreuses et successives. Comme ceci est l'histoire de beaucoup d'esprits de notre temps, nous croyons utile de suivre ces phases pas à pas et de les indiquer toutes.

Cette histoire où il venait de mettre les yeux l'effarait.

Le premier effet fut l'éblouissement.

La république, l'empire, n'avaient été pour lui jusqu'alors que des mots monstrueux. La république, une guillotine dans un crépuscule; l'empire, un sabre dans la nuit. Il venait d'y regarder, et là où il s'attendait à ne trouver qu'un chaos de ténèbres, il avait vu, avec une sorte de surprise inouïe mêlée de crainte et de joie, étinceler des astres, Mirabeau, Vergniaud, Saint-Just, Robespierre, Camille Desmoulins, Danton, et se lever un soleil, Napoléon. Il ne savait où il en était. Il reculait aveuglé de clartés. Peu à peu, l'étonnement passé, il s'accoutuma à ces rayonnements, il considéra les actions sans vertige, il examina les personnages sans terreur; la révolution et l'empire se mirent lumineusement en perspective devant sa prunelle visionnaire; il vit chacun de ces deux groupes d'événements et d'hommes se résumer dans deux faits énormes; la république dans la souveraineté du droit civique restituée aux masses, l'empire dans la souveraineté de l'idée française imposée à l'Europe; il vit sortir de la révolution la grande figure du peuple, et de l'empire la grande figure de la France. Il se déclara dans sa conscience que tout cela avait été bon.

Ce que son éblouissement négligeait dans cette première appréciation beaucoup trop synthétique, nous ne croyons pas nécessaire de l'indiquer ici. C'est l'état d'un esprit en marche que nous constatons. Les progrès ne se font pas tous en une étape. Cela dit, une fois pour toutes, pour ce qui précède comme pour ce qui va suivre, nous continuons.

Il s'aperçut alors que jusqu'à ce moment il n'avait pas plus compris son pays qu'il n'avait compris son père. Il n'avait connu ni l'un ni l'autre, et il avait eu une sorte de nuit volontaire sur les yeux. Il voyait maintenant, et d'un côté il admirait, de l'autre il adorait.

Il était plein de regrets et de remords, et il songeait avec désespoir que tout ce qu'il avait dans l'âme, il ne pouvait plus le dire maintenant qu'à un tombeau. Oh! si son père avait existé, s'il l'avait eu encore, si Dieu dans sa compassion et dans sa bonté avait permis que ce père fût encore vivant, comme il aurait couru, comme il se serait précipité, comme il aurait crié à son père : — Père! me voici! c'est moi! j'ai le même cœur que toi! je suis ton fils! — Comme il aurait embrassé sa tête blanche, inondé ses cheveux de larmes, contemplé sa cicatrice, pressé ses mains, adoré ses vêtements, baisé ses pieds! Oh! pourquoi ce père était-il mort si tôt, avant l'âge, avant la justice, avant l'amour de son fils! Marius avait un continuel sanglot dans le cœur qui disait à tout moment : Hélas! En même temps il devenait plus vraiment sérieux, plus vraiment grave, plus sûr de sa foi et de sa pensée. A chaque instant des lueurs du vrai venaient compléter sa raison. Il se faisait en lui comme une croissance intérieure. Il sentait une sorte d'agrandissement naturel que lui apportaient ces deux choses nouvelles pour lui, son père et sa patrie.

Comme lorsqu'on a une clef, tout s'ouvrait; il s'expliquait ce qu'il avait haï, il pénétrait ce qu'il avait abhorré; il voyait désormais clairement le sens providentiel, divin et humain, des grandes choses qu'on lui avait appris à détester et des grands hommes qu'on lui avait enseigné à maudire. Quand il songeait à ses précédentes opinions, qui n'étaient que d'hier et qui pourtant lui semblaient déjà si anciennes, il s'indignait et il souriait.

De la réhabilitation de son père, il avait naturellement passé à la réhabilitation de Napoléon.

Pourtant celle-ci, disons-le, ne s'était point faite sans labeur.

Dès l'enfance on l'avait imbu des jugements du parti de 1814 sur Bonaparte. Or, tous les préjugés de la restauration, tous ses intérêts, tous ses instincts, tendaient à défigurer Napoléon. Elle l'exécrait plus encore que Robespierre. Elle avait exploité assez habilement la fatigue de la nation et la haine des mères. Bonaparte était devenu une sorte de monstre presque fabuleux, et, pour le peindre à l'imagination du peuple qui, comme nous l'indiquions tout à l'heure, ressemble à l'imagination des enfants, le parti de 1814 faisait apparaître successivement tous les masques effrayants, depuis ce qui est terrible en restant grandiose jusqu'à ce qui est terrible en devenant grotesque, depuis Tibère jusqu'à Croquemitaine. Ainsi, en parlant de Bonaparte, on était libre de sangloter ou de pouffer de rire, pourvu que la haine fît la basse. Marius n'avait jamais eu — sur cet homme, comme on l'appelait, — d'autres idées dans l'esprit. Elles s'étaient combinées avec la ténacité qui était dans sa nature. Il y avait en lui tout un petit homme têtu qui haïssait Napoléon.

En lisant l'histoire, en l'étudiant surtout dans les documents et dans les matériaux, le voile qui couvrait Napoléon aux yeux de Marius se déchira peu à peu. Il entrevit quelque chose d'immense, et soupçonna qu'il s'était trompé jusqu'à ce moment sur Bonaparte comme sur tout le reste; chaque jour il voyait mieux; et il se mit à gravir lentement, pas à pas, au commencement presque à regret, ensuite avec enivrement et comme attiré par une fascination irrésistible, d'abord les degrés sombres, puis les degrés vaguement éclairés, enfin les degrés lumineux et splendides de l'enthousiasme.

Une nuit, il était seul dans sa petite chambre située sous le toit. Sa bougie était allumée; il lisait accoudé sur sa table à côté de sa fenêtre ouverte. Toutes sortes de rêveries lui arrivaient de l'espace et se mêlaient à sa pensée. Quel spectacle que la nuit! on entend des bruits sourds sans savoir d'où ils viennent, on voit rutiler comme une braise Jupiter qui est douze cents fois plus gros que la terre, l'azur est noir, les étoiles brillent; c'est formidable.

Il lisait les bulletins de la grande armée, ces strophes héroïques écrites sur le champ de bataille; il y voyait par intervalles le nom de son père, toujours le nom de l'empereur; tout le grand empire lui apparaissait; il sentait comme une marée qui se gonflait en lui et qui montait; il lui semblait par moments que son père passait près de lui comme un souffle, et lui parlait à l'oreille; il devenait peu à peu étrange; il croyait entendre les tambours, le canon, les trompettes, le pas mesuré des bataillons, le galop sourd et lointain des cavaleries; de temps en temps ses yeux se levaient vers le ciel et regardaient luire dans les profondeurs sans fond les constellations colossales, puis ils retombaient sur le livre et ils y voyaient d'autres choses colossales remuer confusément. Il avait le cœur serré. Il était transporté, tremblant, haletant. Tout à coup, sans savoir lui-même ce qui était en lui, et à quoi il obéissait, il se dressa, étendit ses deux bras hors de la fenêtre, regarda fixement l'ombre, le silence, l'infini ténébreux, l'immensité éternelle, et cria : Vive l'empereur!

A partir de ce moment, tout fut dit : l'Ogre de Corse, — l'usurpateur, — le tyran, — le monstre qui était l'amant de ses sœurs, — l'histrion qui prenait des leçons de Talma, — l'empoisonneur de Jaffa, — le tigre, — Buonaparté, — tout cela s'évanouit, et fit place dans son esprit à un vague et éclatant rayonnement où resplendissait à une hauteur inaccessible le pâle fantôme de marbre de César. L'empereur n'avait été pour son père que le bien-aimé capitaine qu'on admire et

pour qui l'on se dévoue; il fut pour Marius quelque chose de plus. Il fut le constructeur prédestiné du groupe français succédant au groupe romain dans la domination de l'univers. Il fut le prodigieux architecte d'un écroulement, le continuateur de Charlemagne, de Louis XI, de Henri IV, de Richelieu, de Louis XIV et du comité de salut public, ayant sans doute ses taches, ses fautes et même son crime, c'est-à-dire étant homme; mais auguste dans ses fautes, brillant dans ses taches, puissant dans son crime.

Il fut l'homme prédestiné qui avait forcé toutes les nations à dire : — la grande nation. Il fut mieux encore; il fut l'incarnation même de la France, conquérant l'Europe par l'épée qu'il tenait et le monde par la clarté qu'il jetait. Marius vit en Bonaparte le spectre éblouissant qui se dressera toujours sur la frontière et qui gardera l'avenir. Despote, mais dictateur; despote résultant d'une république et résumant une révolution. Napoléon devint pour lui l'homme-peuple comme Jésus est l'homme-Dieu.

On le voit, à la façon de tous les nouveaux venus dans une religion, sa conversion l'enivrait, il se précipitait dans l'adhésion et il allait trop loin. Sa nature était ainsi; une fois sur une pente, il lui était presque impossible d'enrayer. Le fanatisme pour l'épée le gagnait et compliquait dans son esprit l'enthousiasme pour l'idée. Il ne s'apercevait point qu'avec le génie, et pêle-mêle, il admirait la force, c'est-à-dire qu'il installait dans les deux compartiments de son idolâtrie, d'un côté ce qui est divin, de l'autre ce qui est brutal. A plusieurs égards, il s'était mis à se tromper autrement. Il admettait tout. Il y a une manière de rencontrer l'erreur en allant à la vérité. Il avait une sorte de bonne foi violente qui prenait tout en bloc. Dans la voie nouvelle où il était entré, en jugeant les torts de l'ancien régime comme en mesurant la gloire de Napoléon, il négligeait les circonstances atténuantes.

Quoi qu'il en fût, un pas prodigieux était fait. Où il avait vu autrefois la chute de la monarchie, il voyait maintenant l'avénement de la France. Son orientation était changée. Ce qui avait été le couchant était le levant. Il s'était retourné.

Toutes ces révolutions s'accomplissaient en lui sans que sa famille s'en doutât.

Quand, dans ce mystérieux travail, il eut tout à fait perdu son ancienne peau de bourbonnien et d'ultra, quand il eut dépouillé l'aristocrate, le jacobite et le royaliste, lorsqu'il fut pleinement révolutionnaire, profondément démocrate et presque républicain, il alla chez un graveur du quai des Orfèvres et y commanda cent cartes portant ce nom : *Le baron Marius Pontmercy.*

Ce qui n'était qu'une conséquence très-logique du changement qui s'était opéré en lui, changement dans lequel tout gravitait autour de son père.

Seulement, comme il ne connaissait personne et qu'il ne pouvait semer ses cartes chez aucun portier, il les mit dans sa poche.

Par une autre conséquence naturelle, à mesure qu'il se rapprochait de son père, de sa mémoire, et des choses pour lesquelles le colonel avait combattu vingt-cinq ans, il s'éloignait de son grand-père. Nous l'avons dit, dès longtemps, l'humeur de M. Gillenormand ne lui agréait point. Il y avait déjà entre eux toutes les dissonances de jeune homme grave à vieillard frivole. La gaieté de Géronte choque et exaspère la mélancolie de Werther. Tant que les mêmes opinions politiques et les mêmes idées leur avaient été communes, Marius s'était rencontré là avec M. Gillenormand comme sur un pont. Quand ce pont tomba, l'abîme se fit. Et puis, par-dessus tout, Marius éprouvait des mouvements de révolte inexprimables en songeant que c'était M. Gillenormand qui, pour des motifs stupides, l'avait arraché sans pitié au colonel, privant ainsi le père de l'enfant et l'enfant du père.

A force de piété pour son père, Marius en était presque venu à l'aversion pour son aïeul.

Rien de cela, du reste, nous l'avons dit, ne se trahissait au dehors. Seulement il était froid de plus en plus; laconique aux repas et rare dans la maison. Quand sa tante l'en grondait, il était très-doux et donnait pour prétexte ses études, les cours, les examens, des conférences, etc. Le grand-père ne sortait pas de son diagnostic infaillible : — Amoureux ! je m'y connais.

Marius faisait de temps en temps quelques absences.

— Où va-t-il donc comme cela? demandait la tante.

Dans un de ces voyages, toujours très-courts, il était allé à Montfermeil pour obéir à l'indication que son père lui avait laissée, et il avait cherché l'ancien sergent de Waterloo, l'aubergiste Thénardier. Thénardier avait fait faillite, l'auberge était fermée, et l'on ne savait ce qu'il était devenu. Pour ces recherches, Marius fut quatre jours hors de la maison.

— Décidément, dit le grand-père, il se dérange.

On avait cru remarquer qu'il portait sur sa poitrine et sous sa chemise quelque chose qui était attaché à son cou par un ruban noir.

VII

QUELQUE COTILLON

Nous avons parlé d'un lancier.
C'était un arrière-petit-neveu que M. Gillenormand avait du côté paternel, et qui menait, en dehors de la famille et loin de tous les foyers domestiques, la vie de garnison. Le lieutenant Théodule Gillenormand remplissait toutes les conditions voulues pour être ce qu'on appelle un joli officier. Il avait « une taille de demoiselle », une façon de traîner le sabre victorieuse et la moustache en croc. Il venait fort rarement à Paris, si rarement que Marius ne l'avait jamais vu. Les deux cousins ne se connaissaient que de nom. Théodule était, nous croyons l'avoir dit, le favori de la tante Gillenormand, qui le préférait, parce qu'elle ne le voyait pas. Ne pas voir les gens, cela permet de leur supposer toutes les perfections.

Un matin, mademoiselle Gillenormand aînée était rentrée chez elle aussi émue que sa placidité pouvait l'être. Marius venait encore de demander à son grand-père la permission de faire un petit voyage, ajoutant qu'il comptait partir le soir même. — Va! avait répondu le grand-père, et M. Gillenormand avait ajouté à part en poussant ses deux sourcils vers le haut de son front : Il découche avec récidive. Mademoiselle Gillenormand était remontée dans sa chambre très-intriguée, et avait jeté dans l'escalier ce point d'exclamation : — C'est fort! et ce point d'interrogation : — Mais où donc est-ce qu'il va? Elle entrevoyait quelque aventure de cœur plus ou moins illicite, une femme dans la pénombre, un rendez-vous, un mystère, et elle n'eût pas été fâchée d'y fourrer ses lunettes. La dégustation d'un mystère, cela ressemble à la primeur d'un esclandre; les saintes âmes ne détestent point cela. Il y a dans les compartiments secrets de la bigoterie quelque curiosité pour le scandale.

Elle était donc en proie au vague appétit de savoir une histoire.
Pour se distraire de cette curiosité qui l'agitait un peu au delà

de ses habitudes, elle s'était réfugiée dans ses talents, et elle s'était mise à festonner avec du coton sur du coton une de ces broderies de l'empire et de la restauration où il y a beaucoup de roues de cabriolet. Ouvrage maussade, ouvrière revêche. Elle était depuis plusieurs heures sur sa chaise quand la porte s'ouvrit. Mademoiselle Gillenormand leva le nez; le lieutenant Théodule était devant elle, et lui faisait le salut d'ordonnance. Elle poussa un cri de bonheur. On est vieille, on est prude, on est dévote, on est la tante, mais c'est toujours agréable de voir entrer dans sa chambre un lancier.

— Toi ici, Théodule! s'écria-t-elle.
— En passant, ma tante.
— Mais embrasse-moi donc.
— Voilà! dit Théodule.

Et il l'embrassa. La tante Gillenormand alla à son secrétaire, et l'ouvrit.

— Tu nous restes au moins toute la semaine?
— Ma tante, je repars ce soir.
— Pas possible!
— Mathématiquement.
— Reste, mon petit Théodule, je t'en prie.
— Le cœur dit oui, mais la consigne dit non. L'histoire est simple. On nous change de garnison; nous étions à Melun, on nous met à Gaillon. Pour aller de l'ancienne garnison à la nouvelle, il faut passer par Paris. J'ai dit : Je vais aller voir ma tante.
— Et voici pour ta peine.

Elle lui mit dix louis dans la main.

— Vous voulez dire pour mon plaisir, chère tante.

Théodule l'embrassa une seconde fois, et elle eut la joie d'avoir le cou un peu écorché par les soutaches de l'uniforme.

— Est-ce que tu fais le voyage à cheval avec ton régiment? lui demanda-t-elle.
— Non, ma tante. J'ai tenu à vous voir. J'ai une permission spéciale. Mon brosseur mène mon cheval; je vais par la diligence. Et à ce propos, il faut que je vous demande une chose.
— Quoi?
— Mon cousin Marius Pontmercy voyage donc aussi, lui?
— Comment sais-tu cela? fit la tante, subitement chatouillée au vif de la curiosité.

— En arrivant, je suis allé à la diligence retenir ma place dans le coupé.
— Eh bien?
— Un voyageur était déjà venu retenir une place sur l'impériale. J'ai vu sur la feuille son nom.
— Quel nom?
— Marius Pontmercy.
— Le mauvais sujet! s'écria la tante. Ah! ton cousin n'est pas un garçon rangé comme toi. Dire qu'il va passer la nuit en diligence!

— Comme moi.
— Mais toi, c'est par devoir ; lui, c'est par désordre.
— Bigre ! fit Théodule.

Ici, il arriva un événement à mademoiselle Gillenormand aînée ; elle eut une idée. Si elle eût été homme, elle se fût frappé le front. Elle apostropha Théodule :

— Sais-tu que ton cousin ne te connaît pas ?
— Non. Je l'ai vu, moi ; mais il n'a jamais daigné me remarquer.
— Vous allez donc voyager ensemble comme cela ?
— Lui sur l'impériale, moi dans le coupé.
— Où va cette diligence ?
— Aux Andelys.
— C'est donc là que va Marius ?
— A moins que, comme moi, il ne s'arrête en route. Moi, je descends à Vernon pour prendre la correspondance de Gaillon. Je ne sais rien de l'itinéraire de Marius.
— Marius ! quel vilain nom ! Quelle idée a-t-on eue de l'appeler Marius ! Tandis que toi, au moins, tu t'appelles Théodule !
— J'aimerais mieux m'appeler Alfred, dit l'officier.
— Écoute, Théodule.
— J'écoute, ma tante.
— Fais attention.
— Je fais attention.
— Y es-tu ?
— Oui.
— Eh bien, Marius fait des absences.
— Eh ! eh !
— Il voyage.
— Ah ! ah !
— Il découche.
— Oh ! oh !
— Nous voudrions savoir ce qu'il y a là-dessous.

Théodule répondit avec le calme d'un homme bronzé :
— Quelque cotillon.

Et avec ce rire entre cuir et chair qui décèle la certitude, il ajouta :
— Une fillette.

— C'est évident, s'écria la tante qui crut entendre parler M. Gillenormand, et qui sentit sa conviction sortir irrésistiblement de ce mot *fillette,* accentué presque de la même façon par le grand-oncle et par le petit-neveu. Elle reprit :

— Fais-nous un plaisir. Suis un peu Marius. Il ne te connaît pas, cela te sera facile. Puisque fillette il y a, tâche de voir la fillette. Tu nous écriras l'historiette. Cela amusera le grand-père.

Théodule n'avait point un goût excessif pour ce genre de guet; mais il était fort touché des dix louis, et il croyait leur voir une suite possible. Il accepta la commission et dit : — Comme il vous plaira, ma tante.

Et il ajouta à part lui : — Me voilà duègne.

Mademoiselle Gillenormand l'embrassa.

— Ce n'est pas toi, Théodule, qui ferais de ces frasques-là. Tu obéis à la discipline, tu es l'esclave de la consigne, tu es un homme de scrupule et de devoir, et tu ne quitterais pas ta famille pour aller voir une créature.

Le lancier fit la grimace satisfaite de Cartouche loué pour sa probité.

Marius, le soir qui suivit ce dialogue, monta en diligence sans se douter qu'il eût un surveillant. Quant au surveillant, la première chose qu'il fit, ce fut de s'endormir. Le sommeil fut complet et consciencieux. Argus ronfla toute la nuit.

Au point du jour, le conducteur de la diligence cria : — Vernon ! relais de Vernon ! les voyageurs pour Vernon ! — Et le lieutenant Théodule se réveilla.

— Bon, grommela-t-il, à demi endormi encore, c'est ici que je descends.

Puis, sa mémoire se nettoyant par degrés, effet du réveil, il songea à sa tante, aux dix louis, et au compte qu'il s'était chargé de rendre des faits et gestes de Marius. Cela le fit rire.

— Il n'est peut-être plus dans la voiture, pensa-t-il, tout en reboutonnant sa veste de petit uniforme. Il a pu s'arrêter à Poissy; il a pu s'arrêter à Triel; s'il n'est pas descendu à Meulan, il a pu descendre à Mantes, à moins qu'il ne soit descendu à Rolleboise, ou qu'il n'ait poussé jusqu'à Pacy, avec le choix de tourner à gauche sur Évreux ou à droite sur Laroche-Guyon. Cours après, ma tante. Que diable vais-je lui écrire, à la bonne vieille?

En ce moment, un pantalon noir qui descendait de l'impériale apparut à la vitre du coupé.

— Serait-ce Marius? dit le lieutenant.

C'était Marius.

Une petite paysanne, au bas de la voiture, mêlée aux chevaux et aux postillons, offrait des fleurs aux voyageurs. — Fleurissez vos dames! criait-elle.

Marius s'approcha d'elle et lui acheta les plus belles fleurs de son éventaire.

— Pour le coup, dit Théodule sautant à bas du coupé, voilà qui me pique. A qui diantre va-t-il porter ces fleurs-là? Il faut une fièrement jolie femme pour un si beau bouquet. Je veux la voir.

Et, non plus par mandat maintenant, mais par curiosité personnelle, comme ces chiens qui chassent pour leur compte, il se mit à suivre Marius.

Marius ne faisait nulle attention à Théodule. Des femmes élégantes descendaient de la diligence ; il ne les regarda pas. Il semblait ne rien voir autour de lui.

— Est-il amoureux ! pensa Théodule.

Marius se dirigea vers l'église.

— A merveille, se dit Théodule. L'église ! c'est cela. Les rendez-vous assaisonnés d'un peu de messe sont les meilleurs. Rien n'est exquis comme une œillade qui passe par-dessus le bon Dieu.

Parvenu à l'église, Marius n'y entra point, et tourna derrière le chevet. Il disparut à l'angle d'un des contre-forts de l'abside.

— Le rendez-vous est dehors, dit Théodule. Voyons la fillette.

Et il s'avança sur la pointe de ses bottes vers l'angle où Marius avait tourné.

Arrivé là, il resta stupéfait.

Marius, le front dans ses deux mains, était agenouillé dans l'herbe sur une fosse. Il y avait effeuillé son bouquet. A l'extrémité de la fosse, à un renflement qui marquait la tête, il y avait une croix de bois noir avec ce nom en lettres blanches : COLONEL BARON PONTMERCY. On entendait Marius sangloter.

La fillette était une tombe.

VIII

MARBRE CONTRE GRANIT

C'était là que Marius était venu la première fois qu'il s'était absenté de Paris. C'était là qu'il revenait chaque fois que M. Gillenormand disait : il découche.

Le lieutenant Théodule fut absolument décontenancé par ce coudoiement inattendu d'un sépulcre ; il éprouva une sensation désagréable et singulière qu'il était incapable d'analyser, et qui se composait du respect d'un tombeau mêlé au respect d'un colonel. Il recula, laissant Marius seul dans le cimetière, et il y eut de la discipline dans cette reculade. La mort lui apparut avec de grosses épaulettes, et il lui fit presque le salut militaire. Ne sachant qu'écrire à la tante, il prit le parti de ne rien écrire du tout; et il ne serait probablement rien résulté de la découverte faite par Théodule sur les amours de Marius, si, par un de ces arrangements mystérieux si fréquents dans le hasard, la scène de Vernon n'eût eu presque immédiatement une sorte de contre-coup à Paris.

Marius revint de Vernon le troisième jour de grand matin, descendit chez son grand-père, et, fatigué de deux nuits passées en diligence, sentant le besoin de réparer son insomnie par une heure d'école de natation, monta rapidement à sa chambre, ne prit que le temps de quitter sa redingote de voyage et le cordon noir qu'il avait au cou, et s'en alla au bain.

M. Gillenormand, levé de bonne heure comme tous les vieillards qui se portent bien, l'avait entendu rentrer, et s'était hâté d'escalader, le plus vite qu'il avait pu avec ses vieilles jambes, l'escalier des combles où habitait Marius, afin de l'embrasser, et de le questionner dans l'embrassade, et de savoir un peu d'où il venait.

Mais l'adolescent avait mis moins de temps à descendre que l'octogénaire à monter, et quand le père Gillenormand entra dans la mansarde, Marius n'y était plus.

Le lit n'était pas défait, et sur le lit s'étalaient sans défiance la redingote et le cordon noir.

— J'aime mieux ça, dit M. Gillenormand.

Et un moment après il fit son entrée dans le salon où était déjà assise mademoiselle Gillenormand aînée, brodant ses roues de cabriolet.

L'entrée fut triomphante.

M. Gillenormand tenait d'une main la redingote et de l'autre le ruban de cou, et criait :

— Victoire! nous allons pénétrer le mystère! nous allons savoir le fin du fin, nous allons palper les libertinages de notre sournois! nous voici à même le roman. J'ai le portrait!

En effet, une boîte de chagrin noir, assez semblable à un médaillon, était suspendue au cordon.

Le vieillard prit cette boîte et la considéra quelque temps sans l'ouvrir, avec cet air de volupté, de ravissement et de colère d'un pauvre diable affamé regardant passer sous son nez un admirable dîner qui ne serait pas pour lui.

— Car c'est évidemment là un portrait. Je m'y connais. Cela se porte tendrement sur le cœur. Sont-ils bêtes! Quelque abominable goton, qui fait frémir probablement! Les jeunes gens ont si mauvais goût aujourd'hui!

— Voyons, mon père, dit la vieille fille.

La boîte s'ouvrit en pressant un ressort. Ils n'y trouvèrent rien qu'un papier soigneusement plié.

— *De la même au même,* dit M. Gillenormand éclatant de rire. Je sais ce que c'est. Un billet doux!

— Ah! lisons donc! dit la tante.

Et elle mit ses lunettes. Ils déplièrent le papier et lurent ceci :

« — *Pour mon fils.* — L'empereur m'a fait baron sur le champ
« de bataille de Waterloo. Puisque la restauration me conteste ce
« titre que j'ai payé de mon sang, mon fils le prendra et le portera. Il
« va sans dire qu'il en sera digne. »

Ce que le père et la fille éprouvèrent ne saurait se dire. Ils se sentirent glacés comme par le souffle d'une tête de mort. Ils n'échangèrent pas un mot.

Seulement M. Gillenormand dit à voix basse et comme se parlant à lui-même :

— C'est l'écriture de ce sabreur.

La tante examina le papier, le retourna dans tous les sens, puis le remit dans la boîte.

Au même moment, un petit paquet carré long enveloppé de papier bleu tomba d'une poche de la redingote. Mademoiselle Gillenormand le ramassa et développa le papier bleu.

C'était le cent de cartes de Marius. Elle en passa une à M. Gillenormand qui lut : *Le baron Marius Pontmercy.*

Le vieillard sonna. Nicolette vint. M. Gillenormand prit le cordon, la boîte et la redingote, jeta le tout à terre au milieu du salon, et dit :

— Remportez ces nippes.

Une grande heure se passa dans le plus profond silence. Le vieux bonhomme et la vieille fille s'étaient assis se tournant le dos l'un à l'autre, et pensaient, chacun de leur côté, probablement les mêmes choses.

Au bout de cette heure, la tante Gillenormand dit :

— Joli!

Quelques instants après, Marius parut. Il rentrait. Avant même d'avoir franchi le seuil du salon, il aperçut son grand-père qui tenait à la main une de ses cartes et qui, en le voyant, s'écria avec son air de supériorité bourgeoise et ricanante qui était quelque chose d'écrasant :

— Tiens! tiens! tiens! tiens! tiens! tu es baron à présent. Je te fais mon compliment. Qu'est-ce que cela veut dire?

Marius rougit légèrement, et répondit :

— Cela veut dire que je suis le fils de mon père.

M. Gillenormand cessa de rire et dit durement :

— Ton père, c'est moi.

— Mon père, reprit Marius les yeux baissés et l'air sévère, c'était un homme humble et héroïque qui a glorieusement servi la république et la France, qui a été grand dans la plus grande histoire que les hommes aient jamais faite, qui a vécu un quart de siècle au bivouac, le jour sous la mitraille et sous les balles, la nuit dans la neige, dans la boue, sous la pluie, qui a pris deux drapeaux, qui a reçu vingt blessures, qui est mort dans l'oubli et dans l'abandon, et qui n'a jamais eu qu'un tort, c'est de trop aimer deux ingrats, son pays et moi.

C'était plus que M. Gillenormand n'en pouvait entendre. A ce mot, *la république*, il s'était levé, ou pour mieux dire, dressé debout. Chacune des paroles que Marius venait de prononcer avait fait sur le visage du vieux royaliste l'effet des bouffées d'un soufflet de forge sur un tison ardent. De sombre, il était devenu rouge, de rouge pourpre, et de pourpre flamboyant.

— Marius! s'écria-t-il. Abominable enfant! je ne sais pas ce qu'était ton père! je ne veux pas le savoir! je n'en sais rien et je ne le sais pas! Mais ce que je sais, c'est qu'il n'y a jamais eu que des misérables parmi tous ces gens-là! c'est que c'étaient tous des gueux, des assassins, des bonnets rouges, des voleurs! je dis tous! je dis tous! je ne connais personne! je dis tous! entends-tu, Marius! Vois-tu bien, tu es baron comme ma pantoufle! c'étaient tous des bandits qui ont servi Robespierre! tous des brigands qui ont servi B-u-o-na-parté! tous des traîtres qui ont trahi, trahi, trahi! leur roi légitime! tous des lâches qui se sont sauvés devant les Prussiens et les Anglais à Waterloo! Voilà ce que je sais. Si monsieur votre père est là-dessous, je l'ignore, j'en suis fâché, tant pis, votre serviteur!

A son tour, c'était Marius qui était le tison, et M. Gillenormand qui était le soufflet. Marius frissonnait dans tous ses membres, il ne savait que devenir, sa tête flambait. Il était le prêtre qui regarde jeter au vent toutes ses hosties, le fakir qui voit un passant cracher sur son idole. Il ne se pouvait que de telles choses eussent été dites impunément devant lui. Mais que faire? Son père venait d'être foulé aux pieds et trépigné en sa présence, mais par qui? par son grand-père. Comment venger l'un sans outrager l'autre? Il était impossible qu'il insultât son grand-père, et il était également impossible qu'il ne vengeât point son père. D'un côté une tombe sacrée, de l'autre des cheveux blancs.

Il fut quelques instants ivre et chancelant, ayant tout ce tourbillon dans la tête; puis il leva les yeux, regarda fixement son aïeul, et cria d'une voix tonnante :

— A bas les Bourbons, et ce gros cochon de Louis XVIII!

Louis XVIII était mort depuis quatre ans; mais cela lui était bien égal.

Le vieillard, d'écarlate qu'il était, devint subitement plus blanc que ses cheveux. Il se tourna vers un buste de M. le duc de Berry qui était sur la cheminée et le salua profondément avec une sorte de majesté singulière. Puis il alla deux fois, lentement et en silence, de la cheminée à la fenêtre et de la fenêtre à la cheminée, traversant toute la salle et faisant craquer le parquet comme une figure de pierre qui marche.

A la seconde fois, il se pencha vers sa fille, qui assistait à ce choc avec la stupeur d'une vieille brebis, et lui dit en souriant d'un sourire presque calme :

— Un baron comme monsieur et un bourgeois comme moi ne peuvent rester sous le même toit.

Et tout à coup se redressant, blême, tremblant, terrible, le front agrandi par l'effrayant rayonnement de la colère, il étendit le bras vers Marius et lui cria :

— Va-t'en.

Marius quitta la maison.

Le lendemain, M. Gillenormand dit à sa fille :

— Vous enverrez tous les six mois soixante pistoles à ce buveur de sang, et vous ne m'en parlerez jamais.

Ayant un immense reste de fureur à dépenser, et ne sachant

qu'en faire, il continua de dire *vous* à sa fille pendant plus de trois mois.

Marius, de son côté, était sorti indigné. Une circonstance qu'il faut dire avait aggravé encore son exaspération. Il y a toujours de ces petites fatalités qui compliquent les drames domestiques. Les griefs s'en augmentent, quoique au fond les torts n'en soient pas accrus. En reportant précipitamment, sur l'ordre du grand-père, « les nippes » de Marius dans sa chambre, Nicolette avait, sans s'en apercevoir, laissé tomber, probablement dans l'escalier des combles, qui était obscur, le médaillon de chagrin noir où était le papier écrit par le colonel. Ce papier ni ce médaillon ne purent être retrouvés. Marius fut convaincu que « monsieur Gillenormand », — à dater de ce jour il ne l'appela plus autrement, — avait jeté « le testament de son père » au feu. Il savait par cœur les quelques lignes écrites par le colonel, et, par conséquent, rien n'était perdu. Mais le papier, l'écriture, cette relique sacrée, tout cela était son cœur même. Qu'en avait-on fait?

Marius s'en était allé, sans dire où il allait, et sans savoir où il allait, avec trente francs, sa montre, et quelques hardes dans un sac de nuit. Il était monté dans un cabriolet de place, l'avait pris à l'heure et s'était dirigé à tout hasard vers le pays latin.

Qu'allait devenir Marius?

LIVRE QUATRIÈME

LES AMIS DE L'A B C

I

UN GROUPE QUI A FAILLI DEVENIR HISTORIQUE

A cette époque, indifférente en apparence, un certain frisson révolutionnaire courait vaguement. Des souffles, revenus des profondeurs de 89 et de 92, étaient dans l'air. La jeunesse était, qu'on nous passe le mot, en train de muer. On se transformait presque sans s'en douter, par le mouvement même du temps. L'aiguille qui marche sur le cadran marche aussi dans les âmes. Chacun faisait en avant le pas qu'il avait à faire. Les royalistes devenaient libéraux, les libéraux devenaient démocrates. C'était comme une marée montante compliquée de mille reflux; le propre des reflux, c'est de faire des mélanges; de là des combinaisons d'idées très-singulières; on adorait à la fois Napoléon et la liberté. Nous faisons ici de l'histoire. C'étaient les mirages de ce temps-là. Les opinions traversent des phases. Le royalisme voltairien, variété bizarre, a eu un pendant non moins étrange, le libéralisme bonapartiste.

D'autres groupes d'esprits étaient plus sérieux. Là on sondait le principe, là on s'attachait au droit. On se passionnait pour l'absolu, on entrevoyait les réalisations infinies; l'absolu, par sa rigidité même, pousse les esprits vers l'azur et les fait flotter dans l'illimité. Rien n'est tel que le dogme pour enfanter le rêve. Et rien n'est tel que le rêve pour engendrer l'avenir. Utopie aujourd'hui, chair et os demain.

Les opinions avancées avaient des doubles fonds. Un commencement de mystère menaçait « l'ordre établi », lequel était suspect et sournois. Signe au plus haut point révolutionnaire. L'arrière-pensée du pouvoir rencontre dans la sape l'arrière-pensée du peuple. L'incubation des insurrections donne la réplique à la préméditation des coups d'état.

Il n'y avait pas encore en France alors de ces vastes organisations sous-jacentes comme le tugenbund allemand et le carbonarisme italien; mais çà et là des creusements obscurs, se ramifiant. La Cougourde s'ébauchait à Aix; il y avait à Paris, entre autres affiliations de ce genre, la société des Amis de l'A B C.

Qu'était-ce que les amis de l'A B C? une société ayant pour but, en apparence l'éducation des enfants, en réalité le redressement des hommes.

On se déclarait les amis de l'A B C. — L'*Abaissé*, c'était le peuple. On voulait le relever. Calembour dont on aurait tort de rire. Les calembours sont quelquefois graves en politique; témoin le *Castratus ad castra* qui fit de Narsès un général d'armée; témoin : *Barbari et Barberini*; témoin : *Fueros y Fuegos*; témoin : *Tu es Petrus et super hanc petram*, etc., etc.

Les Amis de l'A B C étaient peu nombreux, c'était une société secrète à l'état d'embryon; nous dirions presque une coterie, si les coteries aboutissaient à des héros. Ils se réunissaient à Paris en deux endroits, près des halles, dans un cabaret appelé *Corinthe* dont il sera question plus tard, et près du Panthéon dans un petit café de la place Saint-Michel appelé *le café Musain*, aujourd'hui démoli; le premier de ces lieux de rendez-vous était contigu aux ouvriers; le deuxième, aux étudiants.

Les conciliabules habituels des Amis de l'A B C se tenaient dans une arrière-salle du café Musain.

Cette salle, assez éloignée du café, auquel elle communiquait par un très-long couloir, avait deux fenêtres et une issue avec un escalier dérobé sur la petite rue des Grès. On y fumait, on y buvait, on y jouait, on y riait. On y causait très-haut de tout, et à voix basse d'autre chose. Au mur était clouée, indice suffisant pour éveiller le flair d'un agent de police, une vieille carte de la France sous la république.

La plupart des amis de l'A B C étaient des étudiants, en entente cordiale avec quelques ouvriers. Voici les noms des principaux. Ils appartiennent dans une certaine mesure à l'histoire : Enjolras, Combeferre, Jean Prouvaire, Feuilly, Courfeyrac, Bahorel, Lesgle ou Laigle, Joly, Grantaire.

Ces jeunes gens faisaient entre eux une sorte de famille, à force d'amitié. Tous, Laigle excepté, étaient du Midi.

Ce groupe était remarquable. Il s'est évanoui dans les profondeurs invisibles qui sont derrière nous. Au point de ce drame où nous sommes parvenu, il n'est pas inutile peut-être de diriger un rayon de clarté sur ces jeunes têtes avant que le lecteur les voie s'enfoncer dans l'ombre d'une aventure tragique.

Enjolras, que nous avons nommé le premier, on verra plus tard pourquoi, était fils unique et riche.

Enjolras était un jeune homme charmant, capable d'être terrible. Il était angéliquement beau. C'était Antinoüs farouche. On eût dit, à voir la réverbération pensive de son regard, qu'il avait déjà, dans quelque existence précédente, traversé l'apocalypse révolutionnaire. Il en avait la tradition comme un témoin. Il savait tous les petits détails de la grande chose. Nature pontificale et guerrière, étrange dans un adolescent. Il était officiant et militant; au point de vue immédiat, soldat de la démocratie; au-dessus du mouvement contemporain, prêtre de l'idéal. Il avait la prunelle profonde, la paupière un peu rouge, la lèvre inférieure épaisse et facilement dédaigneuse, le front haut. Beaucoup de front dans un visage, c'est comme beaucoup de ciel dans un horizon. Ainsi que certains jeunes hommes du commencement de ce siècle et de la fin du siècle dernier qui ont été illustres de bonne heure, il avait une jeunesse excessive, fraîche comme chez les jeunes filles, quoique avec des heures de pâleur. Déjà homme, il semblait encore enfant. Ses vingt-deux ans en paraissaient dix-sept; il était grave, il ne semblait pas savoir qu'il y eût sur la terre un être appelé la femme. Il n'avait qu'une passion, le droit, qu'une pensée, renverser l'obstacle. Sur le mont Aventin, il eût été Gracchus; dans la Convention, il eût été Saint-Just. Il voyait à peine les roses, il ignorait le printemps, il n'entendait pas chanter les oiseaux; la gorge nue d'Évadné ne l'eût pas plus ému qu'Aristogiton;

pour lui, comme pour Harmodius, les fleurs n'étaient bonnes qu'à cacher l'épée. Il était sévère dans les joies. Devant tout ce qui n'était pas la république, il baissait chastement les yeux. C'était l'amoureux de marbre de la liberté. Sa parole était âprement inspirée et avait un frémissement d'hymne. Il avait des ouvertures d'ailes inattendues. Malheur à l'amourette qui se fût risquée de son côté! Si quelque grisette de la place Cambrai ou de la rue Saint-Jean-de-Beauvais, voyant cette figure d'échappé de collége, cette encolure de page, ces longs cils blonds, ces yeux bleus, cette chevelure tumultueuse au vent, ces joues roses, ces lèvres neuves, ces dents exquises, eût eu appétit de toute cette aurore, et fût venue essayer sa beauté sur Enjolras, un regard surprenant et redoutable lui eût montré brusquement l'abîme et lui eût appris à ne pas confondre avec le chérubin galant de Beaumarchais le formidable chérubin d'Ézéchiel.

A côté d'Enjolras qui représentait la logique de la révolution, Combeferre en représentait la philosophie. Entre la logique de la révolution et sa philosophie, il y a cette différence que sa logique peut conclure à la guerre, tandis que sa philosophie ne peut aboutir qu'à la paix. Combeferre complétait et rectifiait Enjolras. Il était moins haut et plus large. Il voulait qu'on versât aux esprits les principes étendus d'idées générales; il disait : Révolution, mais civilisation ; et autour de la montagne à pic il ouvrait le vaste horizon bleu. De là, dans toutes les vues de Combeferre, quelque chose d'accessible et de praticable. La révolution avec Combeferre était plus respirable qu'avec Enjolras. Enjolras en exprimait le droit divin, et Combeferre le droit naturel. Le premier se rattachait à Robespierre; le second confinait à Condorcet. Combeferre vivait plus qu'Enjolras de la vie de tout le monde. S'il eût été donné à ces deux jeunes hommes d'arriver jusqu'à l'histoire, l'un eût été le juste, l'autre eût été le sage. Enjolras était plus viril, Combeferre était plus humain. *Homo* et *Vir*, c'était bien là en effet leur nuance. Combeferre était doux comme Enjolras était sévère, par blancheur naturelle. Il aimait le mot *citoyen*, mais il préférait le mot *homme*. Il eût volontiers dit : *Hombre*, comme les Espagnols. Il lisait tout, allait aux théâtres, suivait les cours publics, apprenait d'Arago la polarisation de la lumière, se passionnait pour une leçon où Geoffroy Saint-Hilaire avait expliqué la double fonction de l'artère carotide externe et de l'artère carotide interne, l'une qui fait le visage, l'autre qui fait le cerveau; il était au courant, suivait la

science pas à pas, confrontait Saint-Simon avec Fourier, déchiffrait les
hiéroglyphes, cassait les cailloux qu'il trouvait et raisonnait géologie,
dessinait de mémoire un papillon bombyx, signalait les fautes de français dans le Dictionnaire de l'Académie, étudiait Puységur et Deleuze,
n'affirmait rien, pas même les miracles; ne niait rien, pas même les
revenants; feuilletait la collection du *Moniteur*, songeait. Il déclarait
que l'avenir est dans la main du maître d'école, et se préoccupait des
questions d'éducation. Il voulait que la société travaillât sans relâche
à l'élévation du niveau intellectuel et moral, au monnayage de la
science, à la mise en circulation des idées, à la croissance de l'esprit
dans la jeunesse, et il craignait que la pauvreté actuelle des méthodes, la misère du point de vue littéraire borné à deux ou trois
siècles dits classiques, le dogmatisme tyrannique des pédants officiels, les préjugés scolastiques et les routines ne finissent par faire
de nos colléges des huîtrières artificielles. Il était savant, puriste,
précis, polytechnique, piocheur, et en même temps pensif « jusqu'à
la chimère », disaient ses amis. Il croyait à tous les rêves, les chemins de fer, la suppression de la souffrance dans les opérations chirurgicales, la fixation de l'image de la chambre noire, le télégraphe
électrique, la direction des ballons. Du reste peu effrayé des citadelles bâties de toutes parts contre le genre humain par les superstitions, les despotismes et les préjugés. Il était de ceux qui pensent
que la science finira par tourner la position. Enjolras était un chef,
Combeferre était un guide. On eût voulu combattre avec l'un et marcher avec l'autre. Ce n'est pas que Combeferre ne fût capable de
combattre, il ne refusait pas de prendre corps à corps l'obstacle et
de l'attaquer de vive force et par explosion; mais mettre peu à peu,
par l'enseignement des axiomes et la promulgation des lois positives,
le genre humain d'accord avec ses destinées, cela lui plaisait mieux;
et, entre deux clartés, sa pente était plutôt pour l'illumination que
pour l'embrasement. Un incendie peut faire une aurore sans doute,
mais pourquoi ne pas attendre le lever du jour? Un volcan éclaire,
mais l'aube éclaire encore mieux. Combeferre préférait peut-être la
blancheur du beau au flamboiement du sublime. Une clarté troublée
par de la fumée, un progrès acheté par de la violence, ne satisfaisaient qu'à demi ce tendre et sérieux esprit. Une précipitation à pic
d'un peuple dans la vérité, un 93, l'effrayait; cependant la stagnation
lui répugnait plus encore, il y sentait la putréfaction et la mort;

à tout prendre, il aimait mieux l'écume que le miasme, et il préférait au cloaque le torrent, et la chute du Niagara au lac de Montfaucon. En somme, il ne voulait ni halte, ni hâte. Tandis que ses tumultueux amis, chevaleresquement épris de l'absolu, adoraient et appelaient les splendides aventures révolutionnaires, Combeferre inclinait à laisser faire le progrès, le bon progrès; froid peut-être, mais pur; méthodique, mais irréprochable; flegmatique, mais imperturbable. Combeferre se fût agenouillé et eût joint les mains pour que l'avenir arrivât avec toute sa candeur, et pour que rien ne troublât l'immense évolution vertueuse des peuples. *Il faut que le bien soit innocent*, répétait-il sans cesse. Et en effet, si la grandeur de la révolution, c'est de regarder fixement l'éblouissant idéal et d'y voler à travers les foudres, avec du sang et du feu à ses serres, la beauté du progrès, c'est d'être sans tache; et il y a entre Washington qui représente l'un et Danton qui incarne l'autre, la différence qui sépare l'ange aux ailes de cygne de l'ange aux ailes d'aigle.

Jean Prouvaire était une nuance plus adoucie encore que Combeferre. Il s'appelait Jehan, par cette petite fantaisie momentanée qui se mêlait au puissant et profond mouvement d'où est sortie l'étude si nécessaire du moyen âge. Jean Prouvaire était amoureux, cultivait un pot de fleurs, jouait de la flûte, faisait des vers, aimait le peuple, plaignait la femme, pleurait sur l'enfant, confondait dans la même confiance l'avenir et Dieu, et blâmait la révolution d'avoir fait tomber une tête royale, celle d'André Chénier. Il avait la voix habituellement délicate et tout à coup virile. Il était lettré jusqu'à l'érudition, et presque orientaliste. Il était bon par-dessus tout; et, chose toute simple pour qui sait combien la bonté confine à la grandeur, en fait de poésie il préférait l'immense. Il savait l'italien, le latin, le grec et l'hébreu; et cela lui servait à ne lire que quatre poëtes : Dante, Juvénal, Eschyle et Isaïe. En français, il préférait Corneille à Racine et Agrippa d'Aubigné à Corneille. Il flânait volontiers dans les champs de folle avoine et de bleuets, et s'occupait des nuages presque autant que des événements. Son esprit avait deux attitudes, l'une du côté de l'homme, l'autre du côté de Dieu; il étudiait, ou il contemplait. Toute la journée il approfondissait les questions sociales, le salaire, le capital, le crédit, le mariage, la religion, la liberté de penser, la liberté d'aimer, l'éducation, la pénalité, la misère, l'association, la propriété, la production et la répartition, l'énigme d'en bas qui couvre d'ombre la fourmilière humaine; et le soir, il regardait les astres, ces êtres énormes. Comme Enjolras, il était riche et fils unique. Il parlait doucement, penchait la tête, baissait les yeux, souriait avec embarras, se mettait mal, avait l'air gauche, rougissait de rien, était fort timide. Du reste, intrépide.

Feuilly était un ouvrier éventailliste, orphelin de père et de mère, qui gagnait péniblement trois francs par jour, et qui n'avait qu'une pensée, délivrer le monde. Il avait une autre préoccupation encore, s'instruire; ce qu'il appelait aussi se délivrer. Il s'était enseigné à lui-même à lire et à écrire; tout ce qu'il savait, il l'avait appris seul. Feuilly était un généreux cœur. Il avait l'embrassement immense. Cet orphelin avait adopté les peuples. Sa mère lui manquant, il avait médité sur la patrie. Il ne voulait pas qu'il y eût sur la terre un homme qui fût sans patrie. Il couvait en lui-même, avec la divination profonde de l'homme du peuple, ce que nous appelons aujourd'hui *l'idée des nationalités*. Il avait appris l'histoire exprès pour s'indigner en connaissance de cause. Dans ce jeune cénacle d'utopistes, surtout occupés de la France, il représentait le dehors. Il avait pour spécialité la Grèce, la Pologne, la Hongrie, la Roumanie, l'Italie. Il prononçait ces noms-là sans cesse, à propos et hors de propos, avec la ténacité du droit. La Turquie sur la Grèce et la Thessalie, la Russie sur Varsovie, l'Autriche sur Venise, ces viols l'exaspéraient. Entre toutes, la grande voie de fait de 1772 le soulevait. Le vrai dans l'indignation, il n'y a pas de plus souveraine éloquence; il était éloquent de cette éloquence-là. Il ne tarissait pas sur cette date infâme, 1772, sur ce noble et vaillant peuple supprimé par trahison, sur ce crime à trois, sur ce guet-apens monstre, prototype et patron de toutes ces effrayantes suppressions d'états qui, depuis, ont frappé plusieurs nobles nations, et leur ont, pour ainsi dire, raturé leur acte de naissance. Tous les attentats sociaux contemporains dérivent du partage de la Pologne. Le partage de la Pologne est un théorème dont tous les forfaits politiques actuels sont les corollaires. Pas un despote, pas un traître, depuis tout à l'heure un siècle, qui n'ait visé, homologué, contre-signé et paraphé, *ne varietur*, le partage de la Pologne. Quand on compulse le dossier des trahisons modernes, celle-là apparaît la première. Le congrès de Vienne a consulté ce crime avant de consommer le sien. 1772 sonne l'hallali, 1815 est la curée. Tel était le texte habituel de Feuilly. Ce pauvre ouvrier s'était fait le tuteur de la justice, et elle le récompensait en le faisant grand. C'est qu'en effet, il y a de l'éternité dans le droit. Varsovie ne peut pas plus être tartare que Venise ne peut être tudesque. Les rois y perdent leur peine et leur honneur. Tôt ou tard, la partie submergée flotte à la surface et reparaît. La Grèce redevient la Grèce, l'Italie redevient l'Italie. La protestation du droit contre le fait persiste à jamais. Le vol d'un peuple ne se prescrit pas. Ces hautes escroqueries n'ont point d'avenir. On ne démarque pas une nation comme un mouchoir.

Courfeyrac avait un père qu'on nommait M. de Courfeyrac. Une des idées fausses de la bourgeoisie de la restauration en fait d'aristocratie et de noblesse, c'était de croire à la particule. La particule, on le sait, n'a aucune signification. Mais les bourgeois du temps de *la Minerve* estimaient si haut ce pauvre *de* qu'on se croyait obligé de l'abdiquer. M. de Chauvelin se faisait appeler M. Chauvelin, M. de Caumartin, M. Caumartin, M. de Constant de Robecque, Benjamin Constant, M. de Lafayette, M. Lafayette. Courfeyrac n'avait pas voulu rester en arrière, et s'appelait Courfeyrac tout court.

Nous pourrions presque, en ce qui concerne Courfeyrac, nous en tenir là, et nous borner à dire quant au reste : Courfeyrac, voyez Tholomyès.

Courfeyrac, en effet, avait cette verve de jeunesse qu'on pourrait appeler la beauté du diable de l'esprit. Plus tard, cela s'éteint comme la gentillesse du petit chat, et toute cette grâce aboutit, sur deux pieds, au bourgeois, et sur quatre pattes, au matou.

Ce genre d'esprit, les générations qui traversent les écoles, les levées successives de la jeunesse, se le transmettent, et se le passent de main en main, *quasi cursores*, à peu près toujours le même ; de sorte que, ainsi que nous venons de l'indiquer, le premier venu qui eût écouté Courfeyrac en 1828 eût cru entendre Tholomyès en 1817. Seulement Courfeyrac était un brave garçon. Sous les apparentes similitudes de l'esprit extérieur, la différence entre Tholomyès et lui était grande. L'homme latent qui existait en eux était chez le premier tout autre que chez le second. Il y avait dans Tholomyès un procureur et dans Courfeyrac un paladin.

Enjolras était le chef, Combeferre était le guide, Courfeyrac était le centre. Les autres donnaient plus de lumière, lui il donnait plus de calorique ; le fait est qu'il avait toutes les qualités d'un centre, la rondeur et le rayonnement.

Bahorel avait figuré dans le tumulte sanglant de juin 1822, à l'occasion de l'enterrement du jeune Lallemand.

Bahorel était un être de bonne humeur et de mauvaise compagnie, brave, panier percé, prodigue et rencontrant la générosité, bavard et rencontrant l'éloquence, hardi et rencontrant l'effronterie ; la meilleure pâte de diable qui fût possible ; ayant des gilets téméraires et des opinions écarlates ; tapageur en grand, c'est-à-dire n'aimant rien tant qu'une querelle, si ce n'est une émeute, et rien tant qu'une émeute, si ce n'est une révolution ; toujours prêt à casser un carreau, puis à dépaver une rue, puis à démolir un gouvernement, pour voir l'effet ; étudiant de onzième année. Il flairait le droit, mais il ne le faisait pas. Il avait pris pour devise : *avocat jamais,* et pour armoiries une table de nuit dans laquelle on entrevoyait un bonnet carré. Chaque fois qu'il passait devant l'école de droit, ce qui lui arrivait rarement, il boutonnait sa redingote, — le paletot n'était pas encore inventé, — et il prenait des précautions hygiéniques. Il disait du portail de l'école : Quel beau vieillard ! — et du doyen, M. Delvincourt : Quel monument ! — Il voyait dans ses cours des sujets de chansons et dans ses professeurs des occasions de caricatures. Il mangeait à rien faire une assez grosse pension, quelque chose comme trois mille francs.

Il avait des parents paysans auxquels il avait su inculquer le respect de leur fils.

Il disait d'eux : Ce sont des paysans et non des bourgeois ; c'est pour cela qu'ils ont de l'intelligence.

Bahorel, homme de caprice, était épars sur plusieurs cafés ; les autres avaient des habitudes, lui n'en avait pas. Il flânait. Errer est humain. Flâner est parisien. Au fond, esprit pénétrant et penseur plus qu'il ne semblait.

Il servait de lien entre les Amis de l'A B C et d'autres groupes encore informes, mais qui devaient se dessiner plus tard.

Il y avait dans ce conclave de jeunes têtes un membre chauve.

Le marquis d'Avaray, que Louis XVIII fit duc pour l'avoir aidé à monter dans un cabriolet de place le jour où il émigra, racontait qu'en 1814, à son retour en France, comme le roi débarquait à Calais, un homme lui présenta un placet.

— Que demandez-vous ? dit le roi.

— Sire, un bureau de poste.

— Comment vous appelez-vous?
— L'Aigle.

Le roi fronça le sourcil, regarda la signature du placet et vit le nom écrit ainsi : Lesgle. Cette orthographe peu bonapartiste toucha le roi et il commença à sourire. — Sire, reprit l'homme au placet, j'ai pour ancêtre un valet de chiens surnommé Lesgueules. Ce surnom a fait mon nom. Je m'appelle Lesgueules, par contraction Lesgle et par corruption L'Aigle. — Ceci fit que le roi acheva son sourire. Plus tard il donna à l'homme le bureau de poste de Meaux, exprès ou par mégarde.

Le membre chauve du groupe était fils de ce Lesgle, où Lègle, et signait Lègle (de Meaux). Ses camarades, pour abréger, l'appelaient Bossuet.

Bossuet était un garçon gai qui avait du malheur. Sa spécialité était de ne réussir à rien. Par contre, il riait de tout. A vingt-cinq ans, il était chauve. Son père avait fini par avoir une maison et un champ; mais lui, le fils, n'avait rien eu de plus pressé que de perdre dans une fausse spéculation ce champ et cette maison. Il ne lui était rien resté. Il avait de la science et de l'esprit, mais il avortait. Tout lui manquait, tout le trompait; ce qu'il échafaudait croulait sur lui. S'il fendait du bois, il se coupait un doigt. S'il avait une maîtresse, il découvrait bientôt qu'il avait aussi un ami. A tout moment quelque misère lui advenait; de là sa jovialité. Il disait : *J'habite sous le toit des tuiles qui tombent.* Peu étonné, car pour lui l'accident était le prévu, il prenait la mauvaise chance en sérénité et souriait des taquineries de la destinée comme quelqu'un qui entend la plaisanterie. Il était pauvre, mais son gousset de bonne humeur était inépuisable. Il arrivait vite à son dernier sou, jamais à son dernier éclat de rire. Quand l'adversité entrait chez lui, il saluait cordialement cette ancienne connaissance, il tapait sur le ventre aux catastrophes; il était familier avec la fatalité au point de l'appeler par son petit nom. — Bonjour, Guignon, lui disait-il.

Ces persécutions du sort l'avaient fait inventif. Il était plein de ressources. Il n'avait point d'argent, mais il trouvait moyen de faire, quand bon lui semblait « des dépenses effrénées ». Une nuit, il alla jusqu'à manger « cent francs » dans un souper avec une péronnelle, ce qui lui inspira au milieu de l'orgie ce mot mémorable : *Fille de cinq louis, tire-moi mes bottes.*

Bossuet se dirigeait lentement vers la profession d'avocat; il faisait son droit, à la manière de Bahorel. Bossuet avait peu de domicile, quelquefois pas du tout. Il logeait tantôt chez l'un, tantôt chez l'autre, le plus souvent chez Joly. Joly étudiait la médecine. Il avait deux ans de moins que Bossuet.

Joly était le malade imaginaire jeune. Ce qu'il avait gagné à la médecine, c'était d'être plus malade que médecin. A vingt-trois ans, il se croyait valétudinaire et passait sa vie à regarder sa langue dans son miroir. Il affirmait que l'homme s'aimante comme une aiguille, et dans sa chambre il mettait son lit la tête au midi et les pieds au nord, afin que, la nuit, la circulation de son sang ne fût pas contrariée par le grand courant magnétique du globe. Dans les orages, il se tâtait le pouls. Du reste, le plus gai de tous. Toutes ces incohérences, jeune, maniaque, malingre, joyeux, faisaient bon ménage ensemble, et il en résultait un être excentrique et agréable que ses camarades, prodigues de consonnes ailées, appelaient Jolllly. — Tu peux t'envoler sur quatre L, lui disait Jean Prouvaire.

Joly avait l'habitude de se toucher le nez avec le bout de sa canne, ce qui est l'indice d'un esprit sagace.

Tous ces jeunes gens, si divers, et dont, en somme, il ne faut parler que sérieusement, avaient une même religion : le Progrès.

Tous étaient les fils directs de la révolution française. Les plus légers devenaient solennels en prononçant cette date : 89. Leurs pères selon la chair étaient ou avaient été feuillants, royalistes, doctrinaires; peu importait; ce pêle-mêle antérieur à eux, qui étaient jeunes, ne les regardait point; le pur sang des principes coulait dans leurs veines. Ils se rattachaient sans nuance intermédiaire au droit incorruptible et au devoir absolu.

Affiliés et initiés, ils ébauchaient souterrainement l'idéal.

Parmi tous ces cœurs passionnés et tous ces esprits convaincus, il y avait un sceptique. Comment se trouvait-il là? par juxtaposition. Ce sceptique s'appelait Grantaire, et signait habituellement de ce rébus : R.— Grantaire était un homme qui se gardait bien de croire à quelque chose. C'était, du reste, un des étudiants qui avaient le plus appris pendant leurs cours à Paris; il savait que le meilleur café était au café Lemblin, et le meilleur billard au café Voltaire, qu'on trouvait de bonnes galettes et de bonnes filles à l'Ermitage, sur le boulevard du Maine, des poulets à la crapaudine chez la mère Saguet,

d'excellentes matelotes barrière de la Cunette, et un certain petit vin blanc barrière du Combat. Pour tout, il savait les bons endroits; en outre la savate et le chausson, quelques danses, et il était profond bâtonniste. Par-dessus le marché, grand buveur. Il était laid démesurément; la plus jolie piqueuse de bottines de ce temps-là, Irma Boissy, indignée de sa laideur, avait rendu cette sentence : *Grantaire est impossible;* mais la fatuité de Grantaire ne se déconcertait pas. Il regardait tendrement et fixement toutes les femmes, ayant l'air de dire de toutes : *si je voulais!* et cherchant à faire croire aux camarades qu'il était généralement demandé.

Tous ces mots : droits du peuple, droits de l'homme, contrat social, révolution française, république, démocratie, humanité, civilisation, religion, progrès, étaient, pour Grantaire, très-voisins de ne rien signifier du tout. Il en souriait. Le scepticisme, cette carie de l'intelligence, ne lui avait pas laissé une idée entière dans l'esprit. Il vivait avec ironie. Ceci était son axiome : « Il n'y a qu'une certitude, mon verre plein. » Il raillait tous les dévouements dans tous les partis, aussi bien le frère que le père, aussi bien Robespierre jeune que Loizerolles. — Ils sont bien avancés d'être morts, s'écriait-il. Il disait du crucifix : « Voilà une potence qui a réussi. » Coureur, joueur, libertin, souvent ivre, il faisait à ces jeunes songeurs le déplaisir de chantonner sans cesse : *J'aimons les filles et j'aimons le bon vin*. Air : Vive Henri IV.

Du reste, ce sceptique avait un fanatisme. Ce fanatisme n'était ni une idée, ni un dogme, ni un art, ni une science ; c'était un homme : Enjolras. Grantaire admirait, aimait et vénérait Enjolras. A qui se ralliait ce douteur anarchique dans cette phalange d'esprits absolus ? Au plus absolu. De quelle façon Enjolras le subjuguait-il ? Par les idées ? Non. Par le caractère. Phénomène souvent observé. Un sceptique qui adhère à un croyant, cela est simple comme la loi des couleurs complémentaires. Ce qui nous manque nous attire. Personne n'aime le jour comme l'aveugle. La naine adore le tambour-major. Le crapaud a toujours les yeux au ciel ; pourquoi ? Pour voir voler l'oiseau. Grantaire, en qui rampait le doute, aimait à voir dans Enjolras la foi planer. Il avait besoin d'Enjolras. Sans qu'il s'en rendît clairement compte et sans qu'il songeât à se l'expliquer à lui-même, cette nature chaste, saine, ferme, droite, dure, candide, le charmait. Il admirait, d'instinct, son contraire. Ses idées molles, fléchissantes, disloquées, malades, difformes, se rattachaient à Enjolras comme à une épine dorsale. Son rachis moral s'appuyait à cette fermeté. Grantaire, près d'Enjolras, redevenait quelqu'un. Il était lui-même, d'ailleurs, composé de deux éléments en apparence incompatibles. Il était ironique et cordial. Son indifférence aimait. Son esprit se passait de croyance et son cœur ne pouvait se passer d'amitié. Contradiction profonde ; car une affection est une conviction. Sa nature était ainsi. Il y a des hommes qui semblent être nés pour être le verso, l'envers, le revers. Ils sont Pollux, Patrocle, Nisus, Eudamidas, Éphestion, Pechméja. Ils ne vivent qu'à la condition d'être adossés à un autre; leur nom est une suite, et ne s'écrit que précédé de la conjonction *et*; leur existence ne leur est pas propre; elle est l'autre côté d'une destinée qui n'est pas la leur. Grantaire était un de ces hommes. Il était l'envers d'Enjolras.

On pourrait presque dire que les affinités commencent aux lettres de l'alphabet. Dans la série, O et P sont inséparables. Vous pouvez, à votre gré, prononcer O et P, ou Oreste et Pylade.

Grantaire, vrai satellite d'Enjolras, habitait ce cercle de jeunes gens; il y vivait; il ne se plaisait que là; il les suivait partout. Sa joie était de voir aller et venir ces silhouettes dans les fumées du vin. On le tolérait pour sa bonne humeur.

Enjolras, croyant, dédaignait ce sceptique, et, sobre, cet ivrogne. Il lui accordait un peu de pitié hautaine. Grantaire était un Pylade point accepté. Toujours rudoyé par Enjolras, repoussé durement, rejeté et revenant, il disait d'Enjolras : Quel beau marbre!

II

ORAISON FUNÈBRE DE BLONDEAU, PAR BOSSUET

Une certaine après-midi, qui avait, comme on va le voir, quelque coïncidence avec les événements racontés plus haut, Laigle de Meaux était sensuellement adossé au chambranle de la porte du café Musain. Il avait l'air d'une cariatide en vacances; il ne portait rien que sa rêverie. Il regardait la place Saint-Michel. S'adosser, c'est une manière d'être couché debout qui n'est point haïe des songeurs. Laigle de Meaux pensait, sans mélancolie, à une petite mésaventure qui lui était échue l'avant-veille à l'école de droit, et qui modifiait ses plans personnels d'avenir, plans d'ailleurs assez indistincts.

La rêverie n'empêche pas un cabriolet de passer, et le songeur de remarquer le cabriolet. Laigle de Meaux, dont les yeux erraient dans une sorte de flânerie diffuse, aperçut, à travers ce somnambulisme, un véhicule à deux roues cheminant dans la place, lequel allait au pas, et comme indécis. A qui en voulait ce cabriolet? pourquoi allait-il au pas? Laigle y regarda. Il y avait dedans, à côté du cocher, un jeune homme, et devant le jeune homme, un assez gros sac de nuit. Le sac montrait aux passants ce nom écrit en grosses lettres noires sur une carte cousue à l'étoffe : **Marius Pontmercy**.

Ce nom fit changer d'attitude à Laigle. Il se dressa et jeta cette apostrophe au jeune homme du cabriolet :

— Monsieur Marius Pontmercy !

Le cabriolet interpellé s'arrêta.

Le jeune homme qui, lui aussi, semblait songer profondément, leva les yeux.

— Hein? dit-il.

— Vous êtes M. Marius Pontmercy?

— Sans doute.

— Je vous cherchais, reprit Laigle de Meaux.

— Comment cela? demanda Marius; car c'était lui, en effet, qui sortait de chez son grand-père, et il avait devant lui une figure qu'il voyait pour la première fois. Je ne vous connais pas.

— Moi non plus, je ne vous connais point, répondit Laigle.

Marius crut à une rencontre de loustic, à un commencement de mystification en pleine rue. Il n'était pas d'humeur facile en ce moment-là. Il fronça le sourcil. Laigle de Meaux, imperturbable, poursuivit :

— Vous n'étiez pas avant-hier à l'école.

— Cela est possible.

— Cela est certain.

— Vous êtes étudiant? demanda Marius.

— Oui, monsieur. Comme vous. Avant-hier je suis entré à l'école par hasard. Vous savez, on a quelquefois de ces idées-là. Le professeur était en train de faire l'appel. Vous n'ignorez pas qu'ils sont très-ridicules dans ce moment-ci. Au troisième appel manqué, on vous raye l'inscription. Soixante francs dans le gouffre.

Marius commençait à écouter. Laigle continua :

— C'était Blondeau qui faisait l'appel. Vous connaissez Blondeau, il a le nez fort pointu et fort malicieux, et flaire avec délices les absents. Il a sournoisement commencé par la lettre P. Je n'écoutais pas, n'étant point compromis dans cette lettre-là. L'appel n'allait pas mal. Aucune radiation, l'univers était présent. Blondeau était triste. Je disais à part moi : Blondeau, mon amour, tu ne feras pas la plus petite exécution aujourd'hui. Tout à coup Blondeau appelle *Marius Pontmercy*. Personne ne répond. Blondeau, plein d'espoir, répète plus fort : *Marius Pontmercy*. Et il prend sa plume. Monsieur, j'ai des entrailles. Je me suis dit rapidement : Voilà un brave garçon qu'on va rayer. Attention. Ceci est un véritable vivant qui n'est pas exact. Ceci n'est point un bon élève. Ce n'est point là un cul-de-plomb, un étudiant qui étudie, un blanc-bec pédant, fort en science, lettres, théologie et sapience, un de ces esprits-bêtas tirés à quatre épingles ; une épingle par faculté. C'est un honorable paresseux qui flâne, qui pratique la villégiature, qui cultive la grisette, qui fait la cour aux belles, qui est peut-être en cet instant-ci chez ma maîtresse. Sauvons-le. Mort à Blondeau ! En ce moment, Blondeau a trempé dans l'encre sa plume noire de ratures, a promené sa prunelle fauve sur l'auditoire, et a répété pour la troisième fois : *Marius Pontmercy !* J'ai répondu : *Présent !* Cela fait que vous n'avez pas été rayé.

— Monsieur !... dit Marius.
— Et que, moi, je l'ai été, ajouta Laigle de Meaux.
— Je ne vous comprends pas, fit Marius.

Laigle reprit :

— Rien de plus simple. J'étais près de la chaire pour répondre et près de la porte pour m'enfuir. Le professeur me contemplait avec une certaine fixité. Brusquement, Blondeau, qui doit être le nez malin dont parle Boileau, saute à la lettre L. L, c'est ma lettre. Je suis de Meaux et je m'appelle Lesgle.

— L'Aigle ! interrompit Marius, quel beau nom !
— Monsieur, le Blondeau arrive à ce beau nom et crie : *Laigle !* Je réponds : *Présent !* Alors Blondeau me regarde avec la douceur du tigre, sourit, et me dit : Si vous êtes Pontmercy, vous n'êtes pas Laigle. Phrase qui a l'air désobligeante pour vous, mais qui n'était lugubre que pour moi. Cela dit, il me raye.

Marius s'exclama :

— Monsieur, je suis mortifié...
— Avant tout, interrompit Laigle, je demande à embaumer Blondeau dans quelques phrases d'éloge senti. Je le suppose mort. Il n'y aurait pas grand'chose à changer à sa maigreur, à sa pâleur, à sa froideur, à sa roideur et à son odeur. Et je dis : *Erudimini qui judicatis terram.* Ci-gît Blondeau, Blondeau le Nez, Blondeau Nasica,

le bœuf de la discipline, *bos disciplinæ*, le molosse de la consigne, l'ange de l'appel, qui fut droit, carré, exact, rigide, honnête et hideux. Dieu le raya comme il m'a rayé.

Marius reprit :

— Je suis désolé...

— Jeune homme, dit Laigle de Meaux, que ceci vous serve de leçon. A l'avenir, soyez exact.

— Je vous fais vraiment mille excuses.

— Ne vous exposez plus à faire rayer votre prochain.

— Je suis désespéré...

Laigle éclata de rire.

— Et moi, ravi. J'étais sur la pente d'être avocat. Cette rature me sauve. Je renonce aux triomphes du barreau. Je ne défendrai point la veuve et je n'attaquerai point l'orphelin. Plus de toge, plus de stage. Voilà ma radiation obtenue. C'est à vous que je la dois, monsieur Pontmercy. J'entends vous faire solennellement une visite de remerciments. Où demeurez-vous?

— Dans ce cabriolet, dit Marius.

— Signe d'opulence, reprit Laigle avec calme. Je vous félicite. Vous avez là un loyer de neuf mille francs par an.

En ce moment Courfeyrac sortait du café.

Marius sourit tristement.

— Je suis dans ce loyer depuis deux heures et j'aspire à en sortir; mais, c'est une histoire comme cela, je ne sais où aller.

— Monsieur, dit Courfeyrac, venez chez moi.

— J'aurais la priorité, observa Laigle, mais je n'ai pas de chez moi.

— Tais-toi, Bossuet, reprit Courfeyrac.

— Bossuet, fit Marius, mais il me semblait que vous vous appeliez Laigle.

— De Meaux, répondit Laigle; par métaphore, Bossuet.

Courfeyrac monta dans le cabriolet.

— Cocher, dit-il, hôtel de la Porte-Saint-Jacques.

Et le soir même, Marius était installé dans une chambre de l'hôtel de la Porte-Saint-Jacques côte à côte avec Courfeyrac.

III

LES ÉTONNEMENTS DE MARIUS

En quelques jours, Marius fut l'ami de Courfeyrac. La jeunesse est la saison des promptes soudures et des cicatrisations rapides. Marius près de Courfeyrac respirait librement, chose assez nouvelle pour lui. Courfeyrac ne lui fit pas de questions. Il n'y songea même pas. A cet âge, les visages disent tout de suite tout. La parole est inutile. Il y a tel jeune homme dont on pourrait dire que sa physionomie bavarde. On se regarde, on se connaît.

Un matin pourtant, Courfeyrac lui jeta brusquement cette interrogation :

— A propos, avez-vous une opinion politique?

— Tiens! dit Marius, presque offensé de la question.

— Qu'est-ce que vous êtes?

— Démocrate-bonapartiste.

— Nuance gris de souris rassurée, dit Courfeyrac.

Le lendemain, Courfeyrac introduisit Marius au café Musain. Puis il lui chuchota à l'oreille avec un sourire : Il faut que je vous donne vos entrées dans la révolution. Et il le mena dans la salle des Amis de l'A B C. Il le présenta aux autres camarades en disant à demi-voix ce simple mot que Marius ne comprit pas : Un élève.

Marius était tombé dans un guêpier d'esprits. Du reste, quoique silencieux et grave, il n'était ni le moins ailé ni le moins armé.

Marius, jusque-là solitaire et inclinant au monologue et à l'aparté par habitude et par goût, fut un peu effarouché de cette volée de jeunes gens autour de lui. Toutes ces initiatives diverses le sollicitaient à la fois et le tiraillaient. Le va-et-vient tumultueux de tous ces esprits en liberté et en travail faisait tourbillonner ses idées. Quelquefois, dans le trouble, elles s'en allaient si loin de lui qu'il avait de la peine à les retrouver. Il entendait parler de philosophie, de littérature, d'art, d'histoire, de religion, d'une façon inattendue. Il entrevoyait des aspects étranges; et, comme il ne les mettait point en perspective, il n'était pas sûr de ne pas avoir le chaos. En quittant les opinions de son grand-père pour les opinions de son père, il s'était cru fixé; il soupçonnait, maintenant, avec inquiétude et sans oser se l'avouer, qu'il ne l'était pas. L'angle sous lequel il voyait toute chose commençait de nouveau à se déplacer. Une certaine oscillation mettait en branle tous les horizons de son cerveau. Bizarre remue-ménage intérieur. Il en souffrait presque.

Il semblait qu'il n'y eût pas pour ces jeunes gens de « choses consacrées ». Marius entendait, sur toute matière, des langages singuliers, gênants pour son esprit encore timide.

Une affiche de théâtre se présentait, ornée d'un titre de tragédie du vieux répertoire, dit classique : — A bas la tragédie chère aux bourgeois! criait Bahorel. Et Marius entendait Combeferre répliquer :

— Tu as tort, Bahorel. La bourgeoisie aime la tragédie, et il faut laisser sur ce point la bourgeoisie tranquille. La tragédie à perruque a sa raison d'être, et je ne suis pas de ceux qui, de par Eschyle, lui contestent le droit d'exister. Il y a des ébauches dans la nature; il y a, dans la création, des parodies toutes faites; un bec qui n'est pas un bec, des ailes qui ne sont pas des ailes, des nageoires qui ne sont pas des nageoires, des pattes qui ne sont pas des pattes, un cri douloureux qui donne envie de rire, voilà le canard. Or, puisque la volaille existe à côté de l'oiseau, je ne vois pas pourquoi la tragédie classique n'existerait point en face de la tragédie antique.

Ou bien le hasard faisait que Marius passait rue Jean-Jacques Rousseau entre Enjolras et Courfeyrac.

Courfeyrac lui prenait le bras :

— Faites attention. Ceci est la rue Plâtrière, nommée aujourd'hui rue Jean-Jacques Rousseau, à cause d'un ménage singulier qui l'habitait il y a une soixantaine d'années. C'était Jean-Jacques et Thérèse. De temps en temps, il naissait là de petits êtres. Thérèse les enfantait, Jean-Jacques les enfantrouvait.

Et Enjolras rudoyait Courfeyrac.

— Silence devant Jean-Jacques! cet homme, je l'admire. Il a renié ses enfants, soit; mais il a adopté le peuple.

Aucun de ces jeunes gens n'articulait ce mot : l'empereur. Jean Prouvaire seul disait quelquefois Napoléon; tous les autres disaient Bonaparte. Enjolras prononçait *Buonaparte*.

Marius s'étonnait vaguement. *Initium sapientiæ*.

IV

L'ARRIÈRE-SALLE DU CAFÉ MUSAIN

Une des conversations entre ces jeunes gens, auxquelles Marius assistait et dans lesquelles il intervenait quelquefois, fut une véritable secousse pour son esprit.

Cela se passait dans l'arrière-salle du café Musain. A peu près tous les Amis de l'A B C étaient réunis ce soir-là. Le quinquet était solennellement allumé. On parlait de choses et d'autres, sans passion et avec bruit. Excepté Enjolras et Marius, qui se taisaient, chacun haranguait un peu au hasard. Les causeries entre camarades ont parfois de ces tumultes paisibles. C'était un jeu et un pêle-mêle autant qu'une conversation. On se jetait des mots qu'on rattrapait. On causait aux quatre coins.

Aucune femme n'était admise dans cette arrière-salle, excepté Louison, la laveuse de vaisselle du café, qui la traversait de temps en temps pour aller de la laverie au « laboratoire ».

Grantaire, parfaitement gris, assourdissait le coin dont il s'était emparé, il raisonnait et déraisonnait à tue-tête, il criait :

— J'ai soif. Mortels, je fais un rêve : que la tonne de Heidelberg ait une attaque d'apoplexie, et être de la douzaine de sangsues qu'on lui appliquera. Je voudrais boire. Je désire oublier la vie. La vie est une invention hideuse de je ne sais qui. Cela ne dure rien et cela ne vaut rien. On se casse le cou à vivre. La vie est un décor où il y a peu de praticables. Le bonheur est un vieux châssis peint d'un seul côté. L'Ecclésiaste dit : « Tout est vanité; » je pense comme ce bonhomme qui n'a peut-être jamais existé. Zéro, ne voulant pas aller tout nu, s'est vêtu de vanité. O vanité! rhabillage de tout avec de grands mots! une cuisine est un laboratoire, un danseur est un professeur, un saltimbanque est un gymnaste, un boxeur est un pugiliste, un apothicaire est un chimiste, un perruquier est un artiste, un gâcheux est un architecte, un jockey est un sportman, un cloporte est un ptérygibranche. La vanité a un envers et un endroit; l'endroit est bête, c'est le nègre avec ses verroteries; l'envers est sot, c'est le philosophe avec ses guenilles. Je pleure sur l'un et je ris de l'autre. Ce qu'on appelle honneurs et dignités, et même honneur et dignité, est généralement en chrysocale. Les rois font joujou avec l'orgueil humain. Caligula faisait consul un cheval; Charles II faisait chevalier un aloyau. Drapez-vous donc maintenant entre le consul Incitatus et le baronnet Roastbeef. Quant à la valeur intrinsèque des gens, elle n'est guère plus respectable. Écoutez le panégyrique que le voisin fait du voisin. Blanc sur blanc est féroce; si le lys parlait, comme il arrangerait la colombe! une bigote qui jase d'une dévote est plus venimeuse que l'aspic et le bongare bleu. C'est dommage que je sois un ignorant, car je vous citerais une foule de choses; mais je ne sais rien.

Par exemple, j'ai toujours eu de l'esprit; quand j'étais élève chez Gros, au lieu de barbouiller des tableautins, je passais mon temps à chiper des pommes; rapin est le mâle de rapine. Voilà pour moi; quant à vous autres, vous me valez. Je me fiche de vos perfections, excellences et qualités. Toute qualité verse dans un défaut; l'économe touche à l'avare, le généreux confine au prodigue, le brave côtoie le bravache; qui dit très-pieux dit un peu cagot; il y a juste autant de vices dans la vertu qu'il y a de trous au manteau de Diogène. Qui admirez-vous, le tué ou le tueur, César ou Brutus? Généralement on est pour le tueur. Vive Brutus! il a tué. C'est ça qui est la vertu. Vertu, soit, mais folie aussi. Il y a des taches bizarres à ces grands hommes-là. Le Brutus qui tua César était amoureux d'une statue de petit garçon. Cette statue était du statuaire grec Strongylion, lequel avait aussi sculpté cette figure d'amazone appelée Belle-Jambe, Eucnemos, que Néron emportait avec lui dans ses voyages. Ce Strongylion n'a laissé que deux statues qui ont mis d'accord Brutus et Néron; Brutus fut amoureux de l'une et Néron de l'autre. Toute l'histoire n'est qu'un long rabâchage. Un siècle est le plagiaire de l'autre. La bataille de Marengo copie la bataille de Pydna; le Tolbiac de Clovis et l'Austerlitz de Napoléon se ressemblent comme deux gouttes de sang. Je fais peu de cas de la victoire. Rien n'est stupide comme vaincre; la vraie gloire est convaincre. Mais tâchez donc de prouver quelque chose! vous vous contentez de réussir, quelle médiocrité! et de conquérir, quelle misère! Hélas, vanité et lâcheté partout. Tout obéit au succès, même la grammaire. *Si volet usus,* dit Horace. Donc, je dédaigne le genre humain. Descendrons-nous du tout à la partie? Voulez-vous que je me mette à admirer les peuples? quel peuple, s'il vous plaît? est-ce la Grèce? Les Athéniens, ces Parisiens de jadis, tuaient Phocion, comme qui dirait Coligny, et flagornaient les tyrans au point qu'Anacéphore disait de Pisistrate : Son urine attire les abeilles. L'homme le plus considérable de la Grèce pendant cinquante ans a été ce grammairien Philetas, lequel était si petit et si menu qu'il était obligé de plomber ses souliers pour n'être pas emporté par le vent. Il y avait sur la grande place de Corinthe une statue sculptée par Silanion et cataloguée par Pline; cette statue représentait Épisthate. Qu'a fait Épisthate? il a inventé le croc-en-jambe. Ceci résume la Grèce et la gloire. Passons à d'autres. Admirerai-je l'Angleterre? Admirerai-je la France? La France? pourquoi? à cause de Paris? je viens de vous dire mon opinion sur Athènes. L'Angleterre? pourquoi? à cause de Londres? je hais Carthage. Et puis, Londres, métropole du luxe, est le chef-lieu de la misère. Sur la seule paroisse de Charing-Cross, il y a par an cent morts de faim. Telle est Albion. J'ajoute, pour comble, que j'ai vu une anglaise danser avec une couronne de roses et des lunettes bleues. Donc un groing pour l'Angleterre! Si je n'admire pas John Bull, j'admirerai donc frère Jonathan? Je goûte peu ce frère à esclaves. Otez *Times is money*, que reste-t-il de l'Angleterre? Otez *Cotton is king*, que reste-t-il de l'Amérique? L'Allemagne, c'est la lymphe; l'Italie, c'est la bile. Nous extasierons-nous sur la Russie? Voltaire l'admirait. Il admirait aussi la Chine. Je conviens que la Russie a ses beautés, entre autres un fort despotisme; mais je plains les despotes. Ils ont une santé délicate. Un Alexis décapité, un Pierre poignardé, un Paul étranglé, un autre Paul aplati à coups de talon de botte, divers Ivans égorgés, plusieurs Nicolas et Basiles empoisonnés, tout cela indique que le palais des empereurs de Russie est dans une condition flagrante d'insalubrité. Tous les peuples civilisés offrent à l'admiration du penseur ce détail : la guerre; or la guerre, la guerre civilisée, épuise et totalise toutes les formes du banditisme, depuis le brigandage des trabucaires aux gorges du mont Jaxa jusqu'à la maraude des Indiens Comanches dans la Passe-Douteuse. Bah! me direz-vous, l'Europe vaut pourtant mieux que l'Asie? Je conviens que l'Asie est farce; mais je ne vois pas trop ce que vous avez à rire du grand lama, vous peuples d'occident qui avez mêlé à vos modes et à vos élégances toutes les ordures compliquées de majesté, depuis la chemise sale de la reine Isabelle jusqu'à la chaise percée du dauphin. Messieurs les humains, je vous dis bernique! C'est à Bruxelles que l'on consomme le plus de bière, à Stockholm le plus d'eau-de-vie, à Madrid le plus de chocolat, à Amsterdam le plus de genièvre, à Londres le plus de vin, à Constantinople le plus de café, à Paris le plus d'absinthe; voilà toutes les notions utiles. Paris l'emporte, en somme. A Paris, les chiffonniers mêmes sont des sybarites; Diogène eût autant aimé être chiffonnier place Maubert que philosophe au Pirée. Apprenez encore ceci : les cabarets des chiffonniers s'appellent bibines; les plus célèbres sont *la Casserole* et *l'Abattoir*. Donc, ô guinguettes, goguettes, bouchons, caboulots, bouibouis, mastroquets, bastringues, manezingues, bibines des chiffonniers, caravansérails des califes, je vous atteste, je suis un voluptueux, je mange chez Richard à quarante sous par tête, il me faut des tapis de Perse à y rouler Cléopâtre nue! Où est Cléopâtre? Ah! c'est toi, Louison. Bonjour.

Ainsi se répandait en paroles, accrochant la laveuse de vaisselle au passage, dans son coin de l'arrière-salle Musain, Grantaire plus qu'ivre.

Bossuet, étendant la main vers lui, essayait de lui imposer silence, et Grantaire repartait de plus belle :

— Aigle de Meaux, à bas les pattes. Tu ne me fais aucun effet avec ton geste d'Hippocrate refusant le bric-à-brac d'Artaxerce. Je te dispense de me calmer. D'ailleurs je suis triste. Que voulez-vous que je vous dise? L'homme est mauvais, l'homme est difforme; le papillon est réussi, l'homme est raté. Dieu a manqué cet animal-là. Une foule est un choix de laideurs. Le premier venu est un misérable. *Femme* rime à *infâme*. Oui, j'ai le spleen, compliqué de la mélancolie, avec la nostalgie, plus l'hypocondrie, et je bisque, et je rage, et je bâille, et je m'ennuie, et je m'assomme, et je m'embête! Que Dieu aille au diable !

— Silence donc, R majuscule! reprit Bossuet qui discutait un point de droit avec la cantonade, et qui était engagé plus qu'à mi-corps dans une phrase d'argot judiciaire dont voici la fin :

— ... Et quant à moi, quoique je sois à peine légiste et tout au plus procureur amateur, je soutiens ceci : qu'aux termes de la coutume de Normandie, à la Saint-Michel, et pour chaque année, un Équivalent devait être payé au profit du seigneur, sauf autrui droit, par tous et un chacun, tant les propriétaires que les saisis d'héritage, et ce, pour toutes emphytéoses, baux, alleux, contrats domaniaires et domaniaux, hypothécaires et hypothécaux...

— Échos, nymphes plaintives, fredonna Grantaire.

Tout près de Grantaire, sur une table presque silencieuse, une feuille de papier, un encrier et une plume entre deux petits verres annonçaient qu'un vaudeville s'ébauchait.

Cette grosse affaire se traitait à voix basse, et les deux têtes en travail se touchaient :

— Commençons par trouver les noms. Quand on a les noms, on trouve le sujet.

— C'est juste. Dicte. J'écris.

— Monsieur Dorimon?

— Rentier?
— Sans doute.
— Sa fille, Célestine.
— ...tine. Après?
— Le colonel Sainval.
— Sainval est usé. Je dirais Valsin.

A côté des aspirants vaudevillistes, un autre groupe, qui, lui aussi, profitait du brouhaha pour parler bas, discutait un duel. Un vieux, trente ans, conseillait un jeune, dix-huit ans, et lui expliquait à quel adversaire il avait affaire.

— Diable! méfiez-vous. C'est une belle épée. Son jeu est net. Il a de l'attaque, pas de feintes perdues, du poignet, du pétillement, de l'éclair, la parade juste, et des ripostes mathématiques, bigre! et il est gaucher.

Dans l'angle opposé à Grantaire, Joly et Bahorel jouaient aux dominos et parlaient d'amour.

— Tu es heureux, toi, disait Joly. Tu as une maîtresse qui rit toujours.

— C'est une faute qu'elle fait, répondait Bahorel. La maîtresse qu'on a a tort de rire. Ça encourage à la tromper. La voir gaie, cela vous ôte le remords; si on la voit triste, on se fait conscience.

— Ingrat! C'est si bon une femme qui rit! Et jamais vous ne vous querellez!

— Cela tient au traité que nous avons fait. En faisant notre petite sainte-alliance, nous nous sommes assigné à chacun notre frontière que nous ne dépassons jamais. Ce qui est situé du côté de bise appartient à Vaud, du côté de vent à Gex. De là la paix.

— La paix, c'est le bonheur digérant.

— Et toi, Jolllly, où en es-tu de ta brouillerie avec mamselle... tu sais qui je veux dire?

— Elle me boude avec une patience cruelle.

— Tu es pourtant un amoureux attendrissant de maigreur.

— Hélas!

— A ta place, je la planterais là.

— C'est facile à dire.

— Et à faire. N'est-ce pas Musichetta qu'elle s'appelle?

— Oui. Ah! mon pauvre Bahorel, c'est une fille superbe, très-littéraire, de petits pieds, de petites mains, se mettant bien, blanche, potelée, avec des yeux de tireuse de cartes. J'en suis fou.

— Mon cher, alors il faut lui plaire, être élégant, et faire des effets de rotule. Achète-moi chez Staub un bon pantalon de cuir de laine. Cela prête.

— A combien? cria Grantaire.

Le troisième coin était en proie à une discussion poétique. La mythologie païenne se gourmait avec la mythologie chrétienne. Il s'agissait de l'Olympe dont Jean Prouvaire, par romantisme même, prenait le parti.

Jean Prouvaire n'était timide qu'au repos. Une fois excité, il éclatait, une sorte de gaieté accentuait son enthousiasme, et il était à la fois riant et lyrique.

— N'insultons pas les dieux, disait-il. Les dieux ne s'en sont peut-être pas allés. Jupiter ne me fait point l'effet d'un mort. Les dieux sont des songes, dites-vous. Eh bien, même dans la nature, telle qu'elle est aujourd'hui, après la fuite de ces songes, on retrouve tous les grands vieux mythes païens. Telle montagne à profil de citadelle, comme la Vignemale, par exemple, est encore pour moi la coiffure de Cybèle ; il ne m'est pas prouvé que Pan ne vienne pas la nuit souffler dans le tronc creux des saules, en bouchant tour à tour les trous avec ses doigts, et j'ai toujours cru qu'Io était pour quelque chose dans la cascade de Pissevache.

Dans le dernier coin, on parlait politique. On malmenait la Charte octroyée. Combeferre la soutenait mollement, Courfeyrac la battait en brèche énergiquement. Il y avait sur la table un malencontreux exemplaire de la fameuse Charte-Touquet. Courfeyrac l'avait saisie et la secouait, mêlant à ses arguments le frémissement de cette feuille de papier.

— Premièrement, je ne veux pas de rois ; ne fût-ce qu'au point de vue économique, je n'en veux pas ; un roi est un parasite. On n'a pas de rois gratis. Écoutez ceci : cherté des rois. A la mort de François Ier, la dette publique en France était de trente mille livres de rente ; à la mort de Louis XIV, elle était de deux milliards six cent millions à vingt-huit livres le marc, ce qui équivalait en 1760, au dire de Desmarets, à quatre milliards cinq cent millions, et ce qui équivaudrait aujourd'hui à douze milliards. Deuxièmement, n'en déplaise à Combeferre, une charte octroyée est un mauvais expédient de civilisation. Sauver la transition, adoucir le passage, amortir la secousse, faire passer insensiblement la nation de la monarchie à la démocratie par la pratique des fictions constitutionnelles, détestables raisons que tout cela ! Non ! non ! n'éclairons jamais le peuple à faux jour. Les principes s'étiolent et pâlissent dans votre cave constitutionnelle. Pas d'abâtardissement, pas de compromis, pas d'octroi du roi au peuple. Dans tous ces octrois-là, il y a un article 14. A côté de la main qui donne, il y a la griffe qui reprend. Je refuse net votre charte. Une charte est un masque ; le mensonge est dessous. Un peuple qui accepte une charte abdique. Le droit n'est le droit qu'entier. Non ! pas de charte !

On était en hiver; deux bûches pétillaient dans la cheminée. Cela était tentant, et Courfeyrac n'y résista pas. Il froissa dans son poing la pauvre Charte-Touquet, et la jeta au feu. Le papier flamba. Combeferre regarda philosophiquement brûler le chef-d'œuvre de Louis XVIII, et se contenta de dire :

— La charte métamorphosée en flamme.

Et les sarcasmes, les saillies, les quolibets, cette chose française qu'on appelle l'entrain, cette chose anglaise qu'on appelle l'humour, le bon et le mauvais goût, les bonnes et les mauvaises raisons, toutes les folles fusées du dialogue, montant à la fois et se croisant de tous les points de la salle, faisaient au-dessus des têtes une sorte de bombardement joyeux.

V

ÉLARGISSEMENT DE L'HORIZON

Les chocs des jeunes esprits entre eux ont cela d'admirable qu'on ne peut jamais prévoir l'étincelle ni deviner l'éclair. Que va-t-il jaillir tout à l'heure? on l'ignore. L'éclat de rire part de l'attendrissement. Au moment bouffon, le sérieux fait son entrée. Les impulsions dépendent du premier mot venu. La verve de chacun est souveraine. Un lazzi suffit pour ouvrir le champ à l'inattendu. Ce sont des entretiens à brusques tournants où la perspective change tout à coup. Le hasard est le machiniste de ces conversations-là.

Une pensée sévère, bizarrement sortie d'un cliquetis de mots, traversa tout à coup la mêlée de paroles où ferraillaient confusément Grantaire, Bahorel, Prouvaire, Bossuet, Combeferre et Courfeyrac.

Comment une phrase survient-elle dans le dialogue? d'où vient qu'elle se souligne tout à coup d'elle-même dans l'attention de ceux qui l'entendent? Nous venons de le dire, nul n'en sait rien. Au milieu du brouhaha, Bossuet termina tout à coup une apostrophe quelconque à Combeferre par cette date :

— 18 juin 1815 : Waterloo.

A ce nom Waterloo, Marius, accoudé près d'un verre d'eau sur une table, ôta son poignet de dessous son menton, et commença à regarder fixement l'auditoire.

— Pardieu, s'écria Courfeyrac (*Parbleu*, à cette époque, tombait en désuétude), ce chiffre 18 est étrange, et me frappe. C'est le nombre fatal de Bonaparte. Mettez Louis devant et brumaire derrière, vous avez toute la destinée de l'homme, avec cette particularité expressive que le commencement y est talonné par la fin.

Enjolras, jusque-là muet, rompit le silence, et adressa à Courfeyrac cette parole :

— Tu veux dire le crime par l'expiation.

Ce mot, *crime*, dépassait la mesure de ce que pouvait accepter Marius, déjà très-ému par la brusque évocation de Waterloo.

Il se leva, il marcha lentement vers la carte de France étalée sur le mur et au bas de laquelle on voyait une île dans un compartiment séparé, il posa son doigt sur ce compartiment et dit :

— La Corse. Une petite île qui a fait la France bien grande.

Ce fut le souffle d'air glacé. Tous s'interrompirent. On sentit que quelque chose allait commencer.

Bahorel, ripostant à Bossuet, était en train de prendre une pose de torse à laquelle il tenait. Il y renonça pour écouter.

Enjolras, dont l'œil bleu n'était attaché sur personne et semblait considérer le vide, répondit, sans regarder Marius :

— La France n'a besoin d'aucune Corse pour être grande. La France est grande, parce qu'elle est la France. *Quia nominor leo.*

Marius n'éprouva nulle velléité de reculer; il se tourna vers Enjolras, et sa voix éclata avec une vibration qui venait du tressaillement des entrailles :

— A Dieu ne plaise que je diminue la France! mais ce n'est point la diminuer que de lui amalgamer Napoléon. Ah ça! parlons donc. Je suis nouveau venu parmi vous, mais je vous avoue que vous m'étonnez. Où en sommes-nous? qui sommes-nous? qui êtes-vous? qui suis-je? Expliquons-nous sur l'empereur. Je vous entends dire Buonaparte en accentuant l'*u* comme des royalistes. Je vous préviens que mon grand-père fait mieux encore; il dit Buonaparté. Je vous croyais des jeunes gens. Où mettez-vous donc votre enthousiasme? et qu'est-ce que vous en faites? qui admirez-vous, si vous n'admirez pas l'empereur? et que vous faut-il de plus? Si vous ne voulez pas de ce grand homme-là, de quels grands hommes voudrez-vous? Il avait tout. Il était complet. Il avait dans son cerveau le cube des facultés humaines. Il faisait des codes comme Justinien, il dictait comme César, sa causerie mêlait l'éclair de Pascal au coup de foudre de Tacite, il faisait l'histoire et il l'écrivait, ses bulletins sont des Iliades, il combinait le chiffre de Newton avec la métaphore de Mahomet, il laissait derrière lui dans l'orient des paroles grandes comme les pyramides, à Tilsitt il enseignait la majesté aux empereurs, à l'académie des sciences il donnait la réplique à Laplace, au conseil d'état il tenait tête à Merlin, il donnait une âme à la géométrie des uns et à la chicane des autres, il était légiste avec les procureurs et sidéral avec les astronomes; comme Cromwell soufflant une chandelle sur deux, il s'en allait au Temple marchander un gland de rideau; il voyait tout; il savait tout; ce qui ne l'empêchait pas de rire d'un rire bonhomme au berceau de son petit enfant; et tout à coup, l'Europe effarée écoutait, des armées se mettaient en marche, des parcs d'artillerie roulaient, des ponts de bateaux s'allongeaient sur les fleuves, les nuées de la cavalerie galopaient dans l'ouragan, cris, trompettes, tremblement de trônes partout, les frontières des royaumes oscillaient sur la carte, on entendait le bruit d'un glaive surhumain qui sortait du fourreau : on le voyait, lui, se dresser debout sur l'horizon avec un flamboiement dans la main et un resplendissement dans les yeux, déployant dans le tonnerre ses deux ailes, la grande armée et la vieille garde, et c'était l'archange de la guerre!

Tous se taisaient, et Enjolras baissait la tête. Le silence fait toujours un peu l'effet de l'acquiescement ou d'une sorte de mise au pied du mur. Marius, presque sans reprendre haleine, continua avec un surcroît d'enthousiasme :

— Soyons justes, mes amis! être l'empire d'un tel empereur, quelle splendide destinée pour un peuple, lorsque ce peuple est la France et qu'il ajoute son génie au génie de cet homme! Apparaître et régner, marcher et triompher, avoir pour étapes toutes les capitales, prendre ses grenadiers, et en faire des rois, décréter des chutes de dynastie, transfigurer l'Europe au pas de charge ; qu'on sente, quand vous menacez, que vous mettez la main sur le pommeau de l'épée de Dieu ; suivre, dans un seul homme, Annibal, César et Charlemagne ; être le peuple de quelqu'un qui mêle à toutes vos aubes l'annonce éclatante d'une bataille gagnée, avoir pour réveille-matin le canon des

Invalides, jeter dans des abîmes de lumière des mots prodigieux qui flamboient à jamais, Marengo, Arcole, Austerlitz, Iéna, Wagram! faire à chaque instant éclore au zénith des siècles des constellations de victoires, donner l'empire français pour pendant à l'empire romain, être la grande nation et enfanter la grande armée, faire envoler par toute la terre ses légions comme une montagne envoie de tous côtés ses aigles, vaincre, dominer, foudroyer, être en Europe une sorte de peuple doré à force de gloire, sonner à travers l'histoire une fanfare de titans, conquérir le monde deux fois, par la conquête et par l'éblouissement, cela est sublime; et qu'y a-t-il de plus grand?

— Être libre, dit Combeferre.

Marius à son tour baissa la tête; ce mot simple et froid avait traversé comme une lame d'acier son effusion épique, et il la sentait s'évanouir en lui. Lorsqu'il leva les yeux, Combeferre n'était plus là. Satisfait probablement de sa réplique à l'apothéose, il venait de partir, et tous, excepté Enjolras, l'avaient suivi. La salle s'était vidée. Enjolras, resté seul avec Marius, le regardait gravement. Marius, cependant, ayant un peu rallié ses idées, ne se tenait pas pour battu; il y avait en lui un reste de bouillonnement qui allait sans doute se traduire en syllogismes déployés contre Enjolras, quand tout à coup on entendit quelqu'un qui chantait dans l'escalier en s'en allant. C'était Combeferre, et voici ce qu'il chantait :

> Si César m'avait donné
> La gloire et la guerre,
> Et qu'il me fallût quitter
> L'amour de ma mère,
> Je dirais au grand César :
> Reprends ton sceptre et ton char,
> J'aime mieux ma mère, ô gué!
> J'aime mieux ma mère!

L'accent tendre et farouche dont Combeferre le chantait donnait à ce couplet une sorte de grandeur étrange. Marius, pensif et l'œil au plafond, répéta presque machinalement : ma mère?...

En ce moment, il sentit sur son épaule la main d'Enjolras.

— Citoyen, lui dit Enjolras, ma mère, c'est la république.

VI

RES ANGUSTA

Cette soirée laissa à Marius un ébranlement profond et une obscurité triste dans l'âme. Il éprouva ce qu'éprouve peut-être la terre au moment où on l'ouvre avec le fer pour y déposer le grain de blé; elle ne sent que la blessure; le tressaillement du germe et la joie du fruit n'arrivent que plus tard.

Marius fut sombre. Il venait à peine de se faire une foi; fallait-il donc déjà la rejeter? Il s'affirma à lui-même que non. Il se déclara qu'il ne voulait pas douter, et il commença à douter malgré lui. Être entre deux religions, l'une dont on n'est pas encore sorti, l'autre où l'on n'est pas encore entré, cela est insupportable; et les crépuscules ne plaisent qu'aux âmes chauves-souris. Marius était une prunelle franche, et il lui fallait de la vraie lumière. Les demi-jours du doute lui faisaient mal. Quel que fût son désir de rester où il était et de s'en tenir là, il était invinciblement contraint de continuer, d'avancer, d'examiner, de penser, de marcher plus loin. Où cela allait-il le conduire? il craignait, après avoir fait tant de pas qui l'avaient rapproché de son père, de faire maintenant des pas qui l'en éloigneraient. Son malaise croissait de toutes les réflexions qui lui venaient. L'escarpement se dessinait autour de lui. Il n'était d'accord ni avec son grand-père, ni avec ses amis; téméraire pour l'un, arriéré pour les autres; et il se reconnut doublement isolé, du côté de la vieillesse, et du côté de la jeunesse. Il cessa d'aller au café Musain.

Dans ce trouble où était sa conscience, il ne songeait plus guère à de certains côtés sérieux de l'existence. Les réalités de la vie ne se laissent pas oublier. Elles vinrent brusquement lui donner leur coup de coude.

Un matin, le maître de l'hôtel entra dans la chambre de Marius et lui dit :

— Monsieur Courfeyrac a répondu pour vous.

— Oui.

— Mais il me faudrait de l'argent.

— Priez Courfeyrac de venir me parler, dit Marius.

Courfeyrac venu, l'hôte les quitta. Marius lui conta ce qu'il n'avait pas songé à lui dire encore, qu'il était comme seul au monde et n'ayant pas de parents.

— Qu'allez-vous devenir? dit Courfeyrac.

— Je n'en sais rien, répondit Marius.

— Qu'allez-vous faire?

— Je n'en sais rien.

— Avez-vous de l'argent?

— Quinze francs.

— Voulez-vous que je vous en prête?

— Jamais.

— Avez-vous des habits?

— Voilà.

— Avez-vous des bijoux?

— Une montre.

— D'argent?

— D'or, la voici.

— Je sais un marchand d'habits qui vous prendra votre redingote et un pantalon.

— C'est bien.

— Vous n'aurez plus qu'un pantalon, un gilet, un chapeau et un habit.

— Et mes bottes.

— Quoi! vous n'irez pas pieds nus? quelle opulence!

— Ce sera assez.

— Je sais un horloger qui vous achètera votre montre.

— C'est bon.

— Non, ce n'est pas bon. Que ferez-vous après?

— Tout ce qu'il faudra. Tout l'honnête du moins.

— Savez-vous l'anglais?

— Non.

— Savez-vous l'allemand?

— Non.

— Tant pis.

— Pourquoi?

— C'est qu'un de mes amis, libraire, fait une façon d'encyclopédie pour laquelle vous auriez pu traduire des articles allemands ou anglais. C'est mal payé, mais on vit.

— J'apprendrai l'anglais et l'allemand.

— Et en attendant?

— En attendant je mangerai mes habits et ma montre.

On fit venir le marchand d'habits. Il acheta la défroque vingt francs. On alla chez l'horloger. Il acheta la montre quarante-cinq francs.

— Ce n'est pas mal, disait Marius à Courfeyrac en rentrant à l'hôtel, avec mes quinze francs, cela fait quatrevingts francs.

— Et la note de l'hôtel? observa Courfeyrac.

— Tiens, j'oubliais, dit Marius.

L'hôte présenta sa note qu'il fallut payer sur-le-champ. Elle se montait à soixante-dix francs.

— Il me reste dix francs, dit Marius.

— Diable, fit Courfeyrac, vous mangerez cinq francs pendant que vous apprendrez l'anglais, et cinq francs pendant que vous apprendrez l'allemand. Ce sera avaler une langue bien vite ou une pièce de cent sous bien lentement.

Cependant la tante Gillenormand, assez bonne personne au fond dans les occasions tristes, avait fini par déterrer le logis de Marius. Un matin, comme Marius revenait de l'école, il trouva une lettre de sa tante et les *soixante pistoles*, c'est-à-dire six cents francs en or dans une boîte cachetée.

Marius renvoya les trente louis à sa tante avec une lettre respectueuse où il déclarait avoir des moyens d'existence et pouvoir suffire désormais à tous ses besoins. En ce moment-là, il lui restait trois francs.

La tante n'informa point le grand-père de ce refus, de peur d'achever de l'exaspérer. D'ailleurs n'avait-il pas dit : Qu'on ne me parle jamais de ce buveur de sang!

Marius sortit de l'hôtel de la Porte-Saint-Jacques, ne voulant pas s'y endetter.

LIVRE CINQUIÈME

EXCELLENCE DU MALHEUR

I

MARIUS INDIGENT

La vie devint sévère pour Marius. Manger ses habits et sa montre, ce n'était rien. Il mangea de cette chose inexprimable qu'on appelle *de la vache enragée*. Chose horrible, qui contient les jours sans pain, les nuits sans sommeil, les soirs sans chandelle, l'âtre sans feu, les semaines sans travail, l'avenir sans espérance, l'habit percé au coude, le vieux chapeau qui fait rire les jeunes filles, la porte qu'on trouve fermée le soir parce qu'on ne paye pas son loyer, l'insolence du portier et du gargotier, les ricanements des voisins, les humiliations, la dignité refoulée, les besognes quelconques acceptées, les dégoûts, l'amertume, l'accablement. Marius apprit comment on dévore tout cela, et comment ce sont souvent les seules choses qu'on ait à dévorer. A ce moment de l'existence où l'homme a besoin d'orgueil, parce qu'il a besoin d'amour, il se sentit moqué parce qu'il était mal vêtu, et ridicule parce qu'il était pauvre. A l'âge où la jeunesse vous gonfle le cœur d'une fierté impériale, il abaissa plus d'une fois ses yeux sur ses bottes trouées, et il connut les hontes injustes et les rougeurs poignantes de la misère. Admirable et terrible épreuve dont les

faibles sortent infâmes, dont les forts sortent sublimes. Creuset où la destinée jette un homme, toutes les fois qu'elle veut avoir un gredin ou un demi-dieu.

Car il se fait beaucoup de grandes actions dans les petites luttes. Il y a des bravoures opiniâtres et ignorées qui se défendent pied à pied dans l'ombre contre l'envahissement fatal des nécessités et des turpitudes. Nobles et mystérieux triomphes qu'aucun regard ne voit, qu'aucune renommée ne paye, qu'aucune fanfare ne salue. La vie, le malheur, l'isolement, l'abandon, la pauvreté, sont des champs de bataille qui ont leurs héros; héros obscurs, plus grands parfois que les héros illustres.

De fermes et rares natures sont ainsi créées; la misère, presque toujours marâtre, est quelquefois mère; le dénûment enfante la puissance d'âme et d'esprit; la détresse est nourrice de la fierté; le malheur est un bon lait pour les magnanimes.

Il y eut un moment dans la vie de Marius où il balayait son palier, où il achetait un sou de fromage de Brie chez la fruitière, où il attendait que la brune tombât pour s'introduire chez le boulanger, et y acheter un pain qu'il emportait furtivement dans son grenier, comme s'il l'eût volé. Quelquefois on voyait se glisser dans la boucherie du coin, au milieu des cuisinières goguenardes qui le coudoyaient, un jeune homme gauche portant des livres sous son bras, qui avait l'air timide et furieux, qui en entrant ôtait son chapeau de son front où perlait la sueur, faisait un profond salut à la bouchère étonnée, un autre salut au garçon boucher, demandait une côtelette de mouton, la payait six ou sept sous, l'enveloppait de papier, la mettait sous son bras entre deux livres, et s'en allait. C'était Marius. Avec cette côtelette, qu'il faisait cuire lui-même, il vivait trois jours.

Le premier jour il mangeait la viande, le second jour il mangeait la graisse, le troisième jour il rongeait l'os. A plusieurs reprises la tante Gillenormand fit des tentatives, et lui adressa les soixante pistoles. Marius les renvoya constamment, en disant qu'il n'avait besoin de rien.

Il était encore en deuil de son père quand la révolution que nous avons racontée s'était faite en lui. Depuis lors, il n'avait plus quitté les vêtements noirs. Cependant ses vêtements le quittèrent. Un jour vint où il n'eut plus d'habit. Le pantalon allait encore. Que faire? Courfeyrac, auquel il avait de son côté rendu quelques bons offices, lui donna un vieil habit. Pour trente sous, Marius le fit retourner par un portier quelconque, et ce fut un habit neuf. Mais cet habit était vert. Alors Marius ne sortit plus qu'après la chute du jour. Cela faisait que son habit était noir. Voulant toujours être en deuil, il se vêtissait de la nuit.

A travers tout cela, il se fit recevoir avocat. Il était censé habiter la chambre de Courfeyrac, qui était décente et où un certain nombre de bouquins de droit soutenus et complétés par des volumes de romans dépareillés figuraient la bibliothèque voulue par les règlements. Il se faisait adresser ses lettres chez Courfeyrac.

Quand Marius fut avocat, il en informa son grand-père par une lettre froide, mais pleine de soumission et de respect. M. Gillenormand prit la lettre, avec un tremblement, la lut et la jeta, déchirée en quatre, au panier. Deux ou trois jours après, mademoiselle Gillenormand entendit son père qui était seul dans sa chambre et qui parlait tout haut. Cela lui arrivait chaque fois qu'il était très-agité. Elle prêta l'oreille; le vieillard disait : — Si tu n'étais pas un imbécile, tu saurais qu'on ne peut pas être à la fois baron et avocat.

II

MARIUS PAUVRE

Il en est de la misère comme de tout. Elle arrive à devenir possible. Elle finit par prendre une forme et se composer. On végète, c'est-à-dire on se développe d'une certaine façon chétive, mais suffisante à la vie. Voici de quelle manière l'existence de Marius Pontmercy s'était arrangée :

Il était sorti du plus étroit; le défilé s'élargissait un peu devant lui. A force de labeur, de courage, de persévérance et de volonté, il était parvenu à tirer de son travail environ sept cents francs par an. Il avait appris l'allemand et l'anglais; grâce à Courfeyrac qui l'avait mis en rapport avec son ami le libraire, Marius remplissait dans la littérature-librairie le modeste rôle d'*utilité*. Il faisait des prospectus, traduisait des journaux, annotait des éditions, compilait des biographies, etc., produit net, bon an, mal an, sept cents francs. Il en vivait. Comment? Pas mal. Nous l'allons dire.

Marius occupait dans la masure Gorbeau, moyennant le prix annuel de trente francs, un taudis sans cheminée qualifié cabinet, où il n'y avait, en fait de meubles, que l'indispensable. Ces meubles étaient à lui. Il donnait trois francs par mois à la vieille principale locataire pour qu'elle vînt balayer le taudis et lui apporter chaque matin un peu d'eau chaude, un œuf frais et un pain d'un sou. De ce pain et de cet œuf, il déjeunait. Son déjeuner variait de deux à quatre sous selon que les œufs étaient chers ou bon marché. A six heures du soir, il descendait rue Saint-Jacques dîner chez Rousseau, vis-à-vis Basset, le marchand d'estampes du coin de la rue des Mathurins. Il ne mangeait pas de soupe. Il prenait un plat de viande de six sous, un demi-plat de légumes de trois sous, et un dessert de trois sous. Pour trois sous, du pain à discrétion. Quant au vin, il buvait de l'eau. En payant au comptoir, où siégeait majestueusement madame Rousseau, à cette époque toujours grasse et encore fraîche, il donnait un sou au garçon et madame Rousseau lui donnait un sourire. Puis il s'en allait. Pour seize sous, il avait un sourire et un dîner.

Ce restaurant Rousseau, où l'on vidait si peu de bouteilles et tant de carafes, était un calmant plus encore qu'un restaurant. Il n'existe plus aujourd'hui. Le maître avait un beau surnom; on l'appelait *Rousseau l'aquatique.*

Ainsi, déjeuner quatre sous, dîner seize sous; sa nourriture lui coûtait vingt sous par jour; ce qui faisait trois cent soixante-cinq francs par an. Ajoutez les trente francs de loyer et les trente-six francs à la vieille, plus quelques menus frais; pour quatre cent cinquante francs, Marius était nourri, logé et servi. Son habillement lui coûtait cent francs, son linge cinquante francs, son blanchissage cinquante francs, le tout ne dépassait pas six cent cinquante francs. Il lui restait cinquante francs. Il était riche. Il prêtait dans l'occasion dix francs à un ami; Courfeyrac avait pu lui emprunter une fois soixante francs. Quant au chauffage, n'ayant pas de cheminée, Marius l'avait « simplifié ».

Marius avait toujours deux habillements complets, l'un vieux, « pour tous les jours », l'autre tout neuf, pour les occasions. Les deux étaient noirs. Il n'avait que trois chemises, l'une sur lui, l'autre dans la commode, la troisième chez la blanchisseuse. Il les renouve-

lait à mesure qu'elles s'usaient. Elles étaient habituellement déchirées, ce qui lui faisait boutonner son habit jusqu'au menton.

Pour que Marius en vînt à cette situation florissante, il avait fallu des années. Années rudes; difficiles, les unes à traverser, les autres à gravir. Marius n'avait point failli un seul jour. Il avait tout subi, en fait de dénûment; il avait tout fait, excepté des dettes. Il se rendait ce témoignage que jamais il n'avait dû un sou à personne. Pour lui, une dette, c'était le commencement de l'esclavage. Il se disait même qu'un créancier est pire qu'un maître; car un maître ne possède que votre personne, un créancier possède votre dignité et peut la souffleter.

Plutôt que d'emprunter, il ne mangeait pas. Il avait eu beaucoup de jours de jeûne. Sentant que toutes les extrémités se touchent et que, si l'on n'y prend garde, l'abaissement de fortune peut mener à la bassesse d'âme, il veillait jalousement sur sa fierté. Telle formule ou telle démarche qui, dans toute autre situation, lui eût paru déférence, lui semblait platitude, et il se redressait. Il ne hasardait rien, ne voulant pas reculer. Il avait sur le visage une sorte de rougeur sévère. Il était timide jusqu'à l'âpreté.

Dans toutes ses épreuves il se sentait encouragé et quelquefois même porté par une force secrète qu'il avait en lui. L'âme aide le corps, et à de certains moments le soulève. C'est le seul oiseau qui soutienne sa cage.

A côté du nom de son père, un autre nom était gravé dans le cœur de Marius, le nom de Thénardier. Marius, dans sa nature enthousiaste et grave, environnait d'une sorte d'auréole l'homme auquel, dans sa pensée, il devait la vie de son père, cet intrépide sergent qui avait sauvé le colonel au milieu des boulets et des balles de Waterloo. Il ne séparait jamais le souvenir de cet homme du souvenir de son père, et il les associait dans sa vénération. C'était une sorte de culte à deux degrés, le grand autel pour le colonel, le petit pour Thénardier. Ce qui redoublait l'attendrissement de sa reconnaissance, c'est l'idée de l'infortune où il savait Thénardier tombé et englouti. Marius avait appris à Montfermeil la ruine et la faillite du malheureux aubergiste. Depuis il avait fait des efforts inouïs pour saisir sa trace et tâcher d'arriver à lui dans ce ténébreux abîme de la misère où Thénardier avait disparu. Marius avait battu tout le pays; il était allé à Chelles, à Bondy, à Gournay, à Nogent, à Lagny. Pendant trois années il s'y était acharné, dépensant à ces explorations le peu d'argent qu'il épargnait. Personne n'avait pu lui donner de nouvelles de Thénardier; on le croyait passé en pays étranger. Ses créanciers l'avaient cherché aussi, avec moins d'amour que Marius, mais avec autant d'acharnement, et n'avaient pu mettre la main sur lui. Marius s'accusait et s'en voulait presque de ne pas réussir dans ses recherches. C'était la seule dette que lui eût laissée le colonel, et Marius tenait à honneur de la payer. — Comment, pensait-il, quand mon père gisait mourant sur le champ de bataille, Thénardier, lui, a bien su le trouver à travers la fumée et la mitraille et l'emporter sur ses épaules, et il ne lui devait rien cependant, et moi qui dois tant à Thénardier, je ne saurais pas le rejoindre dans cette ombre où il agonise et le rapporter à mon tour de la mort à la vie! Oh! je le retrouverai! — Pour retrouver Thénardier en effet, Marius eût donné un de ses bras, et pour le tirer de la misère, tout son sang. Revoir Thénardier, rendre un service quelconque à Thénardier, lui dire : « Vous ne me connaissez pas, eh bien, moi, je vous connais! Je suis là. Disposez de moi! » c'était le plus doux et le plus magnifique rêve de Marius.

III

MARIUS GRANDI

A cette époque, Marius avait vingt ans. Il y avait trois ans qu'il avait quitté son grand-père. On était resté dans les mêmes termes de part et d'autre, sans tenter de rapprochement et sans chercher à se revoir. D'ailleurs, se revoir, à quoi bon? pour se heurter? Lequel eût eu raison de l'autre? Marius était le vase d'airain, mais le père Gillenormand était le pot de fer.

Disons-le, Marius s'était mépris sur le cœur de son grand-père. Il s'était figuré que M. Gillenormand ne l'avait jamais aimé, et que ce bonhomme bref, dur et riant, qui jurait, criait, tempêtait et levait la canne, n'avait pour lui tout au plus que cette affection à la fois légère et sévère des gérontes de comédie. Marius se trompait. Il y a des pères qui n'aiment pas leurs enfants; il n'existe point d'aïeul qui n'adore son petit-fils. Au fond, nous l'avons dit, M. Gillenormand idolâtrait Marius. Il l'idolâtrait à sa façon, avec accompagnement de bourrades et même de gifles; mais, cet enfant disparu, il se sentit un vide noir dans le cœur; il exigea qu'on ne lui en parlât plus, en regrettant tout bas d'être si bien obéi. Dans les premiers temps il espéra que ce buonapartiste, ce jacobin, ce terroriste, ce septembriseur reviendrait. Mais les semaines se passèrent, les mois se passèrent, les années se passèrent; au grand désespoir de M. Gillenormand, le buveur de sang ne reparut pas! — Je ne pouvais pourtant pas faire autrement que de le chasser, se disait le grand-père, et il se demandait : Si c'était à refaire, le referais-je? Son orgueil sur-le-champ répondait oui, mais sa vieille tête qu'il hochait en silence répondait tristement non. Il avait ses heures d'abattement. Marius lui manquait. Les vieillards ont besoin d'affection comme de soleil. C'est de la chaleur. Quelle que fût sa forte nature, l'absence de Marius avait changé quelque chose en lui. Pour rien au monde, il n'eût voulu faire un pas vers ce « petit drôle »; mais il souffrait. Il ne s'informait jamais de lui, mais il y pensait toujours. Il vivait, de plus en plus retiré, au Marais. Il était encore, comme autrefois, gai et violent, mais sa gaieté avait une dureté convulsive, comme si elle contenait de la douleur et de la colère, et ses violences se terminaient toujours par une sorte d'accablement doux et sombre. Il disait quelquefois : — Oh! s'il revenait, quel bon soufflet je lui donnerais!

Quant à la tante, elle pensait trop peu pour aimer beaucoup; Marius n'était plus pour elle qu'une espèce de silhouette noire et vague; et elle avait fini par s'en occuper beaucoup moins que du chat ou du perroquet qu'il est probable qu'elle avait. Ce qui accroissait la souffrance secrète du père Gillenormand, c'est qu'il la renfermait tout entière et n'en laissait rien deviner. Son chagrin était comme ces fournaises nouvellement inventées qui brûlent leur fumée. Quelquefois, il arrivait que des officieux malencontreux lui parlaient de Marius, et lui demandaient : — Que fait ou que devient monsieur votre petit-fils? — Le vieux bourgeois répondait, en soupirant, s'il était trop triste, ou en donnant une chiquenaude à sa manchette, s'il voulait paraître gai : — Monsieur le baron Pontmercy plaidaille dans quelque coin.

Pendant que le vieillard regrettait, Marius s'applaudissait. Comme à tous les bons cœurs, le malheur lui avait ôté l'amertume. Il ne pensait à M. Gillenormand qu'avec douceur, mais il avait tenu à ne plus rien recevoir de l'homme *qui avait été mal pour son père*. — C'était maintenant la traduction mitigée de ses premières indignations. En outre, il était heureux d'avoir souffert, et de souffrir encore. C'était pour son père. La dureté de sa vie le satisfaisait et lui plaisait. Il se disait avec une sorte de joie que — *c'était bien le moins;* — que c'était une expiation ; — que, sans cela, il eût été puni, autrement et

plus tard, de son indifférence impie pour son père et pour un tel père; — qu'il n'aurait pas été juste que son père eût eu toute la souffrance, et lui rien; — qu'était-ce d'ailleurs que ses travaux et son dénûment comparés à la vie héroïque du colonel? — qu'enfin sa seule manière de se rapprocher de son père et de lui ressembler, c'était d'être vaillant contre l'indigence comme lui avait été brave contre l'ennemi; et que c'était là sans doute ce que le colonel avait voulu dire par ce mot : *Il en sera digne.* — Paroles que Marius continuait de porter, non sur sa poitrine, l'écrit du colonel ayant disparu, mais dans son cœur.

Et puis, le jour où son grand-père l'avait chassé, il n'était encore qu'un enfant, maintenant il était un homme. Il le sentait. La misère, insistons-y, lui avait été bonne. La pauvreté dans la jeunesse, quand elle réussit, a cela de magnifique qu'elle tourne toute la volonté vers l'effort et toute l'âme vers l'aspiration. La pauvreté met tout de suite la vie matérielle à nu et la fait hideuse; de là d'inexprimables élans vers la vie idéale. Le jeune homme riche a cent distractions brillantes et grossières, les courses de chevaux, la chasse, les chiens, le tabac, le jeu, les bons repas, et le reste; occupations des bas côtés de l'âme aux dépens des côtés hauts et délicats. Le jeune homme pauvre se donne de la peine pour avoir son pain; il mange; quand il a mangé, il n'a plus que la rêverie. Il va aux spectacles gratis que Dieu donne; il regarde le ciel, l'espace, les astres, les fleurs, les enfants, l'humanité dans laquelle il souffre, la création dans laquelle il rayonne. Il regarde tant l'humanité qu'il voit l'âme, il regarde tant la création qu'il voit Dieu. Il rêve, il se sent grand; il rêve encore, et il se sent tendre. De l'égoïsme de l'homme qui souffre, il passe à la compassion de l'homme qui médite. Un admirable sentiment éclate en lui, l'oubli de soi et la pitié pour tous. En songeant aux jouissances sans nombre que la nature offre, donne et prodigue aux âmes ouvertes et refuse aux âmes fermées, il en vient à plaindre, lui millionnaire de l'intelligence, les millionnaires de l'argent. Toute haine s'en va de son cœur à mesure que toute clarté entre dans son esprit. D'ailleurs est-il malheureux? Non. La misère d'un jeune homme n'est jamais misérable. Le premier jeune garçon venu, si pauvre qu'il soit, avec sa santé, sa force, sa marche vive, ses yeux brillants, son sang qui circule chaudement, ses cheveux noirs, ses joues fraîches, ses lèvres roses, ses dents blanches, son souffle pur, fera toujours envie à un vieil empereur. Et puis chaque matin il se remet à gagner son pain ; et tandis que ses mains gagnent du pain, son épine dorsale gagne de la fierté, son cerveau gagne des idées. Sa besogne finie, il revient aux extases ineffables, aux contemplations, aux joies; il vit les pieds dans les afflictions, dans les obstacles, sur le pavé, dans les ronces, quelquefois dans la boue ; la tête dans la lumière. Il est ferme, serein, doux, paisible, attentif, sérieux, content de peu, bienveillant ; et il bénit Dieu de lui avoir donné ces deux richesses qui manquent à bien des riches : le travail qui le fait libre et la pensée qui le fait digne.

C'était là ce qui s'était passé en Marius. Il avait même, pour tout dire, un peu trop versé du côté de la contemplation. Du jour où il était arrivé à gagner sa vie à peu près sûrement, il s'était arrêté là, trouvant bon d'être pauvre, et retranchant au travail pour donner à la pensée ; c'est-à-dire qu'il passait quelquefois des journées entières à songer, plongé et englouti comme un visionnaire dans les voluptés muettes de l'extase et du rayonnement intérieur. Il avait ainsi posé le problème de sa vie : travailler le moins possible du travail matériel pour travailler le plus possible du travail impalpable ; en d'autres termes, donner quelques heures à la vie réelle, et jeter le reste dans l'infini. Il ne s'apercevait pas, croyant ne manquer de rien, que la contemplation ainsi comprise finit par être une des formes de la paresse ; qu'il s'était contenté de dompter les premières nécessités de la vie, et qu'il se reposait trop tôt.

Il était évident que, pour cette nature énergique et généreuse, ce ne pouvait être là qu'un état transitoire, et qu'au premier choc contre les inévitables complications de la destinée, Marius se réveillerait.

En attendant, bien qu'il fût avocat et quoi qu'en pensât le père Gillenormand, il ne plaidait pas, il ne plaidaillait même pas. La rêverie l'avait détourné de la plaidoirie. Hanter les avoués, suivre le palais, chercher des causes, ennui. Pourquoi faire? Il ne voyait aucune raison pour changer de gagne-pain. Cette librairie marchande et obscure avait fini par lui faire un travail sûr, un travail de peu de labeur, qui, comme nous venons de l'expliquer, lui suffisait.

Un des libraires pour lesquels il travaillait, M. Magimel, je crois, lui avait offert de le prendre chez lui, de le bien loger, de lui fournir un travail régulier et de lui donner quinze cents francs par an. Être bien logé! quinze cents francs! Sans doute. Mais renoncer à sa liberté! être un gagiste! une espèce d'homme de lettres commis! Dans la pensée de Marius, en acceptant, sa position devenait meilleure et pire en même temps, il gagnait du bien-être et perdait de la dignité; c'était un malheur complet et beau qui se changeait en une gêne laide et ridicule; quelque chose comme un aveugle qui deviendrait borgne. Il refusa.

Marius vivait solitaire. Par ce goût qu'il avait de rester en dehors de tout et aussi pour avoir été par trop effarouché, il n'était décidément pas entré dans le groupe présidé par Enjolras. On était resté bons camarades; on était prêt à s'entr'aider dans l'occasion de toutes les façons possibles; mais rien de plus. Marius avait deux amis, un jeune, Courfeyrac, et un vieux, M. Mabeuf. Il penchait vers le vieux. D'abord il lui devait la révolution qui s'était faite en lui; il lui devait d'avoir connu et aimé son père. *Il m'a opéré de la cataracte,* disait-il.

Certes, ce marguillier avait été décisif.

Ce n'est pas pourtant que M. Mabeuf eût été dans cette occasion autre chose que l'agent calme et impassible de la Providence. Il avait éclairé Marius par hasard et sans le savoir, comme fait une chandelle que quelqu'un apporte; il avait été la chandelle et non le quelqu'un.

Quant à la révolution politique intérieure de Marius, M. Mabeuf était tout à fait incapable de la comprendre, de la vouloir et de la diriger.

Comme on retrouvera plus tard M. Mabeuf, quelques mots ne sont pas inutiles.

IV

M. MABEUF

Le jour où M. Mabeuf disait à Marius: *Certainement, j'approuve les opinions politiques,* il exprimait le véritable état de son esprit. Toutes les opinions politiques lui étaient indifférentes, et il les approuvait toutes sans distinguer, pour qu'elles le laissassent tranquille, comme les Grecs appelaient les Furies « les belles, les bonnes, les charmantes », les *Euménides*. M. Mabeuf avait pour opinion politique d'aimer passionnément les plantes, et surtout les livres. Il possédait comme tout le monde sa terminaison en *iste*, sans laquelle personne n'aurait pu vivre en ce temps-là, mais il n'était ni royaliste, ni bonapartiste, ni chartiste, ni orléaniste, ni anarchiste; il était bouquiniste.

Il ne comprenait pas que les hommes s'occupassent à se haïr à propos de billevesées comme la charte, la démocratie, la légitimité, la monarchie, la république, etc., lorsqu'il y avait dans ce monde toutes sortes de mousses, d'herbes et d'arbustes qu'ils pouvaient regarder, et des tas d'in-folio et même d'in-trente-deux qu'ils pouvaient feuilleter. Il se gardait fort d'être inutile; avoir des livres ne l'empêchait pas de lire, être botaniste ne l'empêchait pas d'être jardinier. Quand il avait connu Pontmercy, il y avait eu cette sympathie entre le colonel et lui, que ce que le colonel faisait pour les fleurs, il le faisait pour les fruits. M. Mabeuf était parvenu à produire des poires de semis aussi savoureuses que les poires de Saint-Germain; c'est d'une de ses combinaisons qu'est née, à ce qu'il paraît, la mirabelle d'octobre, célèbre aujourd'hui, et non moins parfumée que la mirabelle d'été. Il allait à la messe plutôt par douceur que par dévotion, et puis parce qu'aimant le visage des hommes, mais haïssant leur bruit, il ne les trouvait qu'à l'église réunis et silencieux. Sentant qu'il fallait être quelque chose dans l'État, il avait choisi la carrière de marguillier. Du reste, il n'avait jamais réussi à aimer aucune femme autant qu'un oignon de tulipe ou aucun homme autant qu'un elzévir. Il avait depuis longtemps passé soixante ans, lorsqu'un jour quelqu'un lui demanda : — Est-ce que vous ne vous êtes jamais marié? — J'ai oublié, dit-il. Quand il lui arrivait parfois — à qui cela n'arrive-t-il pas? — de dire : — Oh! si j'étais riche! — ce n'était pas en lorgnant une jolie fille, comme le père Gillenormand, c'était en contemplant un bouquin. Il vivait seul avec une vieille gouvernante. Il était un peu chiragre, et, quand il dormait, ses vieux doigts, ankylosés par le rhumatisme, s'arc-boutaient dans les plis de ses draps. Il avait fait et publié une *Flore des environs de Cauteretz* avec planches coloriées, ouvrage assez estimé dont il possédait les cuivres et qu'il vendait lui-même. On venait deux ou trois fois par jour sonner chez lui, rue Mézières, pour cela. Il en tirait bien deux mille francs par an; c'était à peu près là toute sa fortune. Quoique

pauvre, il avait eu le talent de se faire, à force de patience, de privations et de temps, une collection précieuse d'exemplaires rares en tout genre. Il ne sortait jamais qu'avec un livre sous le bras et il revenait souvent avec deux. L'unique décoration des quatre chambres au rez-de-chaussée qui, avec un petit jardin, composaient son logis, c'étaient des herbiers encadrés et des gravures de vieux maîtres. La vue d'un sabre ou d'un fusil le glaçait. De sa vie, il n'avait approché d'un canon, même aux Invalides. Il avait un estomac passable, un frère curé, les cheveux tout blancs, plus de dents ni dans la bouche ni dans l'esprit, un tremblement de tout le corps, l'accent picard, un rire enfantin, l'effroi facile, et l'air d'un vieux mouton. Avec cela point d'autre amitié ou d'autre habitude parmi les vivants qu'un vieux libraire de la porte Saint-Jacques appelé Royol. Il avait pour rêve de naturaliser l'indigo en France.

Sa servante était, elle aussi, une variété de l'innocence. La pauvre bonne vieille femme était vierge. Sultan, son matou, qui eût pu miauler le miserere d'Allegri à la chapelle Sixtine, avait rempli son cœur et suffisait à la quantité de passion qui était en elle. Aucun de ses rêves n'était allé jusqu'à l'homme. Elle n'avait jamais pu franchir son chat. Elle avait, comme lui, des moustaches. Sa gloire était dans ses bonnets toujours blancs. Elle passait son temps le dimanche après la messe à compter son linge dans sa malle et à étaler sur son lit des robes en pièce qu'elle achetait et ne faisait jamais faire. Elle savait lire. M. Mabeuf l'avait surnommée *la mère Plutarque*.

M. Mabeuf avait pris Marius en gré, parce que Marius, étant jeune et doux, réchauffait sa vieillesse sans effaroucher sa timidité. La jeunesse avec la douceur fait aux vieillards l'effet du soleil sans le vent. Quand Marius était saturé de gloire militaire, de poudre à canon, de marches et de contre-marches, et de toutes ces prodigieuses batailles où son père avait donné et reçu de si grands coups de sabre, il allait voir M. Mabeuf, et M. Mabeuf lui parlait du héros au point de vue des fleurs.

Vers 1830, son frère le curé était mort, et presque tout de suite, comme lorsque la nuit vient, tout l'horizon s'était assombri pour M. Mabeuf. Une faillite — de notaire — lui enleva une somme de dix mille francs, qui était tout ce qu'il possédait du chef de son frère et du sien. La révolution de Juillet amena une crise dans la librairie. En temps de gêne, la première chose qui ne se vend pas, c'est une *Flore*. La *Flore des environs de Cauteretz* s'arrêta court. Des semaines s'écoulaient sans un acheteur. Quelquefois M. Mabeuf tressaillait à un coup de sonnette. — Monsieur, lui disait tristement la mère Plutarque, c'est le porteur d'eau. — Bref, un jour M. Mabeuf quitta la rue Mézières, abdiqua les fonctions de marguillier, renonça à Saint-Sulpice, vendit une partie non de ses livres, mais de ses estampes, — ce à quoi il tenait le moins, — et s'alla installer dans une petite maison du boulevard Montparnasse, où du reste il ne demeura qu'un trimestre, pour deux raisons : premièrement, le rez-de-chaussée et le jardin coûtaient trois cents francs et il n'osait pas mettre plus de deux cents francs à son loyer; deuxièmement, étant voisin du tir Fatou, il entendait des coups de pistolet; ce qui lui était insupportable.

Il emporta sa *Flore*, ses cuivres, ses herbiers, ses portefeuilles et ses livres, et s'établit près de la Salpêtrière dans une espèce de chaumière du village d'Austerlitz, où il avait pour cinquante écus par an trois chambres et un jardin clos d'une haie avec puits. Il profita de ce déménagement pour vendre presque tous ses meubles. Le jour de son entrée dans ce nouveau logis, il fut très-gai et cloua lui-même les clous pour accrocher les gravures et les herbiers, il piocha son jardin le reste de la journée, et le soir, voyant que la mère Plutarque avait l'air morne et songeait, il lui frappa sur l'épaule et lui dit en souriant : — Nous avons l'indigo!

Deux seuls visiteurs, le libraire de la porte Saint-Jacques et Marius, étaient admis à le voir dans sa chaumière d'Austerlitz, nom tapageur qui lui était, pour tout dire, assez désagréable.

Du reste, comme nous venons de l'indiquer, les cerveaux absorbés dans une sagesse, ou dans une folie, ou, ce qui arrive souvent, dans les deux à la fois, ne sont que très-lentement perméables aux choses de la vie. Leur propre destin leur est lointain. Il résulte de ces concentrations-là une passivité qui, si elle était raisonnée, ressemblerait à la philosophie. On décline, on descend, on s'écoule, on s'écroule même, sans trop s'en apercevoir. Cela finit toujours, il est vrai, par un réveil, mais tardif. En attendant, il semble qu'on soit neutre dans le jeu qui se joue entre notre bonheur et notre malheur. On est l'enjeu, et l'on regarde la partie avec indifférence.

C'est ainsi qu'à travers cet obscurcissement qui se faisait autour de lui, toutes ses espérances s'éteignant l'une après l'autre, M. Mabeuf était resté serein, un peu puérilement, mais très-profondément. Ses habitudes d'esprit avaient le va-et-vient d'une pendule. Une fois monté par une illusion, il allait très-longtemps, même quand l'illusion avait disparu. Une horloge ne s'arrête pas court au moment précis où l'on en perd la clef.

M. Mabeuf avait des plaisirs innocents. Ces plaisirs étaient peu coûteux et inattendus; le moindre hasard les lui fournissait. Un jour la mère Plutarque lisait un roman dans un coin de la chambre. Elle lisait haut, trouvant qu'elle comprenait mieux ainsi. Lire haut, c'est s'affirmer à soi-même sa lecture. Il y a des gens qui lisent très-haut

et qui ont l'air de se donner leur parole d'honneur de ce qu'ils lisent.

La mère Plutarque lisait avec cette énergie-là le roman qu'elle tenait à la main. M. Mabeuf entendait sans écouter.

Tout en lisant, la mère Plutarque arriva à cette phrase. Il était question d'un officier de dragons et d'une belle :

« …La belle bouda, et le dragon… »

Ici elle s'interrompit pour essuyer ses lunettes.

— Bouddha et le Dragon, reprit à demi-voix M. Mabeuf. Oui, c'est vrai, il y avait un dragon qui, du fond de sa caverne, jetait des flammes par la gueule et brûlait le ciel. Plusieurs étoiles avaient déjà été incendiées par ce monstre qui, en outre, avait des griffes de tigre. Bouddha alla dans son antre et réussit à convertir le dragon. C'est un bon livre que vous lisez là, mère Plutarque. Il n'y a pas de plus belle légende.

Et M. Mabeuf tomba dans une rêverie délicieuse.

V

PAUVRETÉ BONNE VOISINE DE MISÈRE

Marius avait du goût pour ce vieillard candide qui se voyait lentement saisi par l'indigence, et qui arrivait à s'étonner peu à peu, sans pourtant s'attrister encore. Marius rencontrait Courfeyrac et cherchait M. Mabeuf. Fort rarement pourtant, une ou deux fois par mois, tout au plus.

Le plaisir de Marius était de faire de longues promenades seul sur les boulevards extérieurs, ou au Champ de Mars, ou dans les allées les moins fréquentées du Luxembourg. Il passait quelquefois une demi-journée à regarder le jardin d'un maraîcher, les carrés de salade, les poules dans le fumier et le cheval tournant la roue de la noria. Les passants le considéraient avec surprise, et quelques-uns lui trouvaient une mise suspecte et une mine sinistre. Ce n'était qu'un jeune homme pauvre rêvant sans objet.

C'est dans une de ses promenades qu'il avait découvert la masure Gorbeau, et, l'isolement et le bon marché le tentant, il s'y était logé. On ne l'y connaissait que sous le nom de M. Marius.

Quelques-uns des anciens généraux ou des anciens camarades de son père l'avaient invité, quand ils le connurent, à les venir voir. Marius n'avait point refusé. C'étaient des occasions de parler de son père. Il allait ainsi de temps en temps chez le comte Pajol, chez le général Bellavesne, chez le général Fririon, aux Invalides. On y faisait de la musique, on y dansait. Ces soirs-là Marius mettait son habit neuf. Mais il n'allait jamais à ces soirées ni à ces bals que les jours où il gelait à pierre fendre, car il ne pouvait payer une voiture et il ne voulait arriver qu'avec des bottes comme des miroirs.

Il disait quelquefois, mais sans amertume : — Les hommes sont ainsi faits que, dans un salon, vous pouvez être crotté partout, excepté sur les souliers. On ne vous demande là, pour vous bien accueillir, qu'une chose irréprochable, la conscience? non, les bottes.

Toutes les passions, autres que celles du cœur, se dissipent dans la rêverie. Les fièvres politiques de Marius s'y étaient évanouies. La révolution de 1830, en le satisfaisant, et en le calmant, y avait aidé. Il était resté le même, aux colères près. Il avait toujours les mêmes opinions. Seulement elles s'étaient attendries. A proprement parler, il n'avait plus d'opinions, il avait des sympathies. De quel parti était-il? du parti de l'humanité. Dans l'humanité, il choisissait la France; dans la nation, il choisissait le peuple; dans le peuple, il choisissait la femme. C'était là surtout que sa pitié allait. Maintenant il préférait une idée à un fait, un poëte à un héros, et il admirait plus encore un livre comme Job qu'un événement comme Marengo. Et puis quand, après une journée de méditation, il s'en revenait le soir par les boulevards et qu'à travers les branches des arbres il apercevait l'espace sans fond, les lueurs sans nom, l'abîme, l'ombre, le mystère, tout ce qui n'est qu'humain lui semblait bien petit.

Il croyait être et il était peut-être en effet arrivé au vrai de la vie et de la philosophie humaine, et il avait fini par ne plus guère regarder que le ciel, seule chose que la vérité puisse voir du fond de son puits.

Cela ne l'empêchait pas de multiplier les plans, les combinaisons, les échafaudages, les projets d'avenir. Dans cet état de rêverie, un œil qui eût regardé au dedans de Marius eût été ébloui de la pureté de cette âme. En effet, s'il était donné à nos yeux de chair de voir dans la conscience d'autrui, on jugerait bien plus sûrement un homme d'après ce qu'il rêve que d'après ce qu'il pense. Il y a de la volonté dans la pensée, il n'y en a pas dans le rêve. Le rêve, qui est tout spontané, prend et garde, même dans le gigantesque et l'idéal, la figure de notre esprit. Rien ne sort plus directement et plus sincèrement du fond même de notre âme que nos aspirations irréfléchies et démesurées vers les splendeurs de la destinée. Dans ces aspirations, bien plus que dans les idées composées, raisonnées et coordonnées, on peut retrouver le vrai caractère de chaque homme. Nos chimères sont ce qui nous ressemble le mieux. Chacun rêve l'inconnu et l'impossible selon sa nature.

Vers le milieu de cette année 1831, la vieille qui servait Marius lui conta qu'on allait mettre à la porte ses voisins, le misérable ménage Jondrette. Marius, qui passait presque toutes ses journées dehors, savait à peine qu'il eût des voisins.

— Pourquoi les renvoie-t-on? dit-il.

— Parce qu'ils ne payent pas leur loyer, ils doivent deux termes.

— Combien est-ce?

— Vingt francs, dit la vieille.

Marius avait trente francs en réserve dans un tiroir.

— Tenez, dit-il à la vieille, voilà vingt-cinq francs. Payez pour ces pauvres gens, donnez-leur cinq francs et ne dites pas que c'est moi.

VI

LE REMPLAÇANT

Le hasard fit que le régiment dont était le lieutenant Théodule vint tenir garnison à Paris. Ceci fut l'occasion d'une deuxième idée pour la tante Gillenormand. Elle avait, une première fois, imaginé de faire surveiller Marius par Théodule; elle complota de faire succéder Théodule à Marius.

A toute aventure, et pour le cas où le grand-père aurait le vague besoin d'un jeune visage dans la maison, ces rayons d'aurore sont quelquefois doux aux ruines, il était expédient de trouver un autre Marius. Soit, pensa-t-elle, c'est un simple erratum comme j'en vois dans les livres. Marius, lisez Théodule.

Un petit-neveu est l'à-peu-près d'un petit-fils; à défaut d'un avocat, on prend un lancier.

Un matin que M. Gillenormand était en train de lire quelque chose comme *la Quotidienne*, sa fille entra, et lui dit de sa voix la plus douce, car il s'agissait de son favori :

— Mon père, Théodule va venir ce matin vous présenter ses respects.

— Qui ça, Théodule?
— Votre petit-neveu.
— Ah! fit le grand-père.

Puis il se remit à lire, ne songea plus au petit-neveu qui n'était qu'un Théodule quelconque, et ne tarda pas à avoir beaucoup d'humeur, ce qui lui arrivait presque toujours quand il lisait. La « feuille » qu'il tenait, royaliste d'ailleurs, cela va de soi, annonçait pour le lendemain, sans aménité aucune, un des petits événements quotidiens du Paris d'alors : — Que les élèves des écoles de droit et de médecine devaient se réunir sur la place du Panthéon, à midi, — pour délibérer. — Il s'agissait d'une des questions du moment, de l'artillerie de la garde nationale, et d'un conflit entre le ministre de la guerre et « la milice citoyenne » au sujet des canons parqués dans la cour du Louvre. Les étudiants devaient « délibérer » là-dessus. Il n'en fallait pas beaucoup plus pour gonfler M. Gillenormand.

Il songea à Marius qui était étudiant, et qui, probablement, irait, comme les autres, « délibérer, à midi, sur la place du Panthéon ».

Comme il faisait ce songe pénible, le lieutenant Théodule entra, vêtu en bourgeois, ce qui était habile, et discrètement introduit par mademoiselle Gillenormand. Le lancier avait fait ce raisonnement : — Le vieux druide n'a pas tout placé en viager. Cela vaut bien qu'on se déguise en pékin de temps en temps.

Mademoiselle Gillenormand dit, haut, à son père :
— Théodule, votre petit-neveu.

Et, bas, au lieutenant :
— Approuve tout.

Et se retira.

Le lieutenant, peu accoutumé à des rencontres si vénérables, balbutia avec quelque timidité : — Bonjour, mon oncle, — et fit un salut mixte composé de l'ébauche involontaire et machinale du salut militaire achevée en salut bourgeois.

— Ah! c'est vous; c'est bien, asseyez-vous, dit l'aïeul.

Cela dit, il oublia parfaitement le lancier.

Théodule s'assit, et M. Gillenormand se leva.

M. Gillenormand se mit à marcher de long en large, les mains dans ses poches, parlant tout haut, et tourmentant avec ses vieux doigts irrités les deux montres qu'il avait dans ses deux goussets.

— Ce tas de morveux! ça se convoque sur la place du Panthéon!

Vertu de ma mie! Des galopins qui étaient hier en nourrice! Si on leur pressait le nez, il en sortirait du lait! Et ça délibère demain à midi! Où va-t-on? où va-t-on? Il est clair qu'on va à l'abîme. C'est là que nous ont conduits les descamisados! L'artillerie citoyenne! Délibérer sur l'artillerie citoyenne! S'en aller jaboter en plein air sur les pétarades de la garde nationale! Et avec qui vont-ils se trouver là? Voyez un peu où mène le jacobinisme. Je parie tout ce qu'on voudra, un million contre un fichtre, qu'il n'y aura là que des repris de justice et des forçats libérés. Les républicains et les galériens, ça ne fait qu'un nez et qu'un mouchoir. Carnot disait : — Où veux-tu que j'aille, traître? — Fouché répondait : — Où tu voudras, imbécile! — Voilà ce que c'est que les républicains.

— C'est juste, dit Théodule.

M. Gillenormand tourna la tête à demi, vit Théodule, et continua :

— Quand on pense que ce drôle a eu la scélératesse de se faire carbonaro! Pourquoi as-tu quitté ma maison? Pour t'aller faire républicain. Pssst! d'abord le peuple n'en veut pas de ta république, il n'en veut pas, il a du bon sens, il sait bien qu'il y a toujours eu des rois, et qu'il y en aura toujours, il sait bien que le peuple, après tout, ce n'est que le peuple, il s'en burle, de ta république, entends-tu, crétin? Est-ce assez horrible, ce caprice-là? S'amouracher du Père Duchesne, faire les yeux doux à la guillotine, chanter des romances et jouer de la guitare sous le balcon de 93, c'est à cracher sur tous ces jeunes gens-là, tant ils sont bêtes! Ils en sont tous là. Pas un n'échappe. Il suffit de respirer l'air qui passe dans la rue pour être insensé. Le dix-neuvième siècle est du poison. Le premier polisson venu laisse pousser sa barbe de bouc, se croit un drôle pour de vrai, et vous plante là les vieux parents. C'est républicain, c'est romantique. Qu'est-ce que c'est que ça, romantique? faites-moi l'amitié de me dire ce que c'est que ça? Toutes les folies possibles. Il y a un an, ça vous allait à *Hernani*. Je vous demande un peu, *Hernani!* des antithèses! des abominations qui ne sont pas même écrites en français! Et puis on a des canons dans la cour du Louvre. Tels sont les brigandages de ce temps-ci.

— Vous avez raison, mon oncle, dit Théodule.

M. Gillenormand reprit :

— Des canons dans la cour du Muséum! pourquoi faire? Canon, que me veux-tu? Vous voulez donc mitrailler l'Apollon du Belvédère? Qu'est-ce que les gargousses ont à faire avec la Vénus de Médicis? Oh! ces jeunes gens d'à présent, tous des chenapans! quel pas grand'chose que leur Benjamin Constant! Et ceux qui ne sont pas des scélérats sont des dadais! Ils font tout ce qu'ils peuvent pour être laids, ils sont mal habillés, ils ont peur des femmes, ils ont autour des cotillons un air de mendier qui fait éclater de rire les jeannetons; ma parole d'honneur, on dirait les pauvres honteux de l'amour. Ils sont difformes, et ils se complètent en étant stupides ; ils répètent les calembours de Tiercelin et de Potier, ils ont des habits-sacs, des gilets de palefrenier, des chemises de grosse toile, des pantalons de gros drap, des bottes de gros cuir, et le ramage ressemble au plumage. On pourrait se servir de leur jargon pour ressemeler leurs savates. Et toute cette inepte marmaille vous a des opinions politiques. Il devrait être sévèrement défendu d'avoir des opinions politiques. Ils fabriquent des systèmes, ils refont la société, ils démolissent la monarchie, ils flanquent par terre toutes les lois, ils mettent le grenier à la place de la cave, et mon portier à la place du roi, ils bousculent l'Europe de fond en comble, ils rebâtissent le monde, et ils ont pour bonnes fortunes de regarder sournoisement les jambes des blanchisseuses qui remontent dans leurs charrettes. Ah! Marius! Ah! gueusard! aller vociférer en place publique! discuter, débattre, prendre des mesures! Ils appellent cela des mesures, justes dieux! le désordre se rapetisse et devient niais. J'ai vu le chaos, je vois le gâchis. Des écoliers délibérer sur la garde nationale, cela ne se verrait pas chez les Ogibewas et chez les Cadodaches! Les sauvages qui vont tout nus, la caboche coiffée comme un volant de raquette, avec une massue à la patte, sont moins brutes que ces bacheliers-là! Des marmousets de quatre sous! ça fait les entendus et les jordonnes! ça délibère et ratiocine! c'est la fin du monde. C'est évidemment la fin de ce misérable globe terraqué. Il fallait un hoquet final, la France le pousse. Délibérez, mes drôles! Ces choses-là ariveront tant qu'ils iront lire les journaux sous les arcades de l'Odéon. Cela leur coûte un sou, et leur bon sens, et leur intelligence, et leur cœur, et leur âme, et leur esprit. On sort de là, et l'on fiche le camp de chez sa famille. Tous les journaux sont de la peste; tous, même le *Drapeau blanc!* au fond Martainville était un jacobin. Ah! juste ciel! tu pourras te vanter d'avoir désespéré ton grand-père, toi!

— C'est évident, dit Théodule.

Et profitant de ce que M. Gillenormand reprenait haleine, le lancier ajouta magistralement :

— Il ne devrait pas y avoir d'autre journal que le *Moniteur* et d'autre livre que l'*Annuaire militaire.*

M. Gillenormand poursuivit :

— C'est comme leur Sieyès! un régicide aboutissant à un sénateur; car c'est toujours par là qu'ils finissent. On se balafre avec le tutoiement citoyen pour arriver à se faire dire monsieur le comte. Monsieur le comte gros comme le bras, des assommeurs de septembre. Le philosophe Sieyès! Je me rends cette justice que je n'ai jamais fait plus de cas des philosophies de tous ces philosophes-là que des lunettes du grimacier de Tivoli! J'ai vu un jour les sénateurs passer sur le quai Malaquais en manteaux de velours violet semés d'abeilles avec des chapeaux à la Henri IV. Ils étaient hideux. On eût dit les singes de la cour du tigre. Citoyens, je vous déclare que votre progrès est une folie, que votre humanité est un rêve, que votre révolution est un crime, que votre république est un monstre, que votre jeune France pucelle sort du lupanar, et je vous le soutiens à tous, qui que vous soyez, fussiez-vous publicistes, fussiez-vous économistes, fussiez-vous légistes, fussiez-vous plus connaisseurs en liberté, en égalité et en fraternité que le couperet de la guillotine! Je vous signifie cela, mes bonshommes!

— Parbleu, cria le lieutenant, voilà qui est admirablement vrai.

M. Gillenormand interrompit un geste qu'il avait commencé, se retourna, regarda fixement le lancier Théodule entre les deux yeux, et lui dit :

— Vous êtes un imbécile.

LA
CONJONCTION
DE
DEUX ÉTOILES

LIVRE SIXIÈME

LA CONJONCTION DE DEUX ÉTOILES

I

LE SOBRIQUET : MODE DE FORMATION DES NOMS DE FAMILLE

Marius, à cette époque, était un beau jeune homme de moyenne taille avec d'épais cheveux très-noirs, un front haut et intelligent, les narines ouvertes et passionnées, l'air sincère et calme, et sur tout son visage je ne sais quoi qui était hautain, pensif et innocent. Son profil, dont toutes les lignes étaient arrondies sans cesser d'être fermes, avait cette douceur germanique qui a pénétré dans la physionomie française par l'Alsace et la Lorraine, et cette absence complète d'angles qui rendait les Sicambres si reconnaissables parmi les Romains et qui distingue la race léonine de la race aquiline. Il était à cette saison de la vie où l'esprit des hommes qui pensent se compose, presque à proportions égales, de profondeur et de naïveté. Une situation grave étant donnée, il avait tout ce qu'il fallait pour être stupide, un tour de clef de plus, il pouvait être sublime. Ses façons étaient réservées, froides, polies, peu ouvertes. Comme sa bouche était charmante, ses lèvres les plus vermeilles et ses dents les plus blanches du monde, son sourire corrigeait ce que toute sa physionomie avait de sévère. A de certains moments, c'était un singulier contraste que ce front chaste et ce sourire voluptueux. Il avait l'œil petit et le regard grand.

Au temps de sa pire misère, il remarquait que les jeunes filles se retournaient quand il passait, et il se sauvait ou se cachait, la mort dans l'âme. Il pensait qu'elles le regardaient pour ses vieux habits et qu'elles en riaient; le fait est qu'elles le regardaient pour sa grâce et qu'elles en rêvaient.

Ce muet malentendu entre lui et les jolies passantes l'avait rendu farouche. Il n'en choisit aucune, par l'excellente raison qu'il s'enfuyait devant toutes. Il vécut ainsi indéfiniment, — bêtement, disait Courfeyrac.

Courfeyrac lui disait encore : — N'aspire pas à être vénérable (car ils se tutoyaient, glisser au tutoiement est la pente des amitiés jeunes). Mon cher, un conseil. Ne lis pas tant dans les livres et regarde un peu plus les margotons. Les coquines ont du bon, ô Marius! A force de t'enfuir et de rougir, tu t'abrutiras.

D'autres fois Courfeyrac le rencontrait et lui disait : — Bonjour, monsieur l'abbé.

Quand Courfeyrac lui avait tenu quelque propos de ce genre, Marius était huit jours à éviter plus que jamais les femmes, jeunes et vieilles, et il évitait par-dessus le marché Courfeyrac.

Il y avait pourtant dans toute l'immense création deux femmes que Marius ne fuyait pas et auxquelles il ne prenait point garde. A la vérité, on l'eût fort étonné si on lui eût dit que c'étaient des femmes. L'une était la vieille barbue qui balayait sa chambre et qui faisait dire à Courfeyrac : — Voyant que sa servante porte sa barbe, Marius ne porte point la sienne. — L'autre était une espèce de petite fille qu'il voyait très-souvent et qu'il ne regardait jamais.

Depuis plus d'un an, Marius remarquait dans une allée déserte du Luxembourg, l'allée qui longe le parapet de la Pépinière, un homme et une toute jeune fille presque toujours assis côte à côte sur le même banc à l'extrémité la plus solitaire de l'allée, du côté de la rue de l'Ouest. Chaque fois que ce hasard qui se mêle aux promenades des gens dont l'œil est retourné en dedans, amenait Marius dans cette allée, et c'était presque tous les jours, il y retrouvait ce couple. L'homme pouvait avoir une soixantaine d'années; il paraissait triste et sérieux; toute sa personne offrait cet aspect robuste et fatigué des gens de guerre retirés du service. S'il avait eu une décoration, Marius eût dit : C'est un ancien officier. Il avait l'air bon, mais inabordable, et il n'arrêtait jamais son regard sur le regard de personne. Il portait un pantalon bleu, une redingote bleue et un chapeau à bords larges, qui paraissaient toujours neufs, une cravate noire et une chemise de quaker, c'est-à-dire éclatante de blancheur, mais de grosse toile. Une grisette, passant un jour près de lui, dit : — Voilà un veuf fort propre. — Il avait les cheveux très-blancs.

La première fois que la jeune fille qui l'accompagnait vint s'asseoir avec lui sur le banc qu'ils semblaient avoir adopté, c'était une façon de fille de treize ou quatorze ans, maigre, au point d'en être presque laide, gauche, insignifiante, et qui promettait peut-être d'avoir d'assez beaux yeux. Seulement ils étaient toujours levés avec une sorte d'assurance déplaisante. Elle avait cette mise à la fois vieille et enfantine des pensionnaires de couvent; une robe mal coupée de gros mérinos noir. Ils avaient l'air du père et de la fille.

Marius examina pendant deux ou trois jours cet homme vieux qui n'était pas encore un vieillard et cette petite fille qui n'était pas encore une personne, puis il n'y fit plus aucune attention. Eux de leur côté semblaient ne pas même le voir. Ils causaient entre eux d'un air paisible et indifférent. La fille jasait sans cesse, et gaiement. Le vieux homme parlait peu, et, par instants, il attachait sur elle des yeux remplis d'une ineffable paternité.

Marius avait pris l'habitude machinale de se promener dans cette allée. Il les y retrouvait invariablement.

Voici comment la chose se passait :

Marius arrivait le plus volontiers par le bout de l'allée opposé à leur banc, il marchait toute la longueur de l'allée, passait devant eux, puis s'en retournait jusqu'à l'extrémité par où il était venu, et recommençait. Il faisait ce va-et-vient cinq ou six fois dans sa promenade, et cette promenade cinq ou six fois par semaine sans qu'ils en fussent arrivés, ces gens et lui, à échanger un salut. Ce personnage et cette jeune fille, quoiqu'ils parussent et peut-être parce qu'ils paraissaient éviter les regards, avaient naturellement quelque peu éveillé l'attention des cinq ou six étudiants qui se promenaient de temps en temps le long de la Pépinière; les studieux après leur cours, les autres après leur partie de billard. Courfeyrac, qui était des derniers, les avait observés quelque temps, mais trouvant la fille laide, il s'en était bien vite et soigneusement écarté. Il s'était enfui comme un Parthe en leur décochant un sobriquet. Frappé uniquement de la robe de la petite et des cheveux du vieux, il avait appelé la fille *mademoiselle Lanoire* et le père *monsieur Leblanc*, si bien que, personne ne les connaissant d'ailleurs, en l'absence du nom, le surnom avait fait loi.

Les étudiants disaient : — Ah! monsieur Leblanc est à son banc! et Marius, comme les autres, avait trouvé commode d'appeler ce monsieur inconnu M. Leblanc.

Nous ferons comme eux, et nous dirons M. Leblanc pour la facilité de ce récit.

Marius les vit ainsi presque tous les jours à la même heure pendant la première année. Il trouvait l'homme à son gré, mais la fille assez maussade.

II

LUX FACTA EST

La seconde année, précisément au point de cette histoire où le lecteur est parvenu, il arriva que cette habitude de Luxembourg s'interrompit, sans que Marius sût trop pourquoi lui-même, et qu'il fut près de six mois sans mettre les pieds dans son allée. Un jour enfin il y retourna; c'était par une sereine matinée d'été, Marius était joyeux comme on l'est quand il fait beau. Il lui semblait qu'il avait dans le cœur tous les chants d'oiseaux qu'il entendait et tous les morceaux de ciel bleu qu'il voyait à travers les feuilles des arbres.

Il alla droit à « son allée », et quand il fut au bout, il aperçut, toujours sur le même banc, ce couple connu. Seulement, quand il approcha, c'était bien le même homme; mais il lui parut que ce n'était plus la même fille. La personne qu'il voyait maintenant était une grande et belle créature ayant toutes les formes les plus charmantes de la femme à ce moment précis où elles se combinent encore avec toutes les grâces les plus naïves de l'enfant; moment fugitif et pur que peuvent seuls traduire ces deux mots : quinze ans. C'étaient d'admirables cheveux châtains nuancés de veines dorées, un front qui semblait fait de marbre, des joues qui semblaient faites d'une feuille de rose, un incarnat pâle, une blancheur émue, une bouche exquise d'où le sourire sortait comme une clarté et la parole comme une musique, une tête que Raphaël eût donnée à Marie posée sur un cou que Jean Goujon eût donné à Vénus. Et, afin que rien ne manquât à cette ravissante figure, le nez n'était pas beau, il était joli; ni droit ni courbé, ni italien ni grec; c'était le nez parisien; c'est-à-dire quelque chose de spirituel, de fin, d'irrégulier et de pur, qui désespère les peintres et qui charme les poëtes.

Quand Marius passa près d'elle, il ne put voir ses yeux qui étaient constamment baissés. Il ne vit que ses longs cils châtains pénétrés d'ombre et de pudeur.

Cela n'empêchait pas la belle enfant de sourire tout en écoutant l'homme à cheveux blancs qui lui parlait, et rien n'était ravissant comme ce frais sourire avec des yeux baissés.

Dans le premier moment, Marius pensa que c'était une autre fille du même homme, une sœur sans doute de la première. Mais quand l'invariable habitude de la promenade le ramena pour la seconde fois près du banc, et qu'il l'eut examinée avec attention, il reconnut que c'était la même. En six mois, la petite fille était devenue jeune fille; voilà tout. Rien n'est plus fréquent que ce phénomène. Il y a un instant où les filles s'épanouissent en un clin d'œil et deviennent des roses tout à coup. Hier on les a laissées enfants, aujourd'hui on les retrouve inquiétantes.

Celle-ci n'avait pas seulement grandi, elle s'était idéalisée. Comme trois jours en avril suffisent à de certains arbres pour se couvrir de fleurs, six mois lui avaient suffi pour se vêtir de beauté. Son avril à elle était venu.

On voit quelquefois des gens qui, pauvres et mesquins, semblent se réveiller, passent subitement de l'indigence au faste, font des dépenses de toutes sortes, et deviennent tout à coup éclatants, prodigues et magnifiques. Cela tient à une rente empochée; il y a eu une échéance hier. La jeune fille avait touché son semestre.

Et puis ce n'était plus la pensionnaire avec son chapeau de peluche, sa robe de mérinos, ses souliers d'écolier et ses mains rouges; le goût lui était venu avec la beauté; c'était une personne bien mise avec une sorte d'élégance simple et riche, et sans manière. Elle avait une robe de damas noir, un camail de même étoffe et un chapeau de crêpe blanc. Ses gants blancs montraient la finesse de sa main qui jouait avec le manche d'une ombrelle en ivoire chinois, et son brodequin de soie dessinait la petitesse de son pied. Quand on passait près d'elle, toute sa toilette exhalait un parfum jeune et pénétrant.

Quant à l'homme, il était toujours le même.

La seconde fois que Marius arriva près d'elle, la jeune fille leva les paupières, ses yeux étaient d'un bleu céleste et profond, mais dans cet azur voilé il n'y avait encore que le regard d'un enfant. Elle regarda Marius avec indifférence, comme elle eût regardé le marmot qui courait sous les sycomores, ou le vase de marbre qui faisait de l'ombre sur le banc; et Marius de son côté continua sa promenade en pensant à autre chose.

Il passa encore quatre ou cinq fois près du banc où était la jeune fille, mais sans même tourner les yeux vers elle.

Les jours suivants, il revint comme à l'ordinaire au Luxembourg, comme à l'ordinaire il y trouva « le père et la fille »; mais il n'y fit plus attention. Il ne songea pas plus à cette fille quand elle fut belle qu'il n'y songeait lorsqu'elle était laide. Il passait fort près du banc où elle était, parce que c'était son habitude.

III

EFFET DE PRINTEMPS

Un jour, l'air était tiède, le Luxembourg était inondé d'ombre et de soleil, le ciel était pur comme si les anges l'eussent lavé le matin, les passereaux poussaient de petits cris dans les profondeurs des marronniers. Marius avait ouvert toute son âme à la nature, il ne pensait à rien, il vivait et il respirait, il passa près de ce banc, la jeune fille leva les yeux sur lui, leurs deux regards se rencontrèrent.

Qu'y avait-il, cette fois, dans le regard de la jeune fille? Marius n'eût pu le dire. Il n'y avait rien et il y avait tout. Ce fut un étrange éclair.

Elle baissa les yeux, et il continua son chemin.

Ce qu'il venait de voir, ce n'était pas l'œil ingénu et simple d'un enfant, c'était un gouffre mystérieux qui s'était entr'ouvert, puis brusquement refermé.

Il y a un jour où toute jeune fille regarde ainsi. Malheur à qui se trouve là!

Ce premier regard d'une âme qui ne se connaît pas encore est comme l'aube dans le ciel. C'est l'éveil de quelque chose de rayon-

nant et d'inconnu. Rien ne saurait rendre le charme dangereux de cette lueur inattendue qui éclaire vaguement tout à coup d'adorables ténèbres et qui se compose de toute l'innocence du présent et de toute la passion de l'avenir. C'est une sorte de tendresse indécise qui se révèle au hasard et qui attend. C'est un piége que l'innocence tend à son insu et où elle prend des cœurs sans le vouloir et sans le savoir. C'est une vierge qui regarde comme une femme.

Il est rare qu'une rêverie profonde ne naisse pas de ce regard là où il tombe. Toutes les puretés et toutes les candeurs se rencontrent dans ce rayon céleste et fatal qui, plus que les œillades les mieux travaillées des coquettes, a le pouvoir magique de faire subitement éclore au fond d'une âme cette fleur sombre, pleine de parfums et de poisons, qu'on appelle l'amour.

Le soir, en rentrant dans son galetas, Marius jeta les yeux sur son vêtement, et s'aperçut pour la première fois qu'il avait la malpropreté, l'inconvenance et la stupidité inouïe d'aller se promener au Luxembourg avec ses habits « de tous les jours », c'est-à-dire avec un chapeau cassé près de la ganse, de grosses bottes de roulier, un pantalon noir blanc aux genoux et un habit noir pâle aux coudes.

IV

COMMENCEMENT D'UNE GRANDE MALADIE

Le lendemain, à l'heure accoutumée, Marius tira de son armoire son habit neuf, son pantalon neuf, son chapeau neuf et ses bottes neuves; il se revêtit de cette panoplie complète, mit des gants, luxe prodigieux, et s'en alla au Luxembourg.

Chemin faisant, il rencontra Courfeyrac, et feignit de ne pas le voir. Courfeyrac en rentrant chez lui dit à ses amis :

— Je viens de rencontrer le chapeau neuf et l'habit neuf de Marius, et Marius dedans. Il allait sans doute passer un examen. Il avait l'air tout bête.

Arrivé au Luxembourg, Marius fit le tour du bassin et considéra les cygnes, puis il demeura longtemps en contemplation devant une statue qui avait la tête toute noire de moisissure et à laquelle une hanche manquait. Il y avait près du bassin un bourgeois quadragénaire et ventru qui tenait par la main un petit garçon de cinq ans et lui disait : — Évite les excès. Mon fils, tiens-toi à égale distance du despotisme et de l'anarchie. — Marius écouta ce bourgeois. Puis il fit encore une fois le tour du bassin. Enfin il se dirigea vers « son allée », lentement et comme s'il y allait à regret. On eût dit qu'il était à la fois forcé et empêché d'y aller. Il ne se rendait aucun compte de tout cela, et croyait faire comme tous les jours.

En débouchant dans l'allée, il aperçut à l'autre bout « sur leur banc » M. Leblanc et la jeune fille. Il boutonna son habit jusqu'en haut, le tendit sur son torse pour qu'il ne fît pas de plis, examina avec une certaine complaisance les reflets lustrés de son pantalon et marcha sur le banc. Il y avait de l'attaque dans cette marche et certainement une velléité de conquête. Je dis donc il marcha sur le banc, comme je dirais : Annibal marcha sur Rome.

Du reste, il n'y avait rien que de machinal dans tous ses mouvements, et il n'avait aucunement interrompu les préoccupations habituelles de son esprit et de ses travaux. Il pensait dans ce moment-là que le *Manuel du Baccalauréat* était un livre stupide et qu'il fallait qu'il eût été rédigé par de rares crétins pour qu'on y analysât comme chefs-d'œuvre de l'esprit humain trois tragédies de Racine et seulement une comédie de Molière. Il avait un sifflement aigu dans l'oreille. Tout en approchant du banc, il tendait les plis de son habit et ses yeux se fixaient sur la jeune fille. Il lui semblait qu'elle emplissait toute l'extrémité de l'allée d'une vague lueur bleue.

A mesure qu'il approchait, son pas se ralentissait de plus en plus. Parvenu à une certaine distance du banc, bien avant d'être à la fin de l'allée, il s'arrêta, et il ne put savoir lui-même comment il se fit qu'il rebroussa chemin. Il ne se dit même point qu'il n'allait pas jusqu'au bout. Ce fut à peine si la jeune fille put l'apercevoir de loin et voir le bel air qu'il avait dans ses habits neufs. Cependant il se tenait très-droit, pour avoir bonne mine dans le cas où quelqu'un qui serait derrière lui le regarderait.

Il atteignit le bout opposé, puis revint, et cette fois il s'approcha un peu plus près du banc. Il parvint même jusqu'à une distance de trois intervalles d'arbres, mais là il sentit je ne sais quelle impossibilité d'aller plus loin, et il hésita. Il avait cru voir le visage de la jeune fille se pencher vers lui. Cependant il fit un effort viril et violent, dompta l'hésitation et continua d'aller en avant. Quelques secondes après, il passait devant le banc, droit et ferme, rouge jusqu'aux oreilles, sans oser jeter un regard à droite ni à gauche, la main dans son habit comme un homme d'état. Au moment où il passa — sous le canon de la place — il éprouva un affreux battement de cœur. Elle avait comme la veille sa robe de damas et son chapeau de crêpe. Il entendit une voix ineffable qui devait être « sa voix ». Elle causait tranquillement. Elle était bien jolie. Il le sentait, quoiqu'il n'essayât pas de la voir. — Elle ne pourrait cependant, pensait-il, s'empêcher d'avoir de l'estime et de la considération pour moi, si elle savait que c'est moi qui suis le véritable auteur de la dissertation sur Marcos Obregon de la Ronda, que M. François de Neufchâteau a mise, comme étant de lui, en tête de son édition de *Gil Blas!*

Il dépassa le banc, alla jusqu'à l'extrémité de l'allée qui était tout proche, puis revint sur ses pas et passa encore devant la belle fille. Cette fois il était très-pâle. Du reste, il n'éprouvait rien que de fort désagréable. Il s'éloigna du banc et de la jeune fille, et, tout en lui tournant le dos, il se figurait qu'elle le regardait, et cela le faisait trébucher.

Il n'essaya plus de s'approcher du banc, il s'arrêta vers la moitié de l'allée, et là, chose qu'il ne faisait jamais, il s'assit, jetant des regards de côté, et songeant dans les profondeurs les plus indistinctes de son esprit, qu'après tout il était difficile que les personnes dont il admirait le chapeau blanc et la robe noire fussent absolument insensibles à son pantalon lustré et à son habit neuf.

Au bout d'un quart d'heure il se leva, comme s'il allait recommencer à marcher vers ce banc qu'une auréole entourait. Cependant il restait debout et immobile. Pour la première fois depuis quinze mois il se dit que ce monsieur qui s'asseyait là tous les jours avec sa fille l'avait sans doute remarqué de son côté et trouvait probablement son assiduité étrange.

Pour la première fois aussi il sentit quelque irrévérence à désigner cet inconnu, même dans le secret de sa pensée, par le sobriquet de M. Leblanc.

Il demeura ainsi quelques minutes la tête baissée et faisant des dessins sur le sable avec une baguette qu'il avait à la main.

Puis il se tourna brusquement du côté opposé au banc, à M. Leblanc et à sa fille, et s'en revint chez lui.

Ce jour-là, il oublia d'aller dîner. A huit heures du soir il s'en aperçut, et comme il était trop tard pour descendre rue Saint-Jacques, tiens! dit-il, et il mangea un morceau de pain.

Il ne se coucha qu'après avoir brossé son habit et l'avoir plié avec soin.

V

DIVERS COUPS DE FOUDRE TOMBENT SUR MAME BOUGON

Le lendemain, mame Bougon, c'est ainsi que Courfeyrac nommait la vieille portière-principale-locataire-femme-de-ménage de la masure Gorbeau, mame Bougon, elle s'appelait en réalité madame Burgon, nous l'avons constaté, mais ce brise-fer de Courfeyrac ne respectait rien, — mame Bougon, stupéfaite, remarqua que M. Marius sortait encore avec son habit neuf.

Il retourna au Luxembourg, mais il ne dépassa point son banc de la moitié de l'allée. Il s'y assit comme la veille, considérant de loin et voyant distinctement le chapeau blanc, la robe noire et surtout la lueur bleue. Il n'en bougea pas, et ne rentra chez lui que lorsqu'on ferma les portes du Luxembourg. Il ne vit pas M. Leblanc et sa fille se retirer. Il en conclut qu'ils étaient sortis du jardin par la grille de la rue de l'Ouest. Plus tard, quelques semaines après, quand il y songea, il ne put jamais se rappeler où il avait dîné ce soir-là.

Le lendemain, c'était le troisième jour, mame Bougon fut refoudroyée. Marius sortit avec son habit neuf. — Trois jours de suite! s'écria-t-elle.

Elle essaya de le suivre, mais Marius marchait lestement et avec d'immenses enjambées; c'était un hippopotame entreprenant la poursuite d'un chamois. Elle le perdit de vue en deux minutes et rentra essoufflée, aux trois quarts étouffée par son asthme, furieuse. — Si cela a du bon sens, grommela-t-elle, de mettre ses beaux habits tous les jours et de faire courir les personnes comme cela!

Marius s'était rendu au Luxembourg.

La jeune fille y était avec M. Leblanc. Marius approcha le plus près qu'il put en faisant semblant de lire dans un livre, mais il resta encore fort loin, puis revint s'asseoir sur son banc, où il passa quatre heures à regarder sauter dans l'allée les moineaux francs qui lui faisaient l'effet de se moquer de lui.

Une quinzaine s'écoula ainsi. Marius allait au Luxembourg non plus pour se promener, mais pour s'y asseoir toujours à la même place et sans savoir pourquoi. Arrivé là, il ne remuait plus. Il mettait chaque matin son habit neuf pour ne pas se montrer, et il recommençait le lendemain.

Elle était décidément d'une beauté merveilleuse. La seule remarque qu'on pût faire qui ressemblât à une critique, c'est que la contradiction entre son regard qui était triste et son sourire qui était joyeux donnait à son visage quelque chose d'un peu égaré, ce qui fait qu'à de certains moments ce doux visage devenait étrange sans cesser d'être charmant.

VI

FAIT PRISONNIER

Un des derniers jours de la seconde semaine, Marius était comme à son ordinaire assis sur son banc, tenant à la main un livre ouvert dont depuis deux heures il n'avait pas tourné une page. Tout à coup il tressaillit. Un événement se passait à l'extrémité de l'allée. M. Leblanc et sa fille venaient de quitter leur banc, la fille avait pris le bras du père, et tous deux se dirigeaient lentement vers le milieu de l'allée où était Marius. Marius ferma son livre, puis il le rouvrit, puis il s'efforça de lire. Il tremblait. L'auréole venait droit à lui. — Ah! mon Dieu! pensait-il, je n'aurai jamais le temps de prendre une attitude. Cependant, l'homme à cheveux blancs et la jeune fille s'avançaient. Il lui paraissait que cela durait un siècle et que cela n'était qu'une seconde. — Qu'est-ce qu'ils viennent faire par ici? se demandait-il. Comment! elle va passer là? Ses pieds vont marcher sur ce sable, dans cette allée, à deux pas de moi? — Il était bouleversé, il eût voulu être très-beau, il eût voulu avoir la croix. Il entendait s'approcher le bruit doux et mesuré de leurs pas. Il s'imaginait que M. Leblanc lui jetait des regards irrités. Est-ce que ce monsieur va me parler? pensait-il. Il baissa la tête; quand il la releva, ils étaient tout près de lui. La jeune fille passa, et en passant elle le regarda. Elle le regarda fixement, avec une douceur pensive qui fit frissonner Marius de la tête aux pieds. Il lui sembla qu'elle lui reprochait d'avoir été si longtemps sans venir jusqu'à elle et qu'elle lui disait : C'est moi qui viens. Marius resta ébloui devant ces prunelles pleines de rayons et d'abîmes.

Il se sentait un brasier dans le cerveau. Elle était venue à lui, quelle joie ! Et puis, comme elle l'avait regardé ! Elle lui parut plus belle qu'il ne l'avait encore vue. Belle d'une beauté tout ensemble féminine et angélique, d'une beauté complète qui eût fait chanter Pétrarque et agenouiller Dante. Il lui semblait qu'il nageait en plein ciel bleu. En même temps il était horriblement contrarié, parce qu'il avait de la poussière sur ses bottes.

Il croyait être sûr qu'elle avait regardé aussi ses bottes.

Il la suivit des yeux jusqu'à ce qu'elle eût disparu. Puis il se mit à marcher dans le Luxembourg comme un fou. Il est probable que par moments il riait tout seul et parlait haut. Il était si rêveur près des bonnes d'enfants que chacune le croyait amoureux d'elle.

Il sortit du Luxembourg, espérant la retrouver dans une rue.

Il se croisa avec Courfeyrac sous les arcades de l'Odéon, et lui dit : « Viens dîner avec moi. » Ils s'en allèrent chez Rousseau, et dépensèrent six francs. Marius mangea comme un ogre. Il donna six sous au garçon. Au dessert, il dit à Courfeyrac : — As-tu lu le journal ? Quel beau discours a fait Audry de Puyraveau !

Il était éperdument amoureux.

Après le dîner, il dit à Courfeyrac : — Je te paye le spectacle. Ils allèrent à la Porte-Saint-Martin voir Frédérick dans *l'Auberge des Adrets*. Marius s'amusa énormément.

En même temps il eut un redoublement de sauvagerie. En sortant du théâtre, il refusa de regarder la jarretière d'une modiste qui enjambait un ruisseau, et Courfeyrac ayant dit : *Je mettrais volontiers cette femme dans ma collection*, lui fit presque horreur.

Courfeyrac l'avait invité à déjeuner au café Voltaire le lendemain. Marius y alla, et mangea encore plus que la veille. Il était tout pensif et très-gai. On eût dit qu'il saisissait toutes les occasions de rire aux éclats. Il embrassa tendrement un provincial quelconque qu'on lui présenta. Un cercle d'étudiants s'était fait autour de la table et l'on avait parlé des niaiseries payées par l'état qui se débitent en chaire à la Sorbonne, puis la conversation était tombée sur les fautes et les lacunes des dictionnaires et des prosodies-Quicherat. Marius interrompit la discussion pour s'écrier : — C'est cependant bien agréable d'avoir la croix.

— Voilà qui est drôle ! dit Courfeyrac bas à Jean Prouvaire.

— Non, répondit Jean Prouvaire, voilà qui est sérieux.

Cela était sérieux en effet. Marius en était à cette première heure violente et charmante qui commence les grandes passions.

Un regard avait fait tout cela.

Quand la mine est chargée, quand l'incendie est prêt, rien n'est plus simple. Un regard est une étincelle.

C'en était fait. Marius aimait une femme. Sa destinée entrait dans l'inconnu.

Le regard des femmes ressemble à de certains rouages tranquilles en apparence et formidables. On passe à côté tous les jours paisiblement et impunément et sans se douter de rien. Il vient un moment où l'on oublie même que cette chose est là. On va, on vient, on rêve, on parle, on rit. Tout à coup on se sent saisi ! C'est fini. Le rouage vous tient, le regard vous a pris. Il vous a pris, n'importe par où ni comment, par une partie quelconque de votre pensée qui traînait, par une distraction que vous avez eue. Vous êtes perdu. Vous y passerez tout entier. Un enchaînement de forces mystérieuses s'empare de vous. Vous vous débattez en vain. Plus de secours humain possible. Vous allez tomber d'engrenage en engrenage, d'angoisse en angoisse, de torture en torture, vous, votre esprit, votre fortune, votre avenir, votre âme ; et, selon que vous serez au pouvoir d'une créature méchante ou d'un noble cœur, vous ne sortirez de cette effrayante machine que défiguré par la honte ou transfiguré par la passion.

VII

AVENTURES DE LA LETTRE U LIVRÉE AUX CONJECTURES

L'isolement, le détachement de tout, la fierté, l'indépendance, le goût de la nature, l'absence d'activité quotidienne et matérielle, la vie en soi, les luttes secrètes de la chasteté, l'extase bienveillante devant toute la création, avaient préparé Marius à cette possession qu'on

nomme la passion. Son culte pour son père était devenu peu à peu une religion, et, comme toute religion, s'était retiré au fond de l'âme. Il fallait quelque chose sur le premier plan. L'amour vint.

Tout un grand mois s'écoula, pendant lequel Marius alla tous les jours au Luxembourg. L'heure venue, rien ne pouvait le retenir. — Il est de service, disait Courfeyrac. Marius vivait dans les ravissements. Il est certain que la jeune fille le regardait.

Il avait fini par s'enhardir, et il s'approchait du banc. Cependant il ne passait plus devant, obéissant à la fois à l'instinct de timidité et à l'instinct de prudence des amoureux. Il jugeait utile de ne point attirer « l'attention du père ». Il combinait ses stations derrière les arbres et les piédestaux des statues avec un machiavélisme profond, de façon à se faire voir le plus possible à la jeune fille et à se laisser voir le moins possible du vieux monsieur. Quelquefois, pendant des demi-heures entières, il restait immobile à l'ombre d'un Léonidas ou d'un Spartacus quelconque, tenant à la main un livre au-dessus duquel ses yeux, doucement levés, allaient chercher la belle fille, et elle, de son côté, détournait avec un vague sourire son charmant profil vers lui. Tout en causant le plus naturellement et le plus tranquillement du monde avec l'homme à cheveux blancs, elle appuyait sur Marius toutes les rêveries d'un œil virginal et passionné. Antique et immémorial manége qu'Ève savait dès le premier jour du monde et que toute femme sait dès le premier jour de la vie! Sa bouche donnait la réplique à l'un et son regard donnait la réplique à l'autre.

Il faut croire pourtant que M. Leblanc finissait par s'apercevoir de quelque chose, car souvent, lorsque Marius arrivait, il se levait et se mettait à marcher. Il avait quitté leur place accoutumée et avait adopté, à l'autre extrémité de l'allée, le banc voisin du Gladiateur, comme pour voir si Marius les y suivrait. Marius ne comprit point, et fit cette faute. « Le père » commença à devenir inexact, et n'amena plus « sa fille » tous les jours. Quelquefois il venait seul. Alors Marius ne restait pas. Autre faute.

Marius ne prenait point garde à ces symptômes. De la phase de timidité il avait passé, progrès naturel et fatal, à la phase d'aveuglement. Son amour croissait. Il en rêvait toutes les nuits. Et puis il lui était arrivé un bonheur inespéré, huile sur le feu, redoublement de ténèbres sur ses yeux. Un soir, à la brune, il avait trouvé sur le banc que « M. Leblanc et sa fille » venaient de quitter, un mouchoir, un mouchoir tout simple et sans broderie, mais blanc, fin, et qui lui parut exhaler des senteurs ineffables. Il s'en empara avec transport. Ce mouchoir était marqué des lettres U. F. ; Marius ne savait rien de cette belle enfant, ni sa famille, ni son nom, ni sa demeure; ces deux lettres étaient la première chose d'elle qu'il saisissait, adorables initiales sur lesquelles il commença tout de suite à construire son échafaudage. U était évidemment le prénom. Ursule! pensa-t-il, quel délicieux nom! Il baisa le mouchoir, l'aspira, le mit sur son cœur, sur sa chair, pendant le jour, et la nuit sous ses lèvres pour s'endormir.

— J'y sens toute son âme! s'écriait-il.

Ce mouchoir était au vieux monsieur qui l'avait tout bonnement laissé tomber de sa poche.

Les jours qui suivirent la trouvaille, il ne se montra plus au Luxembourg que baisant le mouchoir et l'appuyant sur son cœur. La belle enfant n'y comprenait rien et le lui marquait par des signes imperceptibles.

— O pudeur! disait Marius.

VIII

LES INVALIDES EUX-MÊMES PEUVENT ÊTRE HEUREUX

Puisque nous avons prononcé le mot *pudeur*, et puisque nous ne cachons rien, nous devons dire qu'une fois pourtant, à travers ses extases, « son Ursule » lui donna un grief très-sérieux. C'était un de ces jours où elle déterminait M. Leblanc à quitter le banc et à se promener dans l'allée. Il faisait une vive brise de prairial qui remuait le haut des platanes. Le père et la fille, se donnant le bras, venaient de passer devant le banc de Marius. Marius s'était levé derrière eux et les suivait du regard, comme il convient dans cette situation d'âme éperdue.

Tout à coup un souffle de vent, plus en gaieté que les autres, et probablement chargé de faire les affaires du printemps, s'envola de la pépinière, s'abattit sur l'allée, enveloppa la jeune fille dans un ravissant frisson digne des nymphes de Virgile et des faunes de Théocrite, et souleva sa robe, cette robe plus sacrée que celle d'Isis, presque jusqu'à la hauteur de la jarretière. Une jambe d'une forme exquise apparut. Marius la vit. Il fut exaspéré et furieux.

La jeune fille avait rapidement baissé sa robe d'un mouvement divinement effarouché, mais il n'en fut pas moins indigné. Il était seul dans l'allée, c'est vrai. Mais il pouvait y avoir eu quelqu'un. Et s'il y avait eu quelqu'un! Comprend-on une chose pareille? C'est horrible, ce qu'elle vient de faire là! — Hélas! la pauvre enfant n'avait rien fait; il n'y avait qu'un coupable, le vent; mais Marius, en qui frémissait confusément le Bartholo qu'il y a dans Chérubin, était déterminé à être mécontent, et était jaloux de son ombre. C'est ainsi, en effet, que s'éveille dans le cœur humain et que s'impose, même sans droit, l'âcre et bizarre jalousie de la chair. Du reste, en dehors même de cette jalousie, la vue de cette jambe charmante n'avait eu pour lui rien d'agréable; le bas blanc de la première femme venue lui eût fait plus de plaisir.

Quand « son Ursule », après avoir atteint l'extrémité de l'allée, revint sur ses pas avec M. Leblanc et passa devant le banc où Marius s'était rassis, Marius lui jeta un regard bourru et féroce. La jeune fille eut ce petit redressement en arrière accompagné d'un haussement de paupières, qui signifie : Eh bien, qu'est-ce qu'il a donc?

Ce fut là « leur première querelle ».

Marius achevait à peine de lui faire cette scène avec les yeux que quelqu'un traversa l'allée. C'était un invalide tout courbé, tout ridé et tout blanc, en uniforme Louis XV, ayant sur le torse la petite plaque ovale de drap rouge aux épées croisées, croix de Saint-Louis du soldat, et orné en outre d'une manche d'habit sans bras dedans, d'un menton d'argent et d'une jambe de bois. Marius crut distinguer que cet être avait l'air extrêmement satisfait. Il lui sembla même que le vieux cynique, tout en clopinant près de lui, lui avait adressé un clignement d'œil très-fraternel et très joyeux, comme si un hasard quelconque avait fait qu'ils pussent être d'intelligence et qu'ils eussent savouré en commun quelque bonne aubaine. Qu'avait-il donc à être si content, ce débris de Mars? Que s'était-il passé entre cette jambe de bois et l'autre? Marius arriva au paroxysme de la jalousie. — Il était

peut-être là! se dit-il; il a peut-être vu! — Et il eut envie d'exterminer l'invalide.

Le temps aidant, toute pointe s'émousse. Cette colère de Marius contre « Ursule », si juste et si légitime qu'elle fût, passa. Il finit par pardonner; mais ce fut un grand effort; il la bouda trois jours.

Cependant à travers tout cela et à cause de tout cela, la passion grandissait et devenait folle.

IX

ÉCLIPSE

On vient de voir comment Marius avait découvert ou cru découvrir qu'Elle s'appelait Ursule.

L'appétit vient en aimant. Savoir qu'elle se nommait Ursule, c'était déjà beaucoup; c'était peu. Marius en trois ou quatre semaines eut dévoré ce bonheur. Il en voulut un autre. Il voulut savoir où elle demeurait.

Il avait fait une première faute, tomber dans l'embûche du banc du Gladiateur. Il en avait fait une seconde, ne pas rester au Luxembourg quand M. Leblanc y venait seul. Il en fit une troisième. Immense. Il suivit « Ursule ».

Elle demeurait rue de l'Ouest, à l'endroit le moins fréquenté, dans une maison neuve à trois étages d'apparence modeste.

A partir de ce moment, Marius ajouta à son bonheur de la voir au Luxembourg le bonheur de la suivre jusque chez elle.

Sa faim augmentait. Il savait comment elle s'appelait, son petit nom du moins, le nom charmant, le vrai nom d'une femme; il savait où elle demeurait; il voulut savoir qui elle était.

Un soir, après qu'il les eut suivis jusque chez eux et qu'il les eut vus disparaître sous la porte cochère, il entra à leur suite et dit vaillamment au portier :

— C'est le monsieur du premier qui vient de rentrer?

— Non, répondit le portier. C'est le monsieur du troisième.

Encore un pas de fait. Ce succès enhardit Marius.

— Sur le devant? demanda-t-il.

— Parbleu! fit le portier, la maison n'est bâtie que sur la rue.

— Et quel est l'état de ce monsieur? repartit Marius.

— C'est un rentier, monsieur. Un homme bien bon, et qui fait du bien aux malheureux, quoique pas riche.

— Comment s'appelle-t-il? reprit Marius.
Le portier leva la tête, et dit :
— Est-ce que monsieur est mouchard?
Marius s'en alla assez penaud, mais fort ravi. Il avançait.

— Bon, pensa-t-il. Je sais qu'elle s'appelle Ursule, qu'elle est fille d'un rentier, et qu'elle demeure là, au troisième, rue de l'Ouest.

Le lendemain, M. Leblanc et sa fille ne firent au Luxembourg qu'une courte apparition; ils s'en allèrent qu'il faisait grand jour. Marius les suivit rue de l'Ouest comme il en avait pris l'habitude. En arrivant à la porte cochère, M. Leblanc fit passer sa fille devant, puis s'arrêta avant de franchir le seuil, se retourna et regarda Marius fixement.

Le jour d'après, ils ne vinrent pas au Luxembourg. Marius attendit en vain toute la journée.

A la nuit tombée, il alla rue de l'Ouest, et vit de la lumière aux fenêtres du troisième.

Il se promena sous ces fenêtres, jusqu'à ce que cette lumière fût éteinte.

Le jour suivant, personne au Luxembourg. Marius attendit tout le jour, puis alla faire sa faction de nuit sous les croisées. Cela le conduisait jusqu'à dix heures du soir.

Son dîner devenait ce qu'il pouvait. La fièvre nourrit le malade et l'amour l'amoureux.

Il se passa huit jours de la sorte. M. Leblanc et sa fille ne paraissaient plus au Luxembourg.

Marius faisait des conjectures tristes; il n'osait guetter la porte cochère pendant le jour. Il se contentait d'aller à la nuit contempler la clarté rougeâtre des vitres. Il y voyait par moments passer des ombres, et le cœur lui battait.

Le huitième jour, quand il arriva sous les fenêtres, il n'y avait pas de lumière. — Tiens! dit-il, la lampe n'est pas encore allumée. Il fait nuit pourtant. Est-ce qu'ils seraient sortis? Il attendit jusqu'à dix heures. Jusqu'à minuit. Jusqu'à une heure du matin. Aucune lumière ne s'alluma aux fenêtres du troisième étage et personne ne rentra dans la maison.

Il s'en alla très-sombre.

Le lendemain, — car il ne vivait que de lendemains en lendemains, il n'y avait, pour ainsi dire, plus d'aujourd'hui pour lui, — le lendemain, il ne trouva personne au Luxembourg, il s'y attendait. A la brune, il alla à la maison.

Aucune lueur aux fenêtres; les persiennes étaient fermées; le troisième était tout noir.

Marius frappa à la porte cochère, entra et dit au portier :

— Le monsieur du troisième?

— Déménagé, répondit le portier.

Marius chancela et dit faiblement :

— Depuis quand donc?

— D'hier.

— Où demeure-t-il maintenant?
— Je n'en sais rien.
— Il n'a donc point laissé sa nouvelle adresse?
— Non.

Et le portier levant le nez reconnut Marius.

— Tiens! c'est vous! dit-il; mais vous êtes donc décidément quart-d'œil?

PATRON MINETTE

LIVRE SEPTIÈME

PATRON-MINETTE

I

LES MINES ET LES MINEURS

Les sociétés humaines ont toutes ce qu'on appelle dans les théâtres *un troisième dessous*. Le sol social est partout miné, tantôt pour le bien, tantôt pour le mal. Ces travaux se superposent. Il y a les mines supérieures et les mines inférieures. Il y a un haut et un bas dans cet obscur sous-sol qui s'effondre parfois sous la civilisation, et que notre indifférence et notre insouciance foulent aux pieds. L'Encyclopédie, au siècle dernier, était une mine presque à ciel ouvert. Les ténèbres, ces sombres couveuses du christianisme primitif, n'attendaient qu'une occasion pour faire explosion sous les césars et pour inonder le genre humain de lumière. Car dans les ténèbres sacrées il y a de la lumière latente. Les volcans sont pleins d'une ombre capable de flamboiements. Toute larve commence par être nuit. Les catacombes, où s'est dite la première messe, n'étaient pas seulement la cave de Rome, elles étaient le souterrain du monde.

Il y a sous la construction sociale, cette merveille compliquée d'une masure, des excavations de toutes sortes. Il y a la mine religieuse, la mine philosophique, la mine politique, la mine économique, la mine révolutionnaire. Tel pioche avec l'idée, tel pioche avec le chiffre, tel pioche avec la colère. On s'appelle et on se répond d'une catacombe à l'autre. Les utopies cheminent sous terre dans les conduits. Elles s'y ramifient en tous sens. Elles s'y rencontrent parfois, et y fraternisent. Jean-Jacques prête son pic à Diogène qui lui prête sa lanterne. Quelquefois elles s'y combattent. Calvin prend Socin aux cheveux. Mais rien n'arrête ni n'interrompt la tension de toutes ces énergies vers le but et la vaste activité simultanée, qui va et vient, monte, descend et remonte dans ces obscurités, et qui transforme lentement le dessus par le dessous et le dehors par le dedans; immense fourmillement inconnu. La société se doute à peine de ce creusement qui lui laisse sa surface et lui change les entrailles. Autant d'étages souterrains, autant de travaux différents, autant d'extractions diverses. Que sort-il de toutes ces fouilles profondes? L'avenir.

Plus on s'enfonce, plus les travailleurs sont mystérieux. Jusqu'à un degré que le philosophe social sait reconnaître, le travail est bon, au delà de ce degré, il est douteux et mixte; plus bas, il devient terrible. A une certaine profondeur, les excavations ne sont plus pénétrables à l'esprit de civilisation, la limite respirable à l'homme est dépassée; un commencement de monstres est possible.

L'échelle descendante est étrange; et chacun de ces échelons correspond à un étage où la philosophie peut prendre pied, et où l'on rencontre un de ces ouvriers, quelquefois divins, quelquefois difformes. Au-dessous de Jean Huss, il y a Luther; au-dessous de Luther, il y a Descartes; au-dessous de Descartes, il y a Voltaire; au-dessous de Voltaire, il y a Condorcet; au-dessous de Condorcet, il y a Robespierre; au-dessous de Robespierre, il y a Marat; au-dessous de Marat, il y a Babeuf. Et cela continue. Plus bas, confusément, à la limite qui sépare l'indistinct de l'invisible, on aperçoit d'autres hommes sombres, qui peut-être n'existent pas encore. Ceux d'hier sont des spectres; ceux de demain sont des larves. L'œil de l'esprit les distingue obscurément. Le travail embryonnaire de l'avenir est une des visions du philosophe.

Un monde dans les limbes à l'état de fœtus, quelle silhouette inouïe!

Saint-Simon, Owen, Fourier, sont là aussi, dans des sapes latérales.

Certes, quoiqu'une divine chaîne invisible lie entre eux à leur insu tous ces pionniers souterrains qui, presque toujours, se croient isolés, et qui ne le sont pas, leurs travaux sont bien divers et la lumière des uns contraste avec le flamboiement des autres. Les uns

sont paradisiaques, les autres sont tragiques. Pourtant, quel que soit le contraste, tous ces travailleurs, depuis le plus haut jusqu'au plus nocturne, depuis le plus sage jusqu'au plus fou, ont une similitude, et la voici : le désintéressement. Marat s'oublie comme Jésus. Ils se laissent de côté, ils s'omettent, ils ne songent point à eux. Ils voient autre chose qu'eux-mêmes. Ils ont un regard, et ce regard cherche l'absolu. Le premier a tout le ciel dans les yeux; le dernier, si énigmatique qu'il soit, a encore sous le sourcil la pâle clarté de l'infini. Vénérez, quoi qu'il fasse, quiconque a ce signe, la prunelle-étoile.

La prunelle-ombre est l'autre signe.

A elle commence le mal. Devant qui n'a pas de regard, songez et tremblez. L'ordre social a ses mineurs noirs.

Il y a un point où l'approfondissement est de l'ensevelissement, et où la lumière s'éteint.

Au-dessous de toutes ces mines que nous venons d'indiquer, au-dessous de toutes ces galeries, au-dessous de tout cet immense système veineux souterrain du progrès et de l'utopie, bien plus avant dans la terre, plus bas que Marat, plus bas que Babeuf, plus bas, beaucoup plus bas, et sans relation aucune avec les étages supérieurs, il y a la dernière sape. Lieu formidable. C'est ce que nous avons nommé le troisième dessous. C'est la fosse des ténèbres. C'est la cave des aveugles. *Inferi*.

Ceci communique aux abîmes.

II

LE BAS-FOND

Là le désintéressement s'évanouit. Le démon s'ébauche vaguement; chacun pour soi. Le moi sans yeux hurle, cherche, tâtonne et ronge. L'Ugolin social est dans ce gouffre.

Les silhouettes farouches qui rôdent dans cette fosse, presque bêtes, presque fantômes, ne s'occupent pas du progrès universel; elles ignorent l'idée et le mot, elles n'ont souci que de l'assouvissement individuel. Elles sont presque inconscientes, et il y a au dedans d'elles une sorte d'effacement effrayant. Elles ont deux mères, toutes deux marâtres, l'ignorance et la misère. Elles ont un guide, le besoin; et, pour toutes les formes de la satisfaction, l'appétit. Elles sont brutalement voraces, c'est-à-dire féroces, non à la façon du tyran, mais à la façon du tigre. De la souffrance ces larves passent au crime; filiation fatale, engendrement vertigineux, logique de l'ombre. Ce qui rampe dans le troisième dessous social, ce n'est plus la réclamation étouffée de l'absolu; c'est la protestation de la matière. L'homme y devient dragon. Avoir faim, avoir soif, c'est le point de départ; être Satan, c'est le point d'arrivée. De cette cave sort Lacenaire.

On vient de voir tout à l'heure, au livre quatrième, un des compartiments de la mine supérieure, de la grande sape politique, révolutionnaire et philosophique. Là, nous venons de le dire, tout es noble, pur, digne, honnête. Là, certes, on peut se tromper, et l'on se trompe; mais l'erreur y est vénérable tant elle implique d'héroïsme. L'ensemble du travail qui se fait là a un nom, le Progrès.

Le moment est venu d'entrevoir d'autres profondeurs, les profondeurs hideuses.

Il y a sous la société, insistons-y, et, jusqu'au jour où l'ignorance sera dissipée, il y aura la grande caverne du mal.

Cette cave est au-dessous de toutes et est l'ennemie de toutes. C'est la haine sans exception. Cette cave ne connaît pas de philosophes; son poignard n'a jamais taillé de plume. Sa noirceur n'a aucun rapport avec la noirceur sublime de l'écritoire. Jamais les doigts de la nuit qui se crispent sous ce plafond asphyxiant n'ont feuilleté un livre ni déplié un journal. Babeuf est un exploiteur pour Cartouche; Marat est un aristocrate pour Schinderhannes. Cette cave a pour but l'effondrement de tout.

De tout. Y compris les sapes supérieures qu'elle exècre. Elle ne mine pas seulement, dans son fourmillement hideux, l'ordre social actuel; elle mine la philosophie, elle mine la science, elle mine le droit, elle mine la pensée humaine, elle mine la civilisation, elle mine la révolution, elle mine le progrès. Elle s'appelle tout simplement vol, prostitution, meurtre et assassinat. Elle est ténèbres, et elle veut le chaos. Sa voûte est faite d'ignorance.

Toutes les autres, celles d'en haut, n'ont qu'un but, la supprimer. C'est là que tendent, par tous leurs organes à la fois, par l'amélioration du réel comme par la contemplation de l'absolu, la philosophie et le progrès. Détruisez la cave Ignorance, vous détruisez la taupe Crime.

Condensons en quelques mots une partie de ce que nous venons d'écrire. L'unique péril social, c'est l'ombre.

Humanité, c'est identité. Tous les hommes sont la même argile. Nulle différence, ici-bas du moins, dans la prédestination. Même ombre avant, même chair pendant, même cendre après. Mais l'ignorance mêlée à la pâte humaine la noircit. Cette incurable noirceur gagne le dedans de l'homme et y devient le mal.

III

BABET, GUEULEMER, CLAQUESOUS ET MONTPARNASSE

Un quatuor de bandits, Claquesous, Gueulemer, Babet et Montparnasse, gouvernait de 1830 à 1835 le troisième dessous de Paris.

Gueulemer était un hercule déclassé. Il avait pour antre l'égout de l'Arche-Marion. Il avait six pieds de haut, des pectoraux de marbre, des biceps d'airain, une respiration de caverne, le torse d'un colosse, un crâne d'oiseau. On croyait voir l'Hercule Farnèse vêtu d'un pantalon de coutil et d'une veste de velours de coton. Gueulemer, bâti de cette façon sculpturale, aurait pu dompter les monstres; il avait trouvé plus court d'en être un. Front bas, tempes larges, moins de quarante ans et la patte d'oie, le poil rude et court, la joue en brosse, une barbe sanglière; on voit d'ici l'homme. Ses muscles sollicitaient le travail, sa stupidité n'en voulait pas. C'était une grosse force paresseuse. Il était assassin par nonchalance. On le croyait créole. Il avait probablement un peu touché au maréchal Brune, ayant été portefaix à Avignon en 1815. Après ce stage, il était passé bandit.

La diaphanéité de Babet contrastait avec la viande de Gueulemer. Babet était maigre et savant. Il était transparent, mais impénétrable. On voyait le jour à travers les os, mais rien à travers la prunelle. Il se déclarait chimiste. Il avait été pitre chez Bobêche et paillasse chez Bobino. Il avait joué le vaudeville à Saint-Mihiel. C'était un homme à intentions, beau parleur, qui soulignait ses sourires et guillemetait ses gestes. Son industrie était de vendre en plein vent des bustes de plâtre et des portraits du « chef de l'état ». De plus, il arrachait les dents. Il avait montré des phénomènes dans les foires, et possédé une baraque avec trompette et cette affiche : — Babet, artiste dentiste, membre des académies, fait des expériences physiques sur métaux et métalloïdes, extirpe les dents, entreprend les chicots abandonnés par ses confrères. Prix : une dent, un franc cinquante centimes; deux dents, deux francs; trois dents, deux francs cinquante. Profitez de l'occasion. — (Ce « profitez de l'occasion » signifiait : Faites-vous-en arracher le plus possible.) Il avait été marié et avait eu des enfants. Il ne savait pas ce que sa femme et ses enfants étaient devenus. Il les avait perdus comme on perd son mouchoir. Haute exception dans le monde obscur dont il était, Babet lisait les journaux. Un jour, du temps qu'il avait sa famille avec lui dans sa baraque roulante, il avait lu dans le *Messager* qu'une femme venait d'accoucher d'un enfant suffisamment viable, ayant un mufle de veau, et il s'était écrié : *Voilà une fortune! ce n'est pas ma femme qui aurait l'esprit de me faire un enfant comme cela!*

Depuis, il avait tout quitté pour « entreprendre Paris ». Expression de lui.

Qu'était-ce que Claquesous? C'était la nuit. Il attendait pour se montrer que le ciel se fût barbouillé de noir. Le soir il sortait d'un trou où il rentrait avant le jour. Où était ce trou? Personne ne le savait. Dans la plus complète obscurité, à ses complices, il ne parlait qu'en tournant le dos. S'appelait-il Claquesous? non. Il disait : Je m'appelle Pas-du-tout. Si une chandelle survenait, il mettait un masque. Il était ventriloque. Babet disait : *Claquesous est un nocturne à deux voix.* Claquesous était vague, errant, terrible. On n'était pas sûr qu'il eût un nom, Claquesous étant un sobriquet; on n'était pas sûr qu'il eût une voix, son ventre parlant plus souvent que sa bouche; on n'était pas sûr qu'il eût un visage, personne n'ayant jamais vu que son masque. Il disparaissait comme un évanouissement; ses apparitions étaient des sorties de terre.

Un être lugubre, c'était Montparnasse. Montparnasse était un enfant; moins de vingt ans, un joli visage, des lèvres qui ressemblaient à des cerises, de charmants cheveux noirs, la clarté du printemps dans les yeux; il avait tous les vices et aspirait à tous les crimes. La digestion du mal le mettait en appétit du pire. C'était le gamin tourné voyou, et le voyou devenu escarpe. Il était gentil, efféminé, gracieux, robuste, mou, féroce. Il avait le bord du chapeau relevé à gauche pour faire place à la touffe de cheveux, selon le style de 1829. Il vivait de voler violemment. Sa redingote était de la meilleure coupe, mais râpée. Montparnasse, c'était une gravure de modes ayant de la misère et commettant des meurtres. La cause de tous les attentats de cet adolescent était l'envie d'être bien mis. La première grisette qui lui avait dit : Tu es beau! lui avait jeté la tache de ténèbres dans le cœur, et avait fait un Caïn de cet Abel. Se trouvant joli, il avait voulu être élégant; or, la première élégance, c'est l'oisiveté; l'oisiveté d'un pauvre, c'est le crime. Peu de rôdeurs étaient aussi redoutés que Montparnasse. A dix-huit ans, il avait déjà plusieurs cadavres derrière lui. Plus d'un passant les bras étendus gisait dans l'ombre de ce misérable, la face dans une mare de sang. Frisé, pommadé, pincé à la taille, des hanches de femme, un buste d'officier prussien, le murmure d'admiration des filles du boulevard autour de lui, la cravate savamment nouée, un casse-tête dans sa poche, une fleur à sa boutonnière; tel était ce mirliflore du sépulcre.

IV

COMPOSITION DE LA TROUPE

A eux quatre, ces bandits formaient une sorte de Protée, serpentant à travers la police et s'efforçant d'échapper aux regards indiscrets de Vidocq « sous diverse figure, arbre, flamme, fontaine », s'entre-prêtant leurs noms et leurs trucs, se dérobant dans leur propre ombre, boîtes à secrets et asiles les uns pour les autres, défaisant leurs personnalités comme on ôte son faux nez au bal masqué, parfois se simplifiant au point de ne plus être qu'un, parfois se multipliant au point que Coco-Latour lui-même les prenait pour une foule.

Ces quatre hommes n'étaient point quatre hommes; c'était une sorte de mystérieux voleur à quatre têtes travaillant en grand sur Paris; c'était le polype monstrueux du mal habitant la crypte de la société.

Grâce à leurs ramifications, et au réseau sous-jacent de leurs relations, Babet, Gueulemer, Claquesous et Montparnasse avaient l'entreprise générale des guets-apens du département de la Seine. Les trouveurs d'idées en ce genre, les hommes à imagination nocturne, s'adressaient à eux pour l'exécution. On fournissait aux quatre coquins le canevas, ils se chargeaient de la mise en scène. Ils travaillaient sur scenario. Ils étaient toujours en situation de prêter un personnel proportionné et convenable à tous les attentats ayant besoin d'un coup d'épaule et suffisamment lucratifs. Un crime étant en quête de bras, ils lui sous-louaient des complices. Ils avaient une troupe d'acteurs des ténèbres à la disposition de toutes les tragédies de cavernes.

Ils se réunissaient habituellement à la nuit tombante, heure de leur réveil, dans les steppes qui avoisinent la Salpêtrière. Là, ils conféraient. Ils avaient les douze heures noires devant eux; ils en réglaient l'emploi.

Patron-Minette, tel était le nom qu'on donnait dans la circulation souterraine à l'association de ces quatre hommes. Dans la vieille langue populaire fantasque qui va s'effaçant tous les jours, *Patron-Minette* signifie le matin, de même que *entre chien et loup* signifie le soir. Cette appellation, Patron-Minette, venait probablement de l'heure à laquelle leur besogne finissait, l'aube étant l'instant de l'évanouissement des fantômes et de la séparation des bandits. Ces quatre hommes étaient connus sous cette rubrique. Quand le président des assises visita Lacenaire dans sa prison, il le questionna sur un méfait que Lacenaire niait. — Qui a fait cela? demanda le président. Lacenaire fit cette réponse, énigmatique pour le magistrat, mais claire pour la police : — C'est peut-être Patron-Minette.

On devine parfois une pièce sur l'énoncé des personnages; on peut de même presque apprécier une bande sur la liste des bandits. Voici, car ces noms-là surnagent dans les mémoires spéciales, à quelles appellations répondaient les principaux affiliés de Patron-Minette :

Panchaud, dit Printanier, dit Bigrenaille.

Brujon. (Il y avait une dynastie de Brujon; nous ne renonçons pas à en dire un mot.)

Boulatruelle, le cantonnier déjà entrevu.

Laveuve.

Finistère.

Homère-Hogu, nègre.

Mardisoir.

Dépêche.

Fauntleroy, dit Bouquetière.

Glorieux, forçat libéré.

Barrecarrosse, dit monsieur Dupont.

L'esplanade-du-Sud.

Poussagrive.

Carmagnolet.

Kruideniers, dit Bizarro.

Mangedentelle.

Les-pieds-en-l'air.
Demi-liard, dit Deux-milliards.
Etc., etc.

Nous en passons, et non des pires. Ces noms ont des figures. Ils n'expriment pas seulement des êtres, mais des espèces. Chacun de ces noms répond à une variété de ces difformes champignons du dessous de la civilisation.

Ces êtres, peu prodigues de leurs visages, n'étaient pas de ceux qu'on voit passer dans les rues. Le jour, fatigués des nuits farouches qu'ils avaient, ils s'en allaient dormir, tantôt dans les fours à plâtre, tantôt dans les carrières abandonnées de Montmartre ou de Montrouge, parfois dans les égouts. Ils se terraient.

Que sont devenus ces hommes? ils existent toujours. Ils ont toujours existé. Horace en parle : *Ambubaiarum collegia, pharmacopolæ, mendici, mimæ*; et, tant que la société sera ce qu'elle est, ils seront ce qu'ils sont. Sous l'obscur plafond de leur cave, ils renaissent à jamais du suintement social. Ils reviennent, spectres, toujours identiques; seulement ils ne portent plus les mêmes noms et ils ne sont plus dans les mêmes peaux.

Les individus extirpés, la tribu subsiste.

Ils ont toujours les mêmes facultés. Du truand au rôdeur, la race se maintient pure. Ils devinent les bourses dans les poches, ils flairent les montres dans les goussets. L'or et l'argent ont pour eux une odeur. Il y a des bourgeois naïfs dont on pourrait dire qu'ils ont l'air volable. Ces hommes suivent patiemment ces bourgeois. Au passage d'un étranger ou d'un provincial, ils ont des tressaillements d'araignée.

Ces hommes-là, quand, vers minuit, sur un boulevard désert, on les rencontre ou on les entrevoit, sont effrayants. Ils ne semblent pas des hommes, mais des formes faites de brume vivante; on dirait qu'ils font habituellement bloc avec les ténèbres, qu'ils n'en sont pas distincts, qu'ils n'ont pas d'autre âme que l'ombre, et que c'est momentanément, et pour vivre pendant quelques minutes d'une vie monstrueuse, qu'ils se sont désagrégés de la nuit.

Que faut-il pour faire évanouir ces larves? de la lumière. De la lumière à flots. Pas une chauve-souris ne résiste à l'aube. Éclairez la société en dessous.

LIVRE HUITIÈME

LE MAUVAIS PAUVRE

I

MARIUS, CHERCHANT UNE FILLE EN CHAPEAU, RENCONTRE UN HOMME EN CASQUETTE

L'été passa, puis l'automne; l'hiver vint. Ni M. Leblanc ni la jeune fille n'avaient remis les pieds au Luxembourg. Marius n'avait plus qu'une pensée, revoir ce doux et adorable visage. Il cherchait toujours, il cherchait partout; il ne trouvait rien. Ce n'était plus Marius le rêveur enthousiaste, l'homme résolu, ardent et ferme, le hardi provocateur de la destinée, le cerveau qui échafaudait avenir sur avenir, le jeune esprit encombré de plans, de projets, de fiertés, d'idées et de volontés ; c'était un chien perdu. Il tomba dans une tristesse noire. C'était fini. Le travail le rebutait, la promenade le fatiguait, la solitude l'ennuyait; la vaste nature, si remplie autrefois de formes, de clartés, de voix, de conseils, de perspectives, d'horizons, d'enseignements, était maintenant vide devant lui. Il lui semblait que tout avait disparu.

Il pensait toujours, car il ne pouvait faire autrement; mais il ne se plaisait plus dans ses pensées. A tout ce qu'elles lui proposaient tout bas sans cesse, il répondait dans l'ombre : A quoi bon?

Il se faisait cent reproches. Pourquoi l'ai-je suivie? J'étais si heureux rien que de la voir ! Elle me regardait; est-ce que ce n'était pas immense? Elle avait l'air de m'aimer. Est-ce que ce n'était pas tout? J'ai voulu avoir, quoi? Il n'y a rien après cela. J'ai été absurde.

C'est ma faute, etc., etc. Courfeyrac, auquel il ne confiait rien, c'était sa nature, mais qui devinait un peu tout, c'était sa nature aussi, avait commencé par le féliciter d'être amoureux, en s'en ébahissant d'ailleurs; puis, voyant Marius tomber dans cette mélancolie, il avait fini par lui dire : — Je vois que tu as été simplement un animal. Tiens, viens à la Chaumière.

Une fois, ayant confiance dans un beau soleil de septembre, Marius s'était laissé mener au bal de Sceaux par Courfeyrac, Bossuet et Grantaire, espérant, quel rêve! qu'il la retrouverait peut-être là. Bien entendu, il n'y vit pas celle qu'il cherchait. — C'est pourtant ici qu'on trouve toutes les femmes perdues, grommelait Grantaire en aparté. Marius laissa ses amis au bal, et s'en retourna à pied, seul, las, fiévreux, les yeux troubles et tristes dans la nuit, ahuri de bruit et de poussière par les joyeux coucous pleins d'êtres chantants qui revenaient de la fête et passaient à côté de lui, découragé, aspirant pour se rafraîchir la tête l'âcre senteur des noyers de la route.

Il se remit à vivre de plus en plus seul, accablé, tout à son angoisse intérieure, allant et venant dans sa douleur comme le loup dans le piége, quêtant partout l'absente, abruti d'amour.

Une autre fois, il avait fait une rencontre qui lui avait produit un effet singulier. Il avait croisé dans les petites rues qui avoisinent le boulevard des Invalides un homme vêtu comme un ouvrier et coiffé d'une casquette à longue visière qui laissait passer des mèches de cheveux très blancs. Marius fut frappé de la beauté de ces cheveux blancs et considéra cet homme qui marchait à pas lents et comme absorbé dans une méditation douloureuse. Chose étrange, il lui parut reconnaître M. Leblanc. C'étaient les mêmes cheveux, le même profil, autant que la casquette le laissait voir, la même allure, seulement plus triste. Mais pourquoi ces habits d'ouvrier? qu'est-ce que cela voulait dire? que signifiait ce déguisement? Marius fut très étonné. Quand il revint à lui, son premier mouvement fut de se mettre à suivre cet homme; qui sait s'il ne tenait point enfin la trace qu'il cherchait? En tout cas, il fallait revoir l'homme de près et éclaircir l'énigme. Mais il s'avisa de cette idée trop tard, l'homme n'était déjà plus là. Il avait pris quelque petite rue latérale et Marius ne put le retrouver. Cette rencontre le préoccupa quelques jours, puis s'effaça. — Après tout, se dit-il, ce n'est probablement qu'une ressemblance.

II

TROUVAILLE

Marius n'avait pas cessé d'habiter la masure Gorbeau. Il n'y faisait attention à personne.

A cette époque, à la vérité, il n'y avait plus dans cette masure d'autres habitants que lui et ces Jondrette dont il avait une fois acquitté le loyer, sans avoir du reste jamais parlé ni au père, ni à la mère, ni aux filles. Les autres locataires étaient déménagés ou morts, ou avaient été expulsés faute de payement.

Un jour de cet hiver-là, le soleil s'était un peu montré dans l'après-midi, mais c'était le 2 février, cet antique jour de la Chandeleur dont le soleil traître, précurseur d'un froid de six semaines, a inspiré à Mathieu Laensberg ces deux vers restés justement classiques :

> Qu'il luise ou qu'il luiserne,
> L'ours rentre en sa caverne.

Marius venait de sortir de la sienne; la nuit tombait. C'était l'heure d'aller dîner; car il avait bien fallu se remettre à dîner, hélas! ô infirmités des passions idéales !

Il venait de franchir le seuil de sa porte que mame Bougon balayait en ce moment-là même tout en prononçant ce mémorable monologue :

— Qu'est-ce qui est bon marché à présent? Tout est cher. Il n'y a que la peine du monde qui est bon marché; elle est pour rien, la peine du monde!

Marius montait à pas lents le boulevard vers la barrière afin de gagner la rue Saint-Jacques. Il marchait pensif, la tête baissée.

Tout à coup il se sentit coudoyé dans la brume; il se retourna, et vit deux jeunes filles en haillons, l'une longue et mince, l'autre un peu moins grande, qui passaient rapidement, essoufflées, effarouchées, et comme ayant l'air de s'enfuir; elles venaient à sa rencontre, ne l'avaient pas vu, et l'avaient heurté en passant. Marius distinguait dans le crépuscule leurs figures livides, leurs têtes décoiffées, leurs cheveux épars, leurs affreux bonnets, leurs jupes en guenilles et leurs pieds nus. Tout en courant, elles se parlaient. La plus grande disait d'une voix très basse :

— Les cognes sont venus. Ils ont manqué me pincer au demi-cercle.

L'autre répondait : — Je les ai vus. J'ai cavalé, cavalé, cavalé !

Marius comprit, à travers cet argot sinistre, que les gendarmes ou les sergents de ville avaient failli saisir ces deux enfants, et que ces enfants s'étaient échappées.

Elles s'enfoncèrent sous les arbres du boulevard derrière lui, et y firent pendant quelques instants dans l'obscurité une espèce de blancheur vague qui s'effaça.

Marius s'était arrêté un moment.

Il allait continuer son chemin lorsqu'il aperçut un petit paquet grisâtre à terre à ses pieds. Il se baissa et le ramassa. C'était une façon d'enveloppe qui paraissait contenir des papiers.

— Bon, dit-il, ces malheureuses auront laissé tomber cela.

Il revint sur ses pas, il appela, il ne les retrouva plus ; il pensa qu'elles étaient déjà loin, mit le paquet dans sa poche, et s'en alla dîner.

Chemin faisant, il vit dans une allée de la rue Mouffetard une bière d'enfant couverte d'un drap noir, posée sur trois chaises et éclairée par une chandelle. Les deux filles du crépuscule lui revinrent à l'esprit.

— Pauvres mères ! pensa-t-il. Il y a une chose plus triste que de voir ses enfants mourir ; c'est de les voir mal vivre.

Puis ces ombres qui variaient sa tristesse lui sortirent de la pensée, et il retomba dans ses préoccupations habituelles. Il se remit à songer à ses six mois d'amour et de bonheur en plein air et en pleine lumière sous les beaux arbres du Luxembourg.

— Comme ma vie est devenue sombre ! se disait-il. Les jeunes filles m'apparaissent toujours. Seulement autrefois c'étaient les anges ; maintenant ce sont les goules.

III

QUADRIFRONS

Le soir, comme il se déshabillait pour se coucher, sa main rencontra dans la poche de son habit le paquet qu'il avait ramassé sur le boulevard. Il l'avait oublié. Il songea qu'il serait utile de l'ouvrir, et que ce paquet contenait peut-être l'adresse de ces jeunes filles, si, en réalité, il leur appartenait, et dans tous les cas les renseignements nécessaires pour le restituer à la personne qui l'avait perdu.

Il défit l'enveloppe.

Elle n'était pas cachetée et contenait quatre lettres, non cachetées également.

Les adresses y étaient mises.

Toutes quatre exhalaient une odeur d'affreux tabac.

La première lettre était adressée : *A Madame, madame la marquise de Grucheray, place vis-à-vis la chambre des députés, n°* ...

Marius se dit qu'il trouverait probablement là les indications qu'il cherchait, et que d'ailleurs, la lettre n'étant pas fermée, il était vraisemblable qu'elle pouvait être lue sans inconvénient.

Elle était ainsi conçue :

« Madame la Marquise,

« La vertu de la clémence et piété est celle qui unit plus étroi-
« tement la sotiété. Promenez votre sentiment chrétien, et faites un
« regard de compassion sur cette infortuné español victime de la
« loyauté et d'attachement à la cause sacrée de la légitimité, qu'il a
« payé de son sang, consacrée sa fortune, toutte, pour défendre cette
« cause, et aujourd'hui se trouve dans la plus grande missère. Il ne
« doute point que votre honorable personne l'accordera un secours
« pour conserver une existence extrêmement penible pour un mili-
« taire d'éducation et d'honneur plein de blessures, compte d'avance
« sur l'humanité qui vous animé et sur l'intérêt que Madame la mar-
« quise porte à une nation aussi malheureuse. Leur priere ne sera
« pas en vaine, et leur reconnaissance conservera sont charmant sou-
« venir.

« De mes sentiments respectueux avec lesquelles j'ai l'honneur
« d'être

« Madame,

« Don Alvarès, capitaine español de caballerie,
« royaliste refugie en France que se trouve en
« voyagé pour sa patrie et le manquent les
« réssources pour continuer son voyagé. »

Aucune adresse n'était jointe à la signature. Marius espéra

trouver l'adresse dans la deuxième lettre dont la suscription portait :
A Madame, madame la comtesse de Montvernet, rue Cassette, n° 9.
Voici ce que Marius y lut :

« Madame la comtesse,

« C'est une malheureuse meré de famille de six enfants dont le
« dernier n'a que huit mois. Moi malade depuis ma dernière couche,
« abandonnée de mon mari depuis cinq mois n'aiyant aucune res-
« source au monde la plus affreuse indigence.

« Dans l'espoir de Madame la comtesse, elle a l'honneur d'être,
« madame, avec un profond respect,
« Femme BALIZARD. »

Marius passa à la troisième lettre, qui était comme les précédentes une supplique. On y lisait :

« Monsieur Pabourgeot, électeur, négociant-bonnetier
« en gros, rue Saint-Denis au coin de la rue aux Fers.

« Je me permets de vous adresser cette lettre pour vous prier de
« m'accorder la faveur prétieuse de vos simpaties et de vous inté-
« resser à un homme de lettres qui vient d'envoyer un drame au
« Théâtre-Français. Le sujet en est historique, et l'action se passe en
« Auvergne du temps de l'empire ; le style, je crois, en est naturel,
« laconique, et peut avoir quelque mérite. Il y a des couplets a
« chanter a quatre endroits. Le comique, le sérieux, l'imprevu, s'y
« mèlent à la variété des caractères et a une teinte de romantisme
« répandue légèrement dans toute l'intrigue qui marche mistérieuse-
« ment, et va, par des péripessies frappantes, se denouer au milieu
« de plusieurs coups de scènes éclatants.

« Mon but principal est de satisfère le desir qui anime progres-
« sivement l'homme de notre siècle, c'est à dire, la mode, cette
« caprisieuse et bizarre girouette qui change presque à chaque nou-
« veau vent.

« Malgré ces qualités j'ai lieu de craindre que la jalousie,
« l'égoïsme des auteurs priviligiiés, obtienne mon exclusion du
« théâtre, car je n'ignore pas les déboires dont on abreuve les nou-
« veaux venus.

« Monsieur Pabourgeot, votre juste réputation de protecteur
« éclairé des gants de lettres m'enhardit à vous envoyer ma fille qui

« vous exposera notre situation indigente, manquant de pain et de
« feu dans cette saison d'hyver. Vous dire que je vous prie d'agreer
« l'hommage que je désire vous faire de mon drame et de tous ceux
« que je ferai, c'est vous prouver combien j'ambicionne l'honneur de
« m'abriter sous votre égide, et de parer mes écrits de votre nom.
« Si vous daignez m'honorer de la plus modeste offrande, je m'occu-
« perai aussitôt à faire une pièsse de vers pour vous payer mon
« tribu de reconnaissance. Cette pièsse, que je tacherai de rendre
« aussi parfaite que possible, vous sera envoyée avant d'être insérée
« au commencement du drame et débitée sur la scène.

« A Monsieur
« et Madame Pabourgeot,
« Mes hommages les plus respectueux.
« Genflot, homme de lettres.

« *P. S.* Ne serait-ce que quarante sous.

« Excusez-moi d'envoyer ma fille et de ne pas me présenter
« moi-même, mais de tristes motifs de toilette ne me permettent pas,
« hélas! de sortir... »

Marius ouvrit enfin la quatrième lettre. Il y avait sur l'adresse :
Au Monsieur bienfaisant de l'église Saint-Jacques-du-Haut-Pas.
Elle contenait ces quelques lignes :

« Homme bienfaisant,

« Si vous daignez accompagner ma fille, vous verrez une cala-
« mité misérable, et je vous montrerai mes certificats.

« A l'aspect de ces écrits votre âme généreuse sera mue d'un
« sentiment de sensible bienveillance, car les vrais philosophes
« éprouvent toujours de vives émotions.

« Convenez, homme compatissant, qu'il faut éprouver le plus
« cruel besoin, et qu'il est bien douloureux, pour obtenir quelque
« soulagement, de le faire attester par l'autorité comme si l'on n'était
« pas libre de souffrir et de mourir d'inanition en attendant que l'on
« soulage notre misère. Les destins sont bien fatals pour d'aucuns et
« trop prodigue ou trop protecteur pour d'autres.

« J'attends votre présence ou votre offrande, si vous daignez la

« faire, et je vous prie de vouloir bien agréer les sentiments respec-
« tueux avec lesquels je m'honore d'être,

« homme vraiment magnanime,
« votre très-humble
« et très-obéissant serviteur,

« P. FABANTOU, artiste dramatique. »

Après avoir lu ces quatre lettres, Marius ne se trouva pas beaucoup plus avancé qu'auparavant.

D'abord aucun des signataires ne donnait son adresse.

Ensuite, elles semblaient venir de quatre individus différents, don Alvarès, la femme Balizard, le poëte Genflot et l'artiste dramatique Fabantou; mais ces lettres offraient ceci d'étrange qu'elles étaient écrites toutes quatre de la même écriture.

Que conclure de là, sinon qu'elles venaient de la même personne?

En outre, et cela rendait la conjecture encore plus vraisemblable, le papier, grossi et jauni, était le même pour les quatre, l'odeur de tabac était la même, et, quoiqu'on eût évidemment cherché à varier le style, les mêmes fautes d'orthographe s'y reproduisaient avec une tranquillité profonde, et l'homme de lettres Genflot n'en était pas plus exempt que le capitaine espanol.

S'évertuer à deviner ce petit mystère était peine inutile. Si ce n'eût pas été une trouvaille, cela eût eu l'air d'une mystification. Marius était trop triste pour bien prendre même une plaisanterie du hasard et pour se prêter au jeu que paraissait vouloir jouer avec lui le pavé de la rue. Il lui semblait qu'il était à Colin-Maillard entre les quatre lettres, qui se moquaient de lui.

Rien n'indiquait d'ailleurs que ces lettres appartinssent aux jeunes filles que Marius avait rencontrées sur le boulevard. Après tout, c'étaient des paperasses évidemment sans aucune valeur.

Marius les remit dans l'enveloppe, jeta le tout dans un coin et se coucha.

Vers sept heures du matin, il venait de se lever et de déjeuner, et il essayait de se mettre au travail lorsqu'on frappa doucement à sa porte.

Comme il ne possédait rien, il n'ôtait jamais sa clef, si ce n'est quelquefois, fort rarement, lorsqu'il travaillait à quelque travail pressé. Du reste, même absent, il laissait sa clef à sa serrure. — On vous volera, disait mame Bougon. — Quoi? disait Marius. — Le fait est pourtant qu'un jour on lui avait volé une vieille paire de bottes, au grand triomphe de mame Bougon.

On frappa un second coup, très-doux comme le premier.

— Entrez, dit Marius.

La porte s'ouvrit.

— Qu'est-ce que vous voulez, mame Bougon? reprit Marius sans quitter des yeux les livres et les manuscrits qu'il avait sur sa table.

Une voix, qui n'était pas celle de mame Bougon, répondit :

— Pardon, monsieur...

C'était une voix sourde, cassée, étranglée, éraillée, une voix de vieux homme enroué d'eau-de-vie et de rogomme.

Marius se tourna vivement, et vit une jeune fille.

IV

UNE ROSE DANS LA MISÈRE

Une toute jeune fille était debout dans la porte entre-bâillée. La lucarne du galetas où le jour paraissait était précisément en face de la porte et éclairait cette figure d'une lumière blafarde. C'était une créature hâve, chétive, décharnée; rien qu'une chemise et une jupe sur une nudité frissonnante et glacée. Pour ceinture une ficelle, pour coiffure une ficelle, des épaules pointues sortant de la chemise, une pâleur blonde et lymphatique, des clavicules terreuses, des mains rouges, la bouche entr'ouverte et dégradée, des dents de moins, l'œil terne, hardi et bas, les formes d'une jeune fille avortée et le regard d'une vieille femme corrompue; cinquante ans mêlés à quinze ans; un de ces êtres qui sont tout ensemble faibles et horribles et qui font frémir ceux qu'ils ne font pas pleurer.

Marius s'était levé et considérait avec une sorte de stupeur cet être, presque pareil aux formes de l'ombre qui traversent les rêves.

Ce qui était poignant surtout, c'est que cette jeune fille n'était pas venue au monde pour être laide. Dans sa première enfance, elle

avait dû même être jolie. La grâce de l'âge luttait encore contre la hideuse vieillesse anticipée de la débauche et de la pauvreté. Un reste de beauté se mourait sur ce visage de seize ans, comme ce pâle soleil qui s'éteint sous d'affreuses nuées à l'aube d'une journée d'hiver.

Ce visage n'était pas absolument inconnu à Marius. Il croyait se rappeler l'avoir vu quelque part.

— Que voulez-vous, mademoiselle? demanda-t-il.

La jeune fille répondit avec sa voix de galérien ivre :

— C'est une lettre pour vous, monsieur Marius.

Elle appelait Marius par son nom; il ne pouvait douter que ce ne fût à lui qu'elle eût affaire; mais qu'était-ce que cette fille? comment savait-elle son nom?

Sans attendre qu'il lui dît d'avancer, elle entra. Elle entra résolûment, regardant avec une sorte d'assurance qui serrait le cœur toute la chambre et le lit défait. Elle avait les pieds nus. De larges trous à son jupon laissaient voir ses longues jambes et ses genoux maigres. Elle grelottait.

Elle tenait en effet une lettre à la main qu'elle présenta à Marius.

Marius en ouvrant cette lettre remarqua que le pain à cacheter large et énorme était encore mouillé. Le message ne pouvait venir de bien loin. Il lut :

« Mon aimable voisin, jeune homme !

« J'ai appris vos bontés pour moi, que vous avez payé mon
« terme il y a six mois. Je vous bénis, jeune homme. Ma fille aînée
« vous dira que nous sommes sans un morceau de pain depuis deux
« jours, quatre personnes, et mon épouse malade. Si je ne suis point
« dessu dans ma pensée, je crois devoir espérer que votre cœur géné-
« reux s'humanisera à cet exposé et vous subjuguera le désir de
« m'être propice en daignant me prodiguer un léger bienfait.

« Je suis avec la considération distinguée qu'on doit aux bien-
« faiteurs de l'humanité,

« JONDRETTE.

« *P. S.* Ma fille attendra vos ordres, cher monsieur Marius. »

Cette lettre, au milieu de l'aventure obscure qui occupait Marius depuis la veille au soir, c'était une chandelle dans une cave. Tout fut brusquement éclairé.

Cette lettre venait d'où venaient les quatre autres. C'était la même écriture, le même style, la même orthographe, le même papier, la même odeur de tabac.

Il y avait cinq missives, cinq histoires, cinq noms, cinq signatures, et un seul signataire. Le capitaine español don Alvarès, la malheureuse mère Balizard, le poëte dramatique Genflot, le vieux comédien Fabantou se nommaient tous les quatre Jondrette, si toutefois Jondrette lui-même s'appelait Jondrette.

Depuis assez longtemps déjà que Marius habitait la masure, il n'avait eu, nous l'avons dit, que de bien rares occasions de voir, d'entrevoir même son très-infime voisinage. Il avait l'esprit ailleurs, et où est l'esprit est le regard. Il avait dû plus d'une fois croiser les Jondrette dans le corridor et dans l'escalier; mais ce n'étaient pour lui que des silhouettes; il y avait pris si peu garde que la veille au soir il avait heurté sur le boulevard sans les reconnaître les filles Jondrette, car c'étaient évidemment elles, et que c'était à grand'peine que celle-ci, qui venait d'entrer dans sa chambre, avait éveillé en lui, à travers le dégoût et la pitié, un vague souvenir de l'avoir rencontrée ailleurs.

Maintenant il voyait clairement tout. Il comprenait que son voisin Jondrette avait pour industrie dans sa détresse d'exploiter la charité des personnes bienfaisantes, qu'il se procurait des adresses, et qu'il écrivait sous des noms supposés à des gens qu'il jugeait riches et pitoyables des lettres que ses filles portaient, à leurs risques et périls, car ce père en était là qu'il risquait ses filles; il jouait une partie avec la destinée et il les mettait au jeu. Marius comprenait que probablement, à en juger par leur fuite de la veille, par leur essoufflement, par leur terreur, et par ces mots d'argot qu'il avait entendus, ces infortunées faisaient encore on ne sait quels métiers sombres, et que de tout cela il était résulté, au milieu de la société humaine telle qu'elle est faite, deux misérables êtres qui n'étaient ni des enfants, ni des filles, ni des femmes, espèces de monstres impurs et innocents produits par la misère.

Tristes créatures sans nom, sans âge, sans sexe, auxquelles ni le bien ni le mal ne sont plus possibles, et qui, en sortant de l'enfance, n'ont déjà plus rien dans ce monde, ni la liberté, ni la vertu, ni la responsabilité. Ames écloses hier, fanées aujourd'hui, pareilles à ces fleurs tombées dans la rue que toutes les boues flétrissent en attendant qu'une roue les écrase.

Cependant, tandis que Marius attachait sur elle un regard étonné et douloureux, la jeune fille allait et venait dans la mansarde avec une audace de spectre. Elle se démenait sans se préoccuper de sa nudité. Par instants, sa chemise, défaite et déchirée, lui tombait presque à la ceinture. Elle remuait les chaises, elle dérangeait les objets de toilette posés sur la commode, elle touchait aux vêtements de Marius, elle furetait ce qu'il y avait dans les coins.

— Tiens, dit-elle, vous avez un miroir!

Et elle fredonnait, comme si elle eût été seule, des bribes de vaudeville, des refrains folâtres que sa voix gutturale et rauque faisait lugubres.

Sous cette hardiesse perçait je ne sais quoi de contraint, d'inquiet et d'humilié. L'effronterie est une honte.

Rien n'était plus morne que de la voir s'ébattre et pour ainsi dire voleter dans la chambre avec des mouvements d'oiseau que le jour effare, ou qui a l'aile cassée. On sentait qu'avec d'autres conditions d'éducation et de destinée, l'allure gaie et libre de cette jeune fille eût pu être quelque chose de doux et de charmant. Jamais parmi les animaux la créature née pour être une colombe ne se change en une orfraie. Cela ne se voit que parmi les hommes.

Marius songeait, et la laissait faire.

Elle s'approcha de la table.

— Ah! dit-elle, des livres!

Une lueur traversa son œil vitreux. Elle reprit, et son accent exprimait le bonheur de se vanter de quelque chose, auquel nulle créature humaine n'est insensible :

— Je sais lire, moi.

Elle saisit vivement le livre ouvert sur la table, et lut assez couramment :

« ...Le général Bauduin reçut l'ordre d'enlever avec les cinq « bataillons de sa brigade le château de Hougomont qui est au milieu « de la plaine de Waterloo... »

Elle s'interrompit :

— Ah! Waterloo! Je connais ça. C'est une bataille dans les temps. Mon père y était. Mon père a servi dans les armées. Nous sommes joliment bonapartistes chez nous, allez! C'est contre les Anglais, Waterloo.

Elle posa le livre, prit une plume, et s'écria :

— Et je sais écrire aussi!

Elle trempa la plume dans l'encre, et se tournant vers Marius :

— Voulez-vous voir? Tenez, je vais écrire un mot pour voir.

Et avant qu'il eût eu le temps de répondre, elle écrivit sur une feuille de papier blanc qui était au milieu de la table : *Les cognes sont là.*

Puis, jetant la plume :

— Il n'y a pas de fautes d'orthographe. Vous pouvez regarder. Nous avons reçu de l'éducation, ma sœur et moi. Nous n'avons pas toujours été comme nous sommes. Nous n'étions pas faites...

Ici elle s'arrêta, fixa sa prunelle éteinte sur Marius, et éclata de rire en disant avec une intonation qui contenait toutes les angoisses étouffées par tous les cynismes :

— Bah!

Et elle se mit à fredonner ces paroles sur un air gai :

> J'ai faim, mon père.
> Pas de fricot.
> J'ai froid, ma mère.
> Pas de tricot.
> Grelotte,
> Lolotte!
> Sanglote,
> Jacquot!

A peine eut-elle achevé ce couplet qu'elle s'écria :

— Allez-vous quelquefois au spectacle, monsieur Marius? Moi, j'y vais. J'ai un petit frère qui est ami avec des artistes et qui me donne des fois des billets. Par exemple, je n'aime pas les banquettes de galeries. On y est gêné, on y est mal. Il y a quelquefois du gros monde; il y a aussi du monde qui sent mauvais.

Puis elle considéra Marius, prit un air étrange, et lui dit :

— Savez-vous, monsieur Marius, que vous êtes très joli garçon?

Et en même temps il leur vint à tous les deux la même pensée, qui la fit sourire et qui le fit rougir.

Elle s'approcha de lui, et lui posa une main sur l'épaule : —

Vous ne faites pas attention à moi, mais je vous connais, monsieur Marius. Je vous rencontre ici dans l'escalier, et puis je vous vois entrer chez un appelé le père Mabeuf qui demeure du côté d'Austerlitz, des fois, quand je me promène par là. Cela vous va très-bien, vos cheveux ébouriffés.

Sa voix cherchait à être très douce et ne parvenait qu'à être très basse. Une partie des mots se perdait dans le trajet du larynx aux lèvres comme sur un clavier où il manque des notes.

Marius s'était reculé doucement.

— Mademoiselle, dit-il avec sa gravité froide, j'ai là un paquet qui est, je crois, à vous. Permettez-moi de vous le remettre.

Et il lui tendit l'enveloppe qui renfermait les quatre lettres.

Elle frappa dans ses deux mains, et s'écria :

— Nous avons cherché partout !

Puis elle saisit vivement le paquet, et défit l'enveloppe, tout en disant :

— Dieu de Dieu ! avons-nous cherché, ma sœur et moi ! Et c'est vous qui l'aviez trouvé ! sur le boulevard, n'est-ce pas ? ce doit être sur le boulevard ? Voyez-vous, ça a tombé quand nous avons couru. C'est ma mioche de sœur qui a fait la bêtise. En rentrant, nous ne l'avons plus trouvé. Comme nous ne voulions pas être battues, que cela est inutile, que cela est entièrement inutile, que cela est absolument inutile, nous avons dit chez nous que nous avions porté les lettres chez les personnes et qu'on nous avait dit : Nix ! Les voilà, ces pauvres lettres ! Et à quoi avez-vous vu qu'elles étaient à moi ! Ah ! oui, à l'écriture ! C'est donc vous que nous avons cogné en passant hier au soir. On n'y voyait pas, quoi ! J'ai dit à ma sœur : Est-ce que c'est un monsieur ? Ma sœur m'a dit : Je crois que c'est un monsieur !

Cependant elle avait déplié la supplique adressée « au monsieur bienfaisant de l'église Saint-Jacques-du-Haut-Pas ».

— Tiens ! dit-elle, c'est celle pour ce vieux qui va à la messe. Au fait, c'est l'heure. Je vas lui porter. Il nous donnera peut-être de quoi déjeuner.

Puis elle se remit à rire, et ajouta :

— Savez-vous ce que cela fera si nous déjeunons aujourd'hui ? Cela fera que nous aurons eu notre déjeuner d'avant-hier, notre dîner d'avant-hier, notre déjeuner d'hier, notre dîner d'hier, tout ça en une fois, ce matin. Tiens! parbleu! si vous n'êtes pas contents, crevez chiens!

Ceci fit souvenir Marius de ce que la malheureuse venait chercher chez lui.

Il fouilla dans son gilet, il n'y trouva rien.

La jeune fille continuait, et semblait parler comme si elle n'avait plus conscience que Marius fût là.

— Des fois je m'en vais le soir. Des fois je ne rentre pas. Avant d'être ici, l'autre hiver, nous demeurions sous les arches des ponts. On se serrait pour ne pas geler. Ma petite sœur pleurait. L'eau, comme c'est triste! Quand je pensais à me noyer, je disais : Non; c'est trop froid. Je vais toute seule quand je veux, je dors des fois dans les fossés. Savez-vous, la nuit, quand je marche sur le boulevard, je vois les arbres comme des fourches, je vois des maisons toutes noires grosses comme les tours de Notre-Dame, je me figure que les murs blancs sont la rivière, je me dis : Tiens, il y a de l'eau là! Les étoiles sont comme des lampions d'illuminations, on dirait qu'elles fument et que le vent les éteint, je suis ahurie, comme si j'avais des chevaux qui me soufflent dans l'oreille; quoique ce soit la nuit, j'entends des orgues de Barbarie et les mécaniques des filatures, est-ce que je sais, moi? Je crois qu'on me jette des pierres, je me sauve sans savoir, tout tourne, tout tourne. Quand on n'a pas mangé, c'est très-drôle.

Et elle le regarda d'un air égaré.

A force de creuser et d'approfondir ses poches, Marius avait fini par réunir cinq francs seize sous. C'était en ce moment tout ce qu'il possédait au monde. — Voilà toujours mon dîner d'aujourd'hui, pensa-t-il, demain nous verrons. — Il prit les seize sous et donna les cinq francs à la jeune fille.

Elle saisit la pièce.

— Bon! dit-elle, il y a du soleil!

Et comme si le soleil eût eu la propriété de faire fondre dans son cerveau des avalanches d'argot, elle poursuivit :

— Cinque francs! du luisant! un monarque! dans cette piolle! C'est chenâtre! vous êtes un bon mion! Je vous fonce mon palpitant. Bravo les fanandels! deux jours de pivois! et de la viande-muche! et du fricotmar! on pitancera chenument! et de la bonne mouise!

Elle ramena sa chemise sur ses épaules, fit un profond salut à

Marius, puis un signe familier de la main, et se dirigea vers la porte en disant :

— Bonjour, monsieur. C'est égal. Je vas trouver mon vieux.

En passant, elle aperçut sur la commode une croûte de pain desséchée qui y moisissait dans la poussière, elle se jeta dessus et y mordit en grommelant :

— C'est bon ! c'est dur ! ça me casse les dents !

Puis elle sortit.

V

LE JUDAS DE LA PROVIDENCE

Marius depuis cinq ans avait vécu dans la pauvreté, dans le dénûment, dans la détresse même, mais il s'aperçut qu'il n'avait point connu la vraie misère. La vraie misère, il venait de la voir. C'était cette larve qui venait de passer sous ses yeux. C'est qu'en effet qui n'a vu que la misère de l'homme n'a rien vu, il faut voir la misère de la femme ; qui n'a vu que la misère de la femme n'a rien vu, il faut voir la misère de l'enfant.

Quand l'homme est arrivé aux dernières extrémités, il arrive en même temps aux dernières ressources. Malheur aux êtres sans défense qui l'entourent ! Le travail, le salaire, le pain, le feu, le courage, la bonne volonté, tout lui manque à la fois. La clarté du jour semble s'éteindre au dehors, la lumière morale s'éteint au dedans ; dans ces ombres, l'homme rencontre la faiblesse de la femme et de l'enfant, et les ploie violemment aux ignominies.

Alors toutes les horreurs sont possibles. Le désespoir est entouré de cloisons fragiles qui donnent toutes sur le vice ou sur le crime.

La santé, la jeunesse, l'honneur, les saintes et farouches délicatesses de la chair encore neuve, le cœur, la virginité, la pudeur, cet épiderme de l'âme, sont sinistrement maniés par ce tâtonnement qui cherche des ressources, qui rencontre l'opprobre, et qui s'en accommode. Pères, mères, enfants, frères, sœurs, hommes, femmes, filles, adhèrent, et s'agrègent presque comme une formation minérale, dans cette brumeuse promiscuité de sexes, de parentés, d'âges, d'infamies, d'innocences. Ils s'accroupissent, adossés les uns aux autres, dans une espèce de destin-taudis. Ils s'entre-regardent lamentablement. O les infortunés! comme ils sont pâles! comme ils ont froid! Il semble qu'ils soient dans une planète bien plus loin du soleil que nous.

Cette jeune fille fut pour Marius une sorte d'envoyée des ténèbres.

Elle lui révéla tout un côté hideux de la nuit.

Marius se reprocha presque les préoccupations de rêverie et de passion qui l'avaient empêché jusqu'à ce jour de jeter un coup d'œil sur ses voisins. Avoir payé leur loyer, c'était un mouvement machinal, tout le monde eût eu ce mouvement; mais lui Marius eût dû faire mieux. Quoi! un mur seulement le séparait de ces êtres abandonnés qui vivaient à tâtons dans la nuit en dehors du reste des vivants, il les coudoyait, il était en quelque sorte, lui, le dernier chaînon du genre humain qu'ils touchassent, il les entendait vivre ou plutôt râler à côté de lui, et il n'y prenait point garde! Tous les jours, à chaque instant, à travers la muraille, il les entendait marcher, aller, venir, parler, et il ne prêtait pas l'oreille! et dans ces paroles il y avait des gémissements, et il ne les écoutait même pas, sa pensée était ailleurs, à des songes, à des rayonnements impossibles, à des amours en l'air, à des folies; et cependant des créatures humaines, ses frères en Jésus-Christ, ses frères dans le peuple, agonisaient à côté de lui! agonisaient inutilement! il faisait même partie de leur malheur et il l'aggravait. Car s'ils avaient eu un autre voisin, un voisin moins chimérique et plus attentif, un homme ordinaire et charitable, évidemment leur indigence eût été remarquée, leurs signaux de détresse eussent été aperçus, et depuis longtemps déjà peut-être ils eussent été recueillis et sauvés! Sans doute ils paraissaient bien dépravés, bien corrompus, bien avilis, bien odieux même, mais ils sont rares ceux qui sont tombés sans être dégradés; d'ailleurs il y a un point où les infortunés et les infâmes se mêlent et se confondent dans un seul mot, mot fatal, les misérables; de qui est-ce la faute? Et puis, est-ce que ce n'est pas quand la chute est plus profonde que la charité doit être plus grande?

Tout en se faisant cette morale, car il y avait des occasions où Marius, comme tous les cœurs vraiment honnêtes, était à lui-même son propre pédagogue et se grondait plus qu'il ne le méritait, il considérait le mur qui le séparait des Jondrette, comme s'il eût pu faire passer à travers cette cloison son regard plein de pitié et en aller réchauffer ces malheureux. Le mur était une mince lame de plâtre soutenue par des lattes et des solives, et qui, comme on vient de le lire, laissait parfaitement distinguer le bruit des paroles et des voix. Il fallait être le songeur Marius pour ne pas s'en être encore aperçu. Aucun papier n'était collé sur ce mur ni du côté des Jondrette ni du côté de Marius; on en voyait à nu la grossière construction. Sans presque en avoir conscience, Marius examinait cette cloison; quelquefois la rêverie examine, observe et scrute comme ferait la pensée. Tout à coup, il se leva, il venait de remarquer vers le haut, près du plafond, un trou triangulaire résultant de trois lattes qui laissaient un vide entre elles. Le plâtras qui avait dû boucher ce vide était absent, et en montant sur la commode on pouvait voir par cette ouverture dans le galetas des Jondrette. La commisération a et doit avoir sa curiosité. Ce trou faisait une espèce de judas. Il est permis de regarder l'infortune en traître pour la secourir.

— Voyons un peu ce que c'est que ces gens-là, pensa Marius, et où ils en sont.

Il escalada la commode, approcha sa prunelle de la crevasse, et regarda.

VI

L'HOMME FAUVE AU GITE

Les villes, comme les forêts, ont leurs antres où se cachent tout ce qu'elles ont de plus méchant et de plus redoutable. Seulement, dans les villes, ce qui se cache ainsi est féroce, immonde et petit, c'est-à-dire laid; dans les forêts, ce qui se cache est féroce, sauvage et grand, c'est-à-dire beau. Repaires pour repaires, ceux des bêtes sont préférables à ceux des hommes. Les cavernes valent mieux que les bouges.

Ce que Marius voyait était un bouge.

Marius était pauvre et sa chambre était indigente, mais de même que sa pauvreté était noble, son grenier était propre. Le taudis où

son regard plongeait en ce moment était abject, sale, fétide, infect, ténébreux, sordide. Pour tous meubles, une chaise de paille, une table infirme, quelques vieux tessons, et dans deux coins deux grabats indescriptibles; pour toute clarté, une fenêtre-mansarde à quatre carreaux, drapée de toiles d'araignée. Il venait par cette lucarne juste assez de jour pour qu'une face d'homme parût une face de fantôme. Les murs avaient un aspect lépreux, et étaient couverts de coutures et de cicatrices comme un visage défiguré par quelque horrible maladie; une humidité chassieuse y suintait. On y distinguait des dessins obscènes grossièrement charbonnés.

La chambre que Marius occupait avait un pavage de briques délabré ; celle-ci n'était ni carrelée, ni planchéiée ; on y marchait à cru sur l'antique plâtre de la masure devenu noir sous les pieds. Sur ce sol inégal, où la poussière était comme incrustée et qui n'avait qu'une virginité, celle du balai, se groupaient capricieusement des constellations de vieux chaussons, de savates et de chiffons affreux ; du reste, cette chambre avait une cheminée ; aussi la louait-on quarante francs par an. Il y avait de tout dans cette cheminée, un réchaud, une marmite, des planches cassées, des loques pendues à des clous, une cage d'oiseau, de la cendre et même un peu de feu. Deux tisons y fumaient tristement.

Une chose qui ajoutait encore à l'horreur de ce galetas, c'est que c'était grand. Cela avait des saillies, des angles, des trous noirs, des dessous de toits, des baies et des promontoires. De là d'affreux coins insondables où il semblait que devaient se blottir des araignées grosses comme le poing, des cloportes larges comme le pied, et peut-être même on ne sait quels êtres humains monstrueux.

L'un des grabats était près de la porte, l'autre près de la fenêtre. Tous deux touchaient par une extrémité à la cheminée et faisaient face à Marius. Dans un angle voisin de l'ouverture par où Marius regardait était accrochée au mur dans un cadre de bois noir une gravure coloriée au bas de laquelle était écrit en grosses lettres : LE SONGE. Cela représentait une femme endormie et un enfant endormi, l'enfant sur les genoux de la femme, un aigle dans un nuage avec une couronne dans le bec, et la femme écartant la couronne de la tête de l'enfant, sans se réveiller d'ailleurs ; au fond, Napoléon dans une gloire s'appuyant sur une colonne gros bleu à chapiteau jaune ornée de cette inscription :

MARINGO
AUSTERLITS
IENA
WAGRAMME
ELOT

Au-dessous de ce cadre, une espèce de panneau de bois plus long que large était posé à terre et appuyé en plan incliné contre le mur. Cela avait l'air d'un tableau retourné, d'un châssis probablement barbouillé de l'autre côté, de quelque trumeau détaché d'une muraille et oublié là en attendant qu'on le raccroche.

Près de la table, sur laquelle Marius apercevait une plume, de l'encre et du papier, était assis un homme d'environ soixante ans, petit, maigre, livide, hagard, l'air fin, cruel et inquiet; un gredin hideux.

Lavater, s'il eût considéré ce visage, y eût trouvé le vautour mêlé au procureur, l'oiseau de proie et l'homme de chicane s'enlaidissant et se complétant l'un par l'autre, l'homme de chicane faisant l'oiseau de proie ignoble, l'oiseau de proie faisant l'homme de chicane horrible.

Cet homme avait une longue barbe grise. Il était vêtu d'une chemise de femme qui laissait voir sa poitrine velue et ses bras nus hérissés de poils gris. Sous cette chemise, on voyait passer un pantalon boueux et des bottes dont sortaient les doigts de ses pieds.

Il avait une pipe à la bouche et il fumait. Il n'y avait plus de pain dans le taudis, mais il y avait encore du tabac.

Il écrivait, probablement quelques lettres comme celles que Marius avait lues.

Sur un coin de la table on apercevait un vieux volume rougeâtre dépareillé, et le format, qui était l'ancien in-12 des cabinets de lecture, révélait un roman. Sur la couverture s'étalait ce titre imprimé en grosses majuscules : DIEU, LE ROI, L'HONNEUR ET LES DAMES, PAR DUCRAY-DUMINIL. 1814.

Tout en écrivant, l'homme parlait haut, et Marius entendait ses paroles :

— Dire qu'il n'y a pas d'égalité, même quand on est mort! Voyez un peu le Père-Lachaise! Les grands, ceux qui sont riches, sont en haut, dans l'allée des acacias, qui est pavée. Ils peuvent y arriver en voiture. Les petits, les pauvres gens, les malheureux, quoi! on les met dans le bas, où il y a de la boue jusqu'aux genoux, dans les trous, dans l'humidité. On les met là pour qu'ils soient plus vite gâtés! On ne peut pas aller les voir sans enfoncer dans la terre.

Ici il s'arrêta, frappa du poing sur la table, et ajouta en grinçant des dents :

— Oh! je mangerais le monde!

Une grosse femme qui pouvait avoir quarante ans ou cent ans était accroupie près de la cheminée sur ses talons nus.

Elle n'était vêtue, elle aussi, que d'une chemise, et d'un jupon de tricot rapiécé avec des morceaux de vieux drap. Un tablier de

grosse toile cachait la moitié du jupon. Quoique cette femme fût pliée et ramassée sur elle-même, on voyait qu'elle était de très haute taille. C'était une espèce de géante à côté de son mari. Elle avait d'affreux cheveux d'un blond roux grisonnants qu'elle remuait de temps en temps avec ses énormes mains luisantes à ongles plats.

A côté d'elle était posé à terre, tout grand ouvert, un volume du même format que l'autre, et probablement du même roman.

Sur un des grabats, Marius entrevoyait une espèce de longue petite fille blême assise presque nue et les pieds pendants, n'ayant l'air ni d'écouter, ni de voir, ni de vivre.

La sœur cadette sans doute de celle qui était venue chez lui.

Elle paraissait onze ou douze ans. En l'examinant avec attention, on reconnaissait qu'elle en avait bien quatorze. C'était l'enfant qui disait la veille au soir sur le boulevard : *J'ai cavalé! cavalé! cavalé!*

Elle était de cette espèce malingre qui reste longtemps en retard, puis pousse vite et tout à coup. C'est l'indigence qui fait ces tristes plantes humaines. Ces créatures n'ont ni enfance ni adolescence. A quinze ans, elles en paraissent douze, à seize ans, elles en paraissent vingt. Aujourd'hui petite fille, demain femme. On dirait qu'elles enjambent la vie, pour avoir fini plus vite.

En ce moment, cet être avait l'air d'un enfant.

Du reste, il ne se révélait dans ce logis la présence d'aucun travail; pas un métier, pas un rouet, pas un outil. Dans un coin quelques ferrailles d'un aspect douteux. C'était cette morne paresse qui suit le désespoir et qui précède l'agonie.

Marius considéra quelque temps cet intérieur funèbre plus effrayant que l'intérieur d'une tombe, car on y sentait remuer l'âme humaine et palpiter la vie.

Le galetas, la cave, la basse fosse où de certains indigents rampent au plus bas de l'édifice social n'est pas tout à fait le sépulcre, c'en est l'antichambre; mais comme ces riches qui étalent leurs plus grandes magnificences à l'entrée de leur palais, il semble que la mort, qui est tout à côté, mette ses plus grandes misères dans ce vestibule.

L'homme s'était tu, la femme ne parlait pas, la jeune fille ne semblait pas respirer. On entendait crier la plume sur le papier.

L'homme grommela sans cesser d'écrire : — Canaille! canaille! tout est canaille!

Cette variante à l'épiphonème de Salomon arracha un soupir à la femme.

— Petit ami, calme-toi, dit-elle. Ne te fais pas de mal, chéri. Tu es trop bon d'écrire à tous ces gens-là, mon homme.

Dans la misère, les corps se serrent les uns contre les autres, comme dans le froid, mais les cœurs s'éloignent. Cette femme, selon toute apparence, avait dû aimer cet homme de la quantité d'amour qui était en elle; mais probablement, dans les reproches quotidiens et réciproques d'une affreuse détresse pesant sur tout le groupe, cela s'était éteint. Il n'y avait plus en elle pour son mari que de la cendre d'affection. Pourtant les appellations caressantes, comme cela arrive souvent, avaient survécu. Elle lui disait : *Chéri*, *petit ami*, *mon homme*, etc., de bouche, le cœur se taisant.

L'homme s'était remis à écrire.

VII

STRATÉGIE ET TACTIQUE

Marius, la poitrine oppressée, allait redescendre de l'espèce d'observatoire qu'il s'était improvisé; quand un bruit attira son attention et le fit rester à sa place.

La porte du galetas venait de s'ouvrir brusquement. La fille aînée parut sur le seuil. Elle avait aux pieds de gros souliers d'homme tachés de boue, qui avait jailli jusque sur ses chevilles rouges, et elle était couverte d'une vieille mante en lambeaux que Marius ne lui avait pas vue une heure auparavant, mais qu'elle avait probablement déposée à sa porte afin d'inspirer plus de pitié, et qu'elle avait dû reprendre en sortant. Elle entra, repoussa la porte derrière elle, s'arrêta pour reprendre haleine, car elle était tout essoufflée, puis cria avec une expression de triomphe et de joie :

— Il vient!

Le père tourna les yeux, la femme tourna la tête, la petite sœur ne bougea pas.

— Qui? demanda le père.
— Le monsieur!
— Le philanthrope?
— Oui.
— De l'église Saint-Jacques?
— Oui.
— Ce vieux?

— Oui.
— Et il va venir?
— Il me suit.
— Tu es sûre?
— Je suis sûre.
— Là, vrai, il vient?
— Il vient en fiacre.
— En fiacre. C'est Rothschild!

Le père se leva.

— Comment es-tu sûre? s'il vient en fiacre, comment se fait-il que tu arrives avant lui? lui as-tu bien donné l'adresse au moins? lui as-tu bien dit la dernière porte au fond du corridor à droite? Pourvu qu'il ne se trompe pas! Tu l'as donc trouvé à l'église? a-t-il lu ma lettre? qu'est-ce qu'il t'a dit?

— Ta, ta, ta! dit la fille, comme tu galopes, bonhomme! Voici : je suis entrée dans l'église, il était à sa place d'habitude, je lui ai fait la révérence, et je lui ai remis la lettre, il a lu et il m'a dit : Où demeurez-vous, mon enfant? J'ai dit : Monsieur, je vas vous mener. Il m'a dit : Non, donnez-moi votre adresse, ma fille a des emplettes à faire, je vais prendre une voiture et j'arriverai chez vous en même temps que vous. Je lui ai donné l'adresse. Quand je lui ai dit la maison, il a paru surpris et qu'il hésitait un instant, puis il a dit : C'est égal, j'irai. La messe finie, je l'ai vu sortir de l'église avec sa fille, je les ai vus monter en fiacre. Et je lui ai bien dit la dernière porte au fond du corridor à droite.

— Et qu'est-ce qui te dit qu'il viendra?
— Je viens de voir le fiacre qui arrivait rue du Petit-Banquier. C'est ce qui fait que j'ai couru.
— Comment sais-tu que c'est le même fiacre?
— Parce que j'en avais remarqué le numéro, donc!
— Quel est ce numéro?
— 440.
— Bien, tu es une fille d'esprit.

La fille regarda hardiment son père, et montrant les chaussures qu'elle avait aux pieds :

— Une fille d'esprit, c'est possible; mais je dis que je ne mettrai plus ces souliers-là, et que je n'en veux plus, pour la santé d'abord, et pour la propreté ensuite. Je ne connais rien de plus agaçant que des semelles qui jutent et qui font ghi, ghi, ghi, tout le long du chemin. J'aime mieux aller nu-pieds.

— Tu as raison, répondit le père d'un ton de douceur qui contrastait avec la rudesse de la jeune fille, mais c'est qu'on ne te laisserait pas entrer dans les églises, il faut que les pauvres aient des souliers. On ne va pas pieds nus chez le bon Dieu, ajouta-t-il amèrement.

Puis revenant à l'objet qui le préoccupait :

— Et tu es sûre, là, sûre qu'il vient?

— Il est derrière mes talons, dit-elle.

L'homme se dressa. Il y avait une sorte d'illumination sur son visage.

— Ma femme! cria-t-il, tu entends. Voilà le philanthrope. Éteins le feu.

La mère stupéfaite ne bougea pas.

Le père, avec l'agilité d'un saltimbanque, saisit un pot égueulé qui était sur la cheminée et jeta de l'eau sur les tisons.

Puis s'adressant à sa fille aînée :

— Toi! dépaille la chaise!

Sa fille ne comprenait point.

Il empoigna la chaise et d'un coup de talon il en fit une chaise dépaillée. Sa jambe passa au travers.

Tout en retirant la jambe, il demanda à sa fille :

— Fait-il froid?

— Très froid. Il neige.

Le père se tourna vers la cadette qui était sur le grabat près de la fenêtre et lui cria d'une voix tonnante :

— Vite! à bas du lit, fainéante! tu ne feras donc jamais rien! casse un carreau!

La petite se jeta à bas du lit en frissonnant.

— Casse un carreau! reprit-il.

L'enfant demeura interdite.

— M'entends-tu? répéta le père, je te dis de casser un carreau!

L'enfant, avec une sorte d'obéissance terrifiée, se dressa sur la pointe du pied, et donna un coup de poing dans un carreau. La vitre se brisa et tomba à grand bruit.

— Bien, dit le père.

Il était grave et brusque. Son regard parcourait rapidement tous les recoins du galetas.

On eût dit un général qui fait les derniers préparatifs au moment où la bataille va commencer.

La mère, qui n'avait pas encore dit un mot, se souleva et demanda d'une voix lente et sourde et dont les paroles semblaient sortir comme figées :

— Chéri, qu'est-ce que tu veux faire?

— Mets-toi au lit, répondit l'homme.

L'intonation n'admettait pas de délibération. La mère obéit et se jeta lourdement sur un des grabats.

Cependant on entendait un sanglot dans un coin.

— Qu'est-ce que c'est? cria le père.

La fille cadette, sans sortir de l'ombre où elle s'était blottie, montra son poing ensanglanté. En brisant la vitre, elle s'était blessée; elle s'en était allée près du grabat de sa mère, et elle pleurait silencieusement.

Ce fut le tour de la mère de se dresser et de crier :

— Tu vois bien! les bêtises que tu fais! en cassant ton carreau, elle s'est coupée!

— Tant mieux! dit l'homme, c'était prévu.

— Comment? tant mieux! reprit la femme.

— Paix! répliqua le père, je supprime la liberté de la presse.

Puis, déchirant la chemise de femme qu'il avait sur le corps, il fit un lambeau de toile dont il enveloppa vivement le poignet sanglant de la petite.

Cela fait, son œil s'abaissa sur la chemise déchirée avec satisfaction.

— Et la chemise aussi, dit-il. Tout cela a bon air.

Une bise glacée sifflait à la vitre et entrait dans la chambre. La brume du dehors y pénétrait et s'y dilatait comme une ouate blanchâtre vaguement démêlée par des doigts invisibles. A travers le carreau cassé on voyait tomber la neige. Le froid promis la veille par le soleil de la Chandeleur était en effet venu.

Le père promena un coup d'œil autour de lui comme pour s'assurer qu'il n'avait rien oublié. Il prit une vieille pelle et répandit de la cendre sur les tisons mouillés de façon à les cacher complétement.

Puis se relevant et s'adossant à la cheminée :

— Maintenant, dit-il, nous pouvons recevoir le philanthrope.

VIII

LE RAYON DANS LE BOUGE

La grande fille s'approcha et posa sa main sur celle de son père.
— Tâte comme j'ai froid, dit-elle.
— Bah! répondit le père, j'ai bien plus froid que cela.
La mère cria impétueusement :
— Tu as toujours tout mieux que les autres, toi! même le mal.

— A bas! dit l'homme.

La mère, regardée d'une certaine façon, se tut.

Il y eut dans le bouge un moment de silence. La fille aînée décrottait d'un air insouciant le bas de sa mante, la jeune sœur continuait de sangloter; la mère lui avait pris la tête dans ses deux mains et la couvrait de baisers en lui disant tout bas :

— Mon trésor, je t'en prie, ce ne sera rien, ne pleure pas, tu vas fâcher ton père.

— Non! cria le père, au contraire! sanglote! sanglote! cela fait bien.

Puis revenant à l'aînée :

— Ah çà, mais! il n'arrive pas! s'il allait ne pas venir! j'aurais éteint mon feu, défoncé ma chaise, déchiré ma chemise et cassé mon carreau pour rien.

— Et blessé la petite! murmura la mère.

— Savez-vous, reprit le père, qu'il fait un froid de chien dans ce galetas du diable! Si cet homme ne venait pas! Oh! voilà! il se fait attendre! il se dit : Eh bien! ils m'attendront! ils sont là pour cela! — Oh! que je les hais, et comme je les étranglerais avec jubilation, joie, enthousiasme et satisfaction, ces riches! tous ces riches! ces prétendus hommes charitables, qui font les confits, qui vont à la messe, qui donnent dans la prêtraille, prêchi, prêcha, dans les calottes, et qui se croient au-dessus de nous, et qui viennent nous humilier, et nous apporter des « vêtements » comme ils disent! des nippes qui ne valent pas quatre sous! et du pain! Ce n'est pas cela que je veux, tas de canailles! c'est de l'argent! Ah! de l'argent! jamais! parce qu'ils disent que nous l'irions boire, et que nous sommes des ivrognes et des fainéants! Et eux! qu'est-ce qu'ils sont donc, et qu'est-ce qu'ils ont été dans leur temps? des voleurs! ils ne se seraient pas enrichis sans cela! Oh! l'on devrait prendre la société par les quatre coins de la nappe et tout jeter en l'air! tout se casserait, c'est possible, mais au moins personne n'aurait rien, ce serait cela de gagné! Mais qu'est-ce qu'il fait donc, ton mufle de monsieur bienfaisant? viendra-t-il? L'animal a peut-être oublié l'adresse! gageons que cette vieille bête...

En ce moment on frappa un léger coup à la porte, l'homme s'y précipita et l'ouvrit, en s'écriant avec des salutations profondes et des sourires d'adoration :

— Entrez, monsieur! daignez entrer, mon respectable bienfaiteur, ainsi que votre charmante demoiselle.

Un homme d'un âge mûr et une jeune fille parurent sur le seuil du galetas.

Marius n'avait pas quitté sa place. Ce qu'il éprouva en ce moment échappe à la langue humaine.

C'était Elle.

Quiconque a aimé sait tous les sens rayonnants que contiennent les quatre lettres de ce mot : Elle.

C'était bien elle. C'est à peine si Marius la distinguait à travers la vapeur lumineuse qui s'était subitement répandue sur ses yeux. C'était ce doux être absent, cet astre qui lui avait lui pendant six mois, c'était cette prunelle, ce front, cette bouche, ce beau visage évanoui qui avait fait la nuit en s'en allant. La vision s'était éclipsée, elle reparaissait !

Elle reparaissait dans cette ombre, dans ce galetas, dans ce bouge difforme, dans cette horreur!

Marius frémissait éperdument. Quoi! c'était elle! les palpitations de son cœur lui troublaient la vue. Il se sentait prêt à fondre en larmes! Quoi! il la revoyait enfin après l'avoir cherchée si longtemps! il lui semblait qu'il avait perdu son âme et qu'il venait de la retrouver.

Elle était toujours la même, un peu pâle seulement; sa délicate figure s'encadrait dans un chapeau de velours violet, sa taille se dérobait sous une pelisse de satin noir. On entrevoyait sous sa longue robe son petit pied serré dans un brodequin de soie.

Elle était toujours accompagnée de M. Leblanc.

Elle avait fait quelques pas dans la chambre et avait déposé un assez gros paquet sur la table.

La Jondrette aînée s'était retirée derrière la porte et regardait d'un œil sombre ce chapeau de velours, cette mante de soie et ce charmant visage heureux.

IX

JONDRETTE PLEURE PRESQUE

Le taudis était tellement obscur que les gens qui venaient du dehors éprouvaient en y pénétrant un effet d'entrée de cave. Les deux nouveaux venus avancèrent donc avec une certaine hésitation, distinguant à peine des formes vagues autour d'eux, tandis qu'ils étaient parfaitement vus et examinés par les yeux des habitants du galetas, accoutumés à ce crépuscule.

M. Leblanc s'approcha avec son regard bon et triste, et dit au père Jondrette :

— Monsieur, vous trouverez dans ce paquet des hardes neuves, des bas et des couvertures de laine.

— Notre angélique bienfaiteur nous comble, dit Jondrette en s'inclinant jusqu'à terre.

Puis, se penchant à l'oreille de sa fille aînée, pendant que les deux visiteurs examinaient cet intérieur lamentable, il ajouta bas et rapidement :

— Hein? qu'est-ce que je disais? des nippes! pas d'argent. Ils sont tous les mêmes! A propos, comment la lettre à cette vieille ganache était-elle signée?

— Fabantou, répondit la fille.

— L'artiste dramatique, bon !

Bien en prit à Jondrette, car en ce moment-là même M. Leblanc se retournait vers lui, et lui disait de cet air de quelqu'un qui cherche le nom :

— Je vois que vous êtes bien à plaindre, monsieur...

— Fabantou, répondit vivement Jondrette.

— Monsieur Fabantou, oui, c'est cela. Je me rappelle.

— Artiste dramatique, monsieur, et qui a eu des succès.

Ici Jondrette crut évidemment le moment venu de s'emparer du « philanthrope ». Il s'écria avec un son de voix qui tenait tout à la fois de la gloriole du bateleur dans les foires et de l'humilité du mendiant sur les grandes routes :

— Élève de Talma! monsieur! Je suis élève de Talma! La fortune m'a souri jadis. Hélas! maintenant c'est le tour du malheur. Voyez, mon bienfaiteur, pas de pain, pas de feu. Mes pauvres mômes n'ont pas de feu! Mon unique chaise dépaillée! Un carreau cassé! par le temps qu'il fait! Mon épouse au lit! malade!

— Pauvre femme! dit M. Leblanc.

— Mon enfant blessé! ajouta Jondrette.

L'enfant, distraite par l'arrivée des étrangers, s'était mise à contempler « la demoiselle » et avait cessé de sangloter.

— Pleure donc! braille donc! lui dit Jondrette bas.

En même temps il lui pinça sa main malade. Tout cela avec un talent d'escamoteur.

La petite jeta les hauts cris.

L'adorable jeune fille que Marius nommait dans son cœur « son Ursule » s'approcha vivement.

— Pauvre chère enfant! dit-elle.

— Voyez, ma belle demoiselle, poursuivit Jondrette, son poignet ensanglanté! C'est un accident qui est arrivé en travaillant sous une mécanique pour gagner six sous par jour. On sera peut-être obligé de lui couper le bras!

— Vraiment? dit le vieux monsieur alarmé.

La petite fille, prenant cette parole au sérieux, se remit à sangloter de plus belle.

— Hélas! oui, mon bienfaiteur! répondit le père.

Depuis quelques instants, Jondrette considérait « le philanthrope » d'une manière bizarre. Tout en parlant, il semblait le scruter avec attention comme s'il cherchait à recueillir des souvenirs. Tout à coup, profitant d'un moment où les nouveaux venus questionnaient avec intérêt la petite sur sa main blessée, il passa près de sa femme qui était dans son lit avec un air accablé et stupide, et lui dit vivement et très-bas :

— Regarde donc cet homme-là!

Puis se retournant vers M. Leblanc, et continuant sa lamentation :

— Voyez, monsieur! je n'ai, moi, pour tout vêtement qu'une chemise de ma femme! et toute déchirée! au cœur de l'hiver. Je ne puis sortir faute d'un habit. Si j'avais le moindre habit, j'irais voir mademoiselle Mars qui me connaît et qui m'aime beaucoup. Ne demeure-t-elle pas toujours rue de la Tour-des-Dames? Savez-vous, monsieur? nous avons joué ensemble en province. J'ai partagé ses lauriers. Célimène viendrait à mon secours, monsieur! Elmire ferait l'aumône à Bélisaire! Mais non, rien! Et pas un sou dans la maison! Ma femme malade, pas un sou! Ma fille dangereusement blessée, pas un sou! Mon épouse a des étouffements. C'est son âge, et puis le système nerveux s'en est mêlé. Il lui faudrait des secours, et à ma fille aussi! Mais le médecin! mais le pharmacien! comment payer? pas un liard! Je m'agenouillerais devant un décime, monsieur! Voilà où les arts en sont réduits! Et savez-vous, ma charmante demoiselle, et vous, mon généreux protecteur, savez-vous, vous qui respirez la vertu et la bonté, et qui parfumez cette église où ma pauvre fille en venant faire sa prière vous aperçoit tous les jours? — Car j'élève mes filles dans la religion, monsieur. Je n'ai pas voulu qu'elles prissent le théâtre. Ah! les drôlesses! que je les voie broncher! Je ne badine pas, moi! Je leur flanque des bouzins sur l'honneur, sur la morale, sur la vertu! Demandez-leur! Il faut que ça marche droit. Elles ont un père. Ce ne sont pas de ces malheureuses qui commencent par n'avoir pas de famille et qui finissent par épouser le public. On est mamselle Personne, on devient madame Tout-le-monde. Crebleur! pas de ça dans la famille Fabantou! J'entends les éduquer vertueusement, et que ça soit honnête, et que ça soit gentil, et que ça croie en Dieu, sacré nom! Eh bien, monsieur, mon digne monsieur, savez-vous ce qui va se passer demain? Demain, c'est le 4 février, le jour fatal, le dernier délai que m'a donné mon propriétaire; si ce soir je ne l'ai pas payé, demain ma fille aînée, moi, mon épouse avec sa fièvre, mon enfant avec sa blessure, nous serons tous quatre chassés d'ici et jetés dehors, dans la rue, sur le boulevard, sans abri, sous la pluie, sur la neige. Voilà, monsieur. Je dois quatre termes, une année! c'est-à-dire soixante francs.

Jondrette mentait. Quatre termes n'eussent fait que quarante francs, et il n'en pouvait devoir quatre, puisqu'il n'y avait pas six mois que Marius en avait payé deux.

M. Leblanc tira cinq francs de sa poche et les jeta sur la table.

Jondrette eut le temps de grommeler à l'oreille de sa grande fille :

— Gredin! que veut-il que je fasse avec ses cinq francs? Cela ne me paye pas ma chaise et mon carreau! Faites donc des frais!

Cependant M. Leblanc avait quitté une grande redingote brune qu'il portait par-dessus sa redingote bleue et l'avait jetée sur le dos de la chaise.

— Monsieur Fabantou, dit-il, je n'ai plus que ces cinq francs sur moi, mais je vais reconduire ma fille à la maison et je reviendrai ce soir, n'est-ce pas ce soir que vous devez payer?...

Le visage de Jondrette s'éclaira d'une expression étrange. Il répondit vivement :

— Oui, mon respectable monsieur. A huit heures je dois être chez mon propriétaire.

— Je serai ici à six heures, et je vous apporterai les soixante francs.

— Mon bienfaiteur! cria Jondrette éperdu.

Et il ajouta tout bas : — Regarde-le bien, ma femme!

M. Leblanc avait repris le bras de la belle jeune fille et se tournait vers la porte :

— A ce soir, mes amis! dit-il.

— Six heures? fit Jondrette.

— Six heures précises.

En ce moment le pardessus resté sur la chaise frappa les yeux de la Jondrette aînée.

— Monsieur, dit-elle, vous oubliez votre redingote.

Jondrette dirigea vers sa fille un regard foudroyant accompagné d'un haussement d'épaules formidable.

M. Leblanc se retourna et répondit avec un sourire :

— Je ne l'oublie pas, je la laisse.

— O mon protecteur, dit Jondrette, mon auguste bienfaiteur, je fonds en larmes! Souffrez que je vous reconduise jusqu'à votre fiacre.

— Si vous sortez, repartit M. Leblanc, mettez ce pardessus. Il fait vraiment très froid.

Jondrette ne se le fit pas dire deux fois. Il endossa vivement la redingote brune.

Et ils sortirent tous les trois, Jondrette précédant les deux étrangers.

X

TARIF DES CABRIOLETS DE RÉGIE : DEUX FRANCS L'HEURE

Marius n'avait rien perdu de toute cette scène, et pourtant en réalité, il n'en avait rien vu. Ses yeux étaient restés fixés sur la jeune fille, son cœur l'avait pour ainsi dire saisie et enveloppée tout entière dès son premier pas dans le galetas. Pendant tout le temps qu'elle avait été là, il avait vécu de cette vie de l'extase qui suspend les perceptions matérielles et précipite toute l'âme sur un seul point. Il contemplait, non pas cette fille, mais cette lumière qui avait une pelisse de satin et un chapeau de velours. L'étoile Sirius fût entrée dans la chambre qu'il n'eût pas été plus ébloui.

Tandis que la jeune fille ouvrait le paquet, dépliait les hardes et les couvertures, questionnait la mère malade avec bonté et la petite blessée avec attendrissement, il épiait tous ses mouvements, il tâchait d'écouter ses paroles. Il connaissait ses yeux, son front, sa beauté, sa taille, sa démarche, il ne connaissait pas le son de sa voix. Il avait cru en saisir quelques mots une fois au Luxembourg, mais il n'en était pas absolument sûr. Il eût donné dix ans de sa vie pour l'entendre, pour pouvoir emporter dans son âme un peu de cette musique. Mais tout se perdait dans les étalages lamentables et les éclats de trompette de Jondrette. Cela mêlait une vraie colère au ravissement de Marius. Il la couvait des yeux. Il ne pouvait s'imaginer que ce fût vraiment cette créature divine qu'il apercevait au milieu de ces êtres immondes dans ce taudis monstrueux. Il lui semblait voir un colibri parmi des crapauds.

Quand elle sortit, il n'eut qu'une pensée, la suivre, s'attacher à sa trace, ne la quitter que sachant où elle demeurait, ne pas la reperdre au moins après l'avoir si miraculeusement retrouvée ! Il sauta à bas de la commode et prit son chapeau. Comme il mettait la main au pène de la serrure et allait sortir, une réflexion l'arrêta. Le corridor était long, l'escalier roide, le Jondrette bavard, M. Leblanc n'était sans doute pas encore remonté en voiture; si en se retournant dans le corridor, ou dans l'escalier, ou sur le seuil, il l'apercevait lui, Marius, dans cette maison, évidemment il s'alarmerait et trouverait moyen de lui échapper de nouveau, et ce serait encore une fois fini. Que faire? attendre un peu? Mais pendant cette attente, la voiture pouvait partir. Marius était perplexe. Enfin il se risqua, et sortit de sa chambre.

Il n'y avait plus personne dans le corridor. Il courut à l'escalier. Il n'y avait personne dans l'escalier. Il descendit en hâte, et il arriva sur le boulevard à temps pour voir un fiacre tourner le coin de la rue du Petit-Banquier et rentrer dans Paris.

Marius se précipita dans cette direction. Parvenu à l'angle du boulevard, il revit le fiacre qui descendait rapidement la rue Mouffetard ; le fiacre était déjà très-loin, aucun moyen de le rejoindre ; quoi? courir après? impossible; et d'ailleurs de la voiture on remarquerait certainement un individu courant à toutes jambes à la poursuite du fiacre, et le père le reconnaîtrait. En ce moment, hasard inouï et merveilleux, Marius aperçut un cabriolet de régie qui passait à vide sur le boulevard. Il n'y avait qu'un parti à prendre, monter dans ce cabriolet et suivre le fiacre. Cela était sûr, efficace et sans danger.

Marius fit signe au cocher d'arrêter et lui cria :

— A l'heure !

Marius était sans cravate, il avait son vieil habit de travail auquel des boutons manquaient, sa chemise était déchirée à l'un des plis de la poitrine.

Le cocher s'arrêta, cligna de l'œil, et étendit vers Marius sa main gauche en frottant doucement son index avec son pouce.

— Quoi? dit Marius.

— Payez d'avance, dit le cocher.

Marius se souvint qu'il n'avait sur lui que seize sous.

— Combien? demanda-t-il.

— Quarante sous.

— Je payerai en revenant.

Le cocher, pour toute réponse, siffla l'air de La Palisse et fouetta son cheval.

Marius regarda le cabriolet s'éloigner d'un air égaré. Pour vingt-quatre sous qui lui manquaient, il perdait sa joie, son bonheur, son amour ! il retombait dans la nuit ! il avait vu et il redevenait aveugle. Il songea amèrement et, il faut bien le dire, avec un regret profond, aux cinq francs qu'il avait donnés le matin même à cette misérable

fille. S'il avait eu ces cinq francs, il était sauvé, il renaissait, il sortait des limbes et des ténèbres, il sortait de l'isolement, du spleen, du veuvage; il renouait le fil noir de sa destinée à ce beau fil d'or qui venait de flotter devant ses yeux et de se casser encore une fois ! Il rentra dans la masure désespéré.

Il aurait pu se dire que M. Leblanc avait promis de revenir le soir, et qu'il n'y aurait qu'à s'y mieux prendre cette fois pour le suivre; mais dans sa contemplation, c'est à peine s'il avait entendu.

Au moment de monter l'escalier, il aperçut de l'autre côté du boulevard, le long du mur désert de la rue de la Barrière-des-Gobelins, Jondrette enveloppé du pardessus du « philanthrope », qui parlait à un de ces hommes de mine inquiétante qu'on est convenu d'appeler *rôdeurs de barrières*; gens à figures équivoques, à monologues suspects, qui ont un air de mauvaise pensée, et qui dorment assez habituellement le jour, ce qui fait supposer qu'ils travaillent la nuit.

Ces deux hommes, causant immobiles sous la neige qui tombait par tourbillons, faisaient un groupe qu'un sergent de ville eût à coup sûr observé, mais que Marius remarqua à peine.

Cependant, quelle que fût sa préoccupation douloureuse, il ne put s'empêcher de se dire que ce rôdeur de barrières à qui Jondrette parlait ressemblait à un certain Panchaud, dit Printanier, dit Bigrenaille, que Courfeyrac lui avait montré une fois et qui passait dans le quartier pour un promeneur nocturne assez dangereux. On a vu, dans le livre précédent, le nom de cet homme. Ce Panchaud, dit Printanier, dit Bigrenaille, a figuré plus tard dans plusieurs procès criminels et est devenu depuis un coquin célèbre. Il n'était encore alors qu'un fameux coquin. Aujourd'hui il est à l'état de tradition parmi les bandits et les escarpes. Il faisait école vers la fin du dernier règne. Et le soir, à la nuit tombante, à l'heure où les groupes se forment et se parlent bas, on en causait à la Force dans la Fosse-aux-Lions. On pouvait même, dans cette prison, précisément à l'endroit où passait sous le chemin de ronde ce canal des latrines qui servit à la fuite inouïe en plein jour de trente détenus en 1843, on pouvait, au-dessus de la dalle de ces latrines, lire son nom, PANCHAUD, audacieusement gravé par lui sur le mur de ronde dans une de ses tentatives d'évasion. En 1832, la police le surveillait déjà, mais il n'avait pas encore sérieusement débuté.

XI

OFFRES DE SERVICE DE LA MISÈRE A LA DOULEUR

Marius monta l'escalier de la masure à pas lents; à l'instant où il allait rentrer dans sa cellule, il aperçut derrière lui dans le corridor la Jondrette aînée qui le suivait. Cette fille lui fut odieuse à voir,

c'était elle qui avait ses cinq francs, il était trop tard pour les lui redemander, le cabriolet n'était plus là, le fiacre était bien loin. D'ailleurs elle ne les lui rendrait pas. Quant à la questionner sur la demeure des gens qui étaient venus tout à l'heure, cela était inutile, il était évident qu'elle ne la savait point, puisque la lettre signée Fabantou était adressée *au monsieur bienfaisant de l'église Saint-Jacques-du-Haut-Pas.*

Marius entra dans sa chambre et poussa sa porte derrière lui.

Elle ne se ferma pas; il se retourna et vit une main qui retenait la porte entr'ouverte.

— Qu'est-ce que c'est? demanda-t-il, qui est là?
C'était la fille Jondrette.
— C'est vous? reprit Marius presque durement, toujours vous donc! que me voulez-vous?

Elle semblait pensive et ne regardait pas. Elle n'avait plus son assurance du matin. Elle n'était pas entrée et se tenait dans l'ombre du corridor, où Marius l'apercevait par la porte entre-bâillée.

— Ah çà, répondrez-vous? fit Marius. Qu'est-ce que vous me voulez?

Elle leva sur lui son œil morne où une espèce de clarté semblait s'allumer vaguement, et lui dit :

— Monsieur Marius, vous avez l'air triste. Qu'est-ce que vous avez?

— Moi! dit Marius.

— Oui, vous.

— Je n'ai rien.

— Si!

— Non.

— Je vous dis que si!

— Laissez-moi tranquille!

Marius poussa de nouveau la porte, elle continua de la retenir.

— Tenez, dit-elle, vous avez tort. Quoique vous ne soyez pas riche, vous avez été bon ce matin. Soyez-le encore à présent. Vous m'avez donné de quoi manger, dites-moi maintenant ce que vous avez. Vous avez du chagrin, cela se voit. Je ne voudrais pas que vous eussiez du chagrin. Qu'est-ce qu'il faut faire pour cela? Puis-je servir à quelque chose? Employez-moi. Je ne vous demande pas vos secrets, vous n'aurez pas besoin de me les dire, mais enfin je peux être utile. Je puis bien vous aider, puisque j'aide mon père. Quand il faut porter des lettres, aller dans les maisons, demander de porte en porte, trouver une adresse, suivre quelqu'un, moi je sers à ça. Eh bien, vous pouvez bien me dire ce que vous avez, j'irai parler aux personnes; quelquefois quelqu'un qui parle aux personnes, ça suffit pour qu'on sache les choses, et tout s'arrange. Servez-vous de moi.

Une idée traversa l'esprit de Marius. Quelle branche dédaigne-t-on quand on se sent tomber?

Il s'approcha de la Jondrette.

— Écoute,... lui dit-il.

Elle l'interrompit avec un éclair de joie dans les yeux.

— Oh oui, tutoyez-moi! j'aime mieux cela.

— Eh bien, reprit-il, tu as amené ici ce vieux monsieur avec sa fille!

— Oui.

— Sais-tu leur adresse?

— Non.

— Trouve-la-moi.

L'œil de la Jondrette, de morne, était devenu joyeux, de joyeux il devint sombre.

— C'est là ce que vous voulez? demanda-t-elle.
— Oui.
— Est-ce que vous les connaissez?
— Non.
— C'est-à-dire, reprit-elle vivement, vous ne la connaissez pas, mais vous voulez la connaître.

Ce *les* qui était devenu *la* avait je ne sais quoi de significatif et d'amer.

— Enfin, peux-tu? dit Marius.
— Vous aurez l'adresse de la belle demoiselle.

Il y avait encore dans ces mots « la belle demoiselle » une nuance qui importuna Marius. Il reprit :

— Enfin n'importe! l'adresse du père et de la fille. Leur adresse, quoi !

Elle le regarda fixement.

— Qu'est-ce que vous me donnerez?
— Tout ce que tu voudras!
— Tout ce que je voudrai?
— Oui.
— Vous aurez l'adresse.

Elle baissa la tête, puis, d'un mouvement brusque, elle tira la porte qui se referma.

Marius se retrouva seul.

Il se laissa tomber sur une chaise, la tête et les deux coudes sur son lit, abîmé dans des pensées qu'il ne pouvait saisir et comme en proie à un vertige. Tout ce qui s'était passé depuis le matin, l'apparition de l'ange, sa disparition, ce que cette créature venait de lui dire, une lueur d'espérance flottant dans un désespoir immense, voilà ce qui emplissait confusément son cerveau.

Tout à coup il fut violemment arraché à sa rêverie.

Il entendit la voix haute et dure de Jondrette prononcer ces paroles pleines du plus étrange intérêt pour lui :

— Je te dis que j'en suis sûr et que je l'ai reconnu!

De qui parlait Jondrette? il avait reconnu qui? M. Leblanc? le père de « son Ursule? » Quoi! est-ce que Jondrette le connaissait? Marius allait-il avoir de cette façon brusque et inattendue tous les renseignements sans lesquels sa vie était obscure pour lui-même? allait-il savoir enfin qui il aimait, qui était cette jeune fille? qui était son père? L'ombre si épaisse qui les couvrait était-elle au moment de s'éclaircir? le voile allait-il se déchirer? Ah! ciel!

Il bondit, plutôt qu'il ne monta, sur la commode, et reprit sa place près de la petite lucarne de la cloison.

Il revoyait l'intérieur du bouge Jondrette.

XII

EMPLOI DE LA PIÈCE DE CINQ FRANCS DE M. LEBLANC

Rien n'était changé dans l'aspect de la famille, sinon que la femme et les filles avaient puisé dans le paquet, et mis des bas et des camisoles de laine. Deux couvertures neuves étaient jetées sur les deux lits.

Le Jondrette venait évidemment de rentrer. Il avait encore l'essoufflement du dehors. Ses filles étaient près de la cheminée assises à terre, l'aînée pansant la main de la cadette. Sa femme était comme affaissée sur le grabat voisin de la cheminée avec un visage étonné. Jondrette marchait dans le galetas de long en large à grands pas. Il avait les yeux extraordinaires.

La femme, qui semblait timide et frappée de stupeur devant son mari, se hasarda à lui dire :

— Quoi, vraiment? tu es sûr?

— Sûr! Il y a huit ans! mais je le reconnais! Ah! je le reconnais! je l'ai reconnu tout de suite! Quoi! cela ne t'a pas sauté aux yeux?

— Non.

— Mais je t'ai dit pourtant : Fais attention! mais c'est la taille, c'est le visage, à peine plus vieux, — il y a des gens qui ne vieillissent pas, je ne sais pas comment ils font, — c'est le son de voix. Il est mieux mis, voilà tout! Ah! vieux mystérieux du diable, je te tiens, va!

Il s'arrêta et dit à ses filles :

— Allez-vous-en, vous autres! — C'est drôle que cela ne t'ait pas sauté aux yeux.

Elles se levèrent pour obéir.

La mère balbutia :

— Avec sa main malade?

— L'air lui fera du bien, dit Jondrette. Allez.

Il était visible que cet homme était de ceux auxquels on ne réplique pas. Les deux filles sortirent.

Au moment où elles allaient passer la porte, le père retint l'aînée par le bras, et dit avec un accent particulier :

— Vous serez ici à cinq heures précises. Toutes les deux. J'aurai besoin de vous.

Marius redoubla d'attention.

Demeuré seul avec sa femme, Jondrette se remit à marcher dans la chambre et en fit deux ou trois fois le tour en silence. Puis il passa quelques minutes à faire rentrer et à enfoncer dans la ceinture de son pantalon le bas de la chemise de femme qu'il portait.

Tout à coup il se tourna vers la Jondrette, croisa les bras et s'écria :

— Et veux-tu que je te dise une chose? la demoiselle...

— Eh bien quoi? repartit la femme, la demoiselle?

Marius n'en pouvait douter, c'était bien d'elle qu'on parlait. Il écoutait avec une anxiété ardente. Toute sa vie était dans ses oreilles.

Mais le Jondrette s'était penché et avait parlé bas à sa femme. Puis il se releva et termina tout haut :

— C'est elle!

— Ça? dit la femme.

— Ça! dit le mari.

Aucune expression ne saurait rendre ce qu'il y avait dans le *ça* de la mère. C'était la surprise, la rage, la haine, la colère, mêlées et combinées dans une intonation monstrueuse. Il avait suffi de quelques mots prononcés, du nom sans doute, que son mari lui avait dit à l'oreille, pour que cette grosse femme assoupie se réveillât, et de repoussante devînt effroyable.

— Pas possible! s'écria-t-elle, quand je pense que mes filles vont nu-pieds et n'ont pas une robe à mettre! Comment! une pelisse de satin, un chapeau de velours, des brodequins, et tout! pour plus de deux cents francs d'effets! qu'on croirait que c'est une dame! Non, tu te trompes! Mais d'abord l'autre était affreuse, celle-ci n'est pas mal! elle n'est vraiment pas mal! ce ne peut pas être elle!

— Je te dis que c'est elle. Tu verras.

A cette affirmation si absolue, la Jondrette leva sa large face rouge et blonde et regarda le plafond avec une expression difforme. En ce moment elle parut à Marius plus redoutable encore que son mari. C'était une truie avec le regard d'une tigresse.

— Quoi! reprit-elle, cette horrible belle demoiselle qui regardait mes filles d'un air de pitié, ce serait cette gueuse! Oh! je voudrais lui crever le ventre à coups de sabot!

Elle sauta à bas du lit, et resta un moment debout, décoiffée, les narines gonflées, la bouche entr'ouverte, les poings crispés et rejetés en arrière. Puis elle se laissa retomber sur le grabat. L'homme allait et venait sans faire attention à sa femelle.

Après quelques instants de silence, il s'approcha de la Jondrette et s'arrêta devant elle, les bras croisés, comme le moment d'auparavant :

— Et veux-tu que je te dise une chose?

— Quoi? demanda-t-elle.

Il répondit d'une voix brève et basse :

— C'est que ma fortune est faite.

La Jondrette le considéra de ce regard qui veut dire : Est-ce que celui qui me parle deviendrait fou?

Lui continua :

— Tonnerre! voilà pas mal longtemps déjà que je suis paroissien de la paroisse-meurs-de-faim-si-tu-as-du-feu,-meurs-de-froid-si-tu-as-du-pain! j'en ai assez eu de la misère! ma charge et la charge des autres! Je ne plaisante plus, je ne trouve plus ça comique, assez de calembours, bon Dieu! plus de farces, père éternel! je veux manger à ma faim, je veux boire à ma soif! bâfrer! dormir! ne rien faire! je veux avoir mon tour, moi, tiens! avant de crever! je veux être un peu millionnaire!

Il fit le tour du bouge et ajouta :

— Comme les autres.

— Qu'est-ce que tu veux dire? demanda la femme.

Il secoua la tête, cligna de l'œil et haussa la voix comme un physicien de carrefour qui va faire une démonstration :

— Ce que je veux dire ? écoute !

— Chut ! grommela la Jondrette, pas si haut ! si ce sont des affaires qu'il ne faut pas qu'on entende.

— Bah ! qui ça ? le voisin ? je l'ai vu sortir tout à l'heure. D'ailleurs, est-ce qu'il entend, ce grand bêta ? et puis je te dis que je l'ai vu sortir.

Cependant, par une sorte d'instinct, Jondrette baissa la voix, pas assez pourtant pour que ses paroles échappassent à Marius. Une circonstance favorable, et qui avait permis à Marius de ne rien perdre de cette conversation, c'est que la neige tombée assourdissait le bruit des voitures sur le boulevard.

Voici ce que Marius entendit :

— Écoute bien. Il est pris, le crésus ! c'est tout comme. C'est déjà fait. Tout est arrangé. J'ai vu des gens. Il viendra ce soir à six heures. Apporter ses soixante francs, canaille ! As-tu vu comme je vous ai débagoulé ça, mes soixante francs, mon propriétaire, mon 4 février ! ce n'est seulement pas un terme ! était-ce bête ! Il viendra donc à six heures ! c'est l'heure où le voisin est allé dîner. La mère Burgon lave la vaisselle en ville. Il n'y a personne dans la maison. Le voisin ne rentre jamais avant onze heures. Les petites feront le guet. Tu nous aideras. Il s'exécutera.

— Et s'il ne s'exécute pas ? demanda la femme.

Jondrette fit un geste sinistre et dit :

— Nous l'exécuterons.

Et il éclata de rire.

C'était la première fois que Marius le voyait rire. Ce rire était froid et doux, et faisait frissonner.

Jondrette ouvrit un placard près de la cheminée et en tira une vieille casquette qu'il mit sur sa tête après l'avoir brossée avec sa manche.

— Maintenant, fit-il, je sors. J'ai encore des gens à voir. Des bons. Tu verras comme ça va marcher. Je serai dehors le moins longtemps possible, c'est un beau coup à jouer, garde la maison.

Et, les deux poings dans les deux goussets de son pantalon, il resta un moment pensif, puis s'écria :

— Sais-tu qu'il est tout de même bien heureux qu'il ne m'ait pas reconnu, lui ! S'il m'avait reconnu de son côté, il ne serait pas revenu. Il nous échappait ! C'est ma barbe qui m'a sauvé ! ma barbiche romantique ! ma jolie petite barbiche romantique !

Et il se remit à rire.

Il alla à la fenêtre. La neige tombait toujours et rayait le gris du ciel.

— Quel chien de temps ! dit-il.

Puis croisant la redingote :

— La pelure est trop large. — C'est égal, ajouta-t-il, il a diablement bien fait de me la laisser, le vieux coquin ! Sans cela je n'aurais pas pu sortir et tout aurait encore manqué ! A quoi les choses tiennent pourtant !

Et, enfonçant la casquette sur ses yeux, il sortit.

A peine avait-il eu le temps de faire quelques pas dehors que la porte se rouvrit et que son profil fauve et intelligent reparut par l'ouverture.

— J'oubliais, dit-il. Tu auras un réchaud de charbon.

Et il jeta dans le tablier de sa femme la pièce de cinq francs que lui avait laissée le « philanthrope ».

— Un réchaud de charbon ? demanda la femme.

— Oui.

— Combien de boisseaux ?

— Deux bons.

— Cela fera trente sous. Avec le reste, j'achèterai de quoi dîner.

— Diable, non.

— Pourquoi ?

— Ne va pas dépenser la pièce cent-sous.

— Pourquoi ?

— Parce que j'aurai quelque chose à acheter de mon côté.

— Quoi !

— Quelque chose.

— Combien te faudra-t-il ?

— Où y a-t-il un quincaillier par ici ?

— Rue Mouffetard.

— Ah ! oui, au coin d'une rue ; je vois la boutique.

— Mais dis-moi donc combien il te faudra pour ce que tu as à acheter ?

— Cinquante sous — trois francs.

— Il ne restera pas gras pour le dîner.
— Aujourd'hui il ne s'agit pas de manger. Il y a mieux à faire.
— Ça suffit, mon bijou.

Sur ce mot de sa femme, Jondrette referma la porte, et cette fois Marius entendit son pas s'éloigner dans le corridor de la masure et descendre rapidement l'escalier.

Une heure sonnait en cet instant à Saint-Médard.

XIII

SOLUS CUM SOLO, IN LOCO REMOTO, NON COGITABUNTUR ORARE PATER NOSTER

Marius, tout songeur qu'il était, était, nous l'avons dit, une nature ferme et énergique. Les habitudes de recueillement solitaire, en développant en lui la sympathie et la compassion, avaient diminué peut-être la faculté de s'irriter, mais laissé intacte la faculté de s'indigner; il avait la bienveillance d'un brahme et la sévérité d'un juge; il avait pitié d'un crapaud, mais il écrasait une vipère. Or, c'était dans un trou de vipères que son regard venait de plonger, c'était un nid de monstres qu'il avait sous les yeux.

— Il faut mettre le pied sur ces misérables, dit-il.

Aucune des énigmes qu'il espérait voir dissiper ne s'était éclaircie; au contraire, toutes s'étaient épaissies peut-être; il ne savait rien de plus sur la belle enfant du Luxembourg et sur l'homme qu'il appelait M. Leblanc, sinon que Jondrette les connaissait. A travers les paroles ténébreuses qui avaient été dites, il n'entrevoyait distinctement qu'une chose, c'est qu'un guet-apens se préparait, un guet-apens obscur, mais terrible; c'est qu'ils couraient tous les deux un grand danger, elle probablement, son père à coup sûr; c'est qu'il fallait les sauver; c'est qu'il fallait déjouer les combinaisons hideuses des Jondrette et rompre la toile de ces araignées.

Il observa un moment la Jondrette. Elle avait tiré d'un coin un vieux fourneau de tôle et elle fouillait dans des ferrailles.

Il descendit de la commode le plus doucement qu'il put et en ayant soin de ne faire aucun bruit.

Dans son effroi de ce qui s'apprêtait et dans l'horreur dont les Jondrette l'avaient pénétré, il sentait une sorte de joie à l'idée qu'il lui serait peut-être donné de rendre un tel service à celle qu'il aimait.

Mais comment faire? avertir les personnes menacées? où les trouver? Il ne savait pas leur adresse. Elles avaient reparu un instant à ses yeux, puis elles s'étaient replongées dans les immenses profondeurs de Paris. Attendre M. Leblanc à la porte le soir à six heures, au moment où il arriverait, et le prévenir du piége? Mais Jondrette et ses gens le verraient guetter, le lieu était désert, ils seraient plus forts que lui, ils trouveraient moyen de le saisir ou de l'éloigner, et celui que Marius voulait sauver serait perdu. Une heure venait de sonner, le guet-apens devait s'accomplir à six heures. Marius avait cinq heures devant lui.

Il n'y avait qu'une chose à faire.

Il mit son habit passable, se noua un foulard au cou, prit son chapeau, et sortit, sans faire plus de bruit que s'il eût marché sur de la mousse avec des pieds nus.

D'ailleurs la Jondrette continuait de fourgonner dans ses ferrailles.

Une fois hors de la maison, il gagna la rue du Petit-Banquier.

Il était vers le milieu de cette rue près d'un mur très-bas qu'on peut enjamber à de certains endroits et qui donne dans un terrain vague, il marchait lentement, préoccupé qu'il était, la neige assourdissait ses pas; tout à coup il entendit des voix qui parlaient tout près de lui. Il tourna la tête, la rue était déserte, il n'y avait personne, c'était en plein jour, et cependant il entendait distinctement des voix.

Il eut l'idée de regarder par-dessus le mur qu'il côtoyait.

Il y avait là en effet deux hommes adossés à la muraille, assis dans la neige et se parlant bas.

Ces deux figures lui étaient inconnues, l'un était un homme barbu en blouse et l'autre un homme chevelu en guenilles. Le barbu avait une calotte grecque, l'autre la tête nue et de la neige dans les cheveux.

En avançant la tête au-dessus d'eux, Marius pouvait entendre.

Le chevelu poussait l'autre du coude et disait :

— Avec Patron-Minette, ça ne peut pas manquer.

— Crois-tu? dit le barbu.

Et le chevelu repartit :

— Ce sera pour chacun un fafiot de cinq cents balles, et, le pire qui puisse arriver : cinq ans, six ans, dix ans au plus!

L'autre répondit avec quelque hésitation et en grelottant sous son bonnet grec :

— Ça, c'est une chose réelle. On ne peut pas aller à l'encontre de ces choses-là.

— Je te dis que l'affaire ne peut pas manquer, reprit le chevelu. La maringotte du père Chose sera attelée.

Puis ils se mirent à parler d'un mélodrame qu'ils avaient vu la veille à la Gaîté.

Marius continua son chemin.

Il lui semblait que les paroles obscures de ces hommes, si étrangement cachés derrière ce mur et accroupis dans la neige, n'étaient pas peut-être sans quelque rapport avec les abominables projets de Jondrette. Ce devait être là *l'affaire*.

Il se dirigea vers le faubourg Saint-Marceau et demanda à la première boutique qu'il rencontra où il y avait un commissaire de police.

On lui indiqua la rue de Pontoise et le numéro 14.

Marius s'y rendit.

En passant devant un boulanger, il acheta un pain de deux sous et le mangea, prévoyant qu'il ne dînerait pas.

Chemin faisant, il rendit justice à la providence. Il songea que, s'il n'avait pas donné ses cinq francs le matin à la fille Jondrette, il aurait suivi le fiacre de M. Leblanc, et par conséquent tout ignoré, que rien n'aurait fait obstacle au guet-apens des Jondrette, et que M. Leblanc était perdu, et sans doute sa fille avec lui.

XIV

OU UN AGENT DE POLICE DONNE DEUX COUPS DE POING A UN AVOCAT

Arrivé au numéro 14 de la rue de Pontoise, il monta au premier et demanda le commissaire de police.

— Monsieur le commissaire de police n'y est pas, dit un garçon de bureau quelconque; mais il y a un inspecteur qui le remplace. Voulez-vous lui parler? est-ce pressé?

— Oui, dit Marius.

Le garçon de bureau l'introduisit dans le cabinet du commissaire. Un homme de haute taille s'y tenait debout, derrière une grille, appuyé à un poêle, et relevant de ses deux mains les pans d'un vaste carrick à trois collets. C'était une figure carrée, une bouche mince et ferme, d'épais favoris grisonnants très-farouches, un regard à retourner vos poches. On eût pu dire de ce regard, non qu'il pénétrait, mais qu'il fouillait.

Cet homme n'avait pas l'air beaucoup moins féroce ni moins redoutable que Jondrette, le dogue quelquefois n'est pas moins inquiétant à rencontrer que le loup.

— Que voulez-vous? dit-il à Marius, sans ajouter monsieur.

— Monsieur le commissaire de police?

— Il est absent. Je le remplace.

— C'est pour une affaire très-secrète.

— Alors, parlez.

— Et très-pressée.

— Alors, parlez vite.

Cet homme, calme et brusque, était tout à la fois effrayant et rassurant. Il inspirait la crainte et la confiance. Marius lui conta l'aventure. — Qu'une personne qu'il ne connaissait que de vue devait être attirée le soir même dans un guet-apens ; — qu'habitant la chambre voisine du repaire il avait, lui Marius Pontmercy, avocat, entendu tout le complot à travers la cloison ; — que le scélérat qui avait imaginé le piége était un nommé Jondrette ; — qu'il aurait des complices, probablement des rôdeurs de barrières, entre autres un certain Panchaud, dit Printanier, dit Bigrenaille ; — que les filles de Jondrette feraient le guet ; — qu'il n'existait aucun moyen de prévenir l'homme menacé, attendu qu'on ne savait même pas son nom ; — et qu'enfin tout cela devait s'exécuter à six heures du soir au point le plus désert du boulevard de l'Hôpital, dans la maison du numéro 50-52.

A ce numéro, l'inspecteur leva la tête, et dit froidement :

— C'est donc dans la chambre du fond du corridor?

— Précisément, fit Marius, et il ajouta : — Est-ce que vous connaissez cette maison?

L'inspecteur resta un moment silencieux, puis répondit en chauffant le talon de sa botte à la bouche du poêle :

— Apparemment.

Il continua dans ses dents, parlant moins à Marius qu'à sa cravate :

— Il doit y avoir un peu de Patron-Minette là dedans.

Ce mot frappa Marius.

— Patron-Minette, dit-il. J'ai en effet entendu prononcer ce mot-là.

Et il raconta à l'inspecteur le dialogue de l'homme chevelu et de l'homme barbu dans la neige derrière le mur de la rue du Petit-Banquier.

L'inspecteur grommela :

— Le chevelu doit être Brujon, et le barbu doit être Demi-Liard, dit Deux-Milliards.

Il avait de nouveau baissé les paupières et il méditait.

— Quant au père Chose, je l'entrevois. Voilà que j'ai brûlé mon carrick. Ils font toujours trop de feu dans ces maudits poêles. Le numéro 50-52. Ancienne propriété Gorbeau.

Puis il regarda Marius.

— Vous n'avez vu que ce barbu et ce chevelu?

— Et Panchaud.

— Vous n'avez pas vu rôdailler par là une espèce de petit muscadin du diable?

— Non.

— Ni un grand gros massif matériel qui ressemble à l'éléphant du Jardin des Plantes?

— Non.

— Ni un malin qui a l'air d'une ancienne queue rouge?

— Non.

— Quant au quatrième, personne ne le voit, pas même ses adjudants, commis et employés. Il est peu surprenant que vous ne l'ayez pas aperçu.

— Non. Qu'est-ce que c'est, demanda Marius, que tous ces êtres-là?

L'inspecteur répondit :

— D'ailleurs, ce n'est pas leur heure.

Il retomba dans son silence, puis reprit :

— 50-52. Je connais la baraque. — Impossible de nous cacher dans l'intérieur sans que les artistes s'en aperçoivent, alors ils en seraient quittes pour décommander le vaudeville. Ils sont si modestes! le public les gêne. Pas de ça, pas de ça. Je veux les entendre chanter et les faire danser.

Ce monologue terminé, il se tourna vers Marius et lui demanda en le regardant fixement :

— Aurez-vous peur?

— De quoi? dit Marius.

— De ces hommes?

— Pas plus que de vous! répliqua rudement Marius, qui commençait à remarquer que ce mouchard ne lui avait pas encore dit monsieur.

L'inspecteur regarda Marius plus fixement encore et reprit avec une sorte de solennité sentencieuse :

— Vous parlez là comme un homme brave et comme un homme honnête. Le courage ne craint pas le crime et l'honnêteté ne craint pas l'autorité.

Marius l'interrompit :

— C'est bon ; mais que comptez-vous faire ?

L'inspecteur se borna à lui répondre :

— Les locataires de cette maison-là ont des passe-partout pour rentrer la nuit chez eux. Vous devez en avoir un ?

— Oui, dit Marius.

— L'avez-vous sur vous ?

— Oui.

— Donnez-le-moi, dit l'inspecteur.

Marius prit sa clef dans son gilet, la remit à l'inspecteur, et ajouta :

— Si vous m'en croyez, vous viendrez en force.

L'inspecteur jeta sur Marius le coup d'œil de Voltaire à un académicien de province qui lui eût proposé une rime ; il plongea d'un seul mouvement ses deux mains, qui étaient énormes, dans les deux immenses poches de son carrick et en tira deux petits pistolets d'acier, de ces pistolets qu'on appelle coups-de-poing. Il les présenta à Marius en disant vivement et d'un ton bref :

— Prenez ceci. Rentrez chez vous. Cachez-vous dans votre chambre, qu'on vous croie sorti. Ils sont chargés. Chacun de deux balles. Vous observerez, il y a un trou au mur, comme vous me l'avez dit. Les gens viendront. Laissez-les aller un peu. Quand vous jugerez la chose à point, et qu'il sera temps de l'arrêter, vous tirerez un coup de pistolet. Pas trop tôt. Le reste me regarde. Un coup de pistolet en l'air, au plafond, n'importe où. Surtout pas trop tôt. Attendez qu'il y ait commencement d'exécution ; vous êtes avocat, vous savez ce que c'est.

Marius prit les pistolets et les mit dans la poche de côté de son habit.

— Cela fait une bosse comme cela, cela se voit, dit l'inspecteur. Mettez-les plutôt dans vos goussets.

Marius cacha les pistolets dans ses goussets.

— Maintenant, poursuivit l'inspecteur, il n'y a plus une minute à perdre pour personne. Quelle heure est-il? Deux heures et demie. C'est pour sept heures?

— Six heures, dit Marius.

— J'ai le temps, reprit l'inspecteur, mais je n'ai que le temps. N'oubliez rien de ce que je vous ai dit. Pan. Un coup de pistolet.

— Soyez tranquille, répondit Marius.

Et comme Marius mettait la main au loquet de la porte pour sortir, l'inspecteur lui cria :

— A propos, si vous aviez besoin de moi d'ici là, venez ou envoyez ici. Vous feriez demander l'inspecteur Javert.

XV

JONDRETTE FAIT SON EMPLETTE

Quelques instants après, vers trois heures, Courfeyrac passait par aventure rue Mouffetard en compagnie de Bossuet. La neige redoublait et emplissait l'espace. Bossuet était en train de dire à Courfeyrac :

— A voir tomber tous ces flocons de neige, on dirait qu'il y a au ciel une peste de papillons blancs. — Tout à coup, Bossuet aperçut Marius qui remontait la rue vers la barrière et avait un air particulier.

— Tiens! dit Bossuet, Marius.

— Je l'ai vu, dit Courfeyrac. Ne lui parlons pas.

— Pourquoi?

— Il est occupé.

— A quoi?

— Tu ne vois donc pas la mine qu'il a?

— Quelle mine?

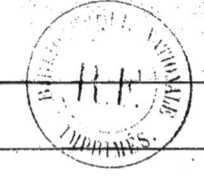

— Il a l'air de quelqu'un qui suit quelqu'un.
— C'est vrai, dit Bossuet.
— Vois donc les yeux qu'il fait! reprit Courfeyrac.
— Mais qui diable suit-il?
— Quelque mimi-goton-bonnet-fleuri! il est amoureux.
— Mais, observa Bossuet, c'est que je ne vois pas de mimi, ni de goton, ni de bonnet fleuri dans la rue. Il n'y a pas une femme.

Courfeyrac regarda, et s'écria :
— Il suit un homme!

Un homme en effet, coiffé d'une casquette, et dont on distinguait la barbe grise quoiqu'on ne le vît que de dos, marchait à une vingtaine de pas en avant de Marius.

Cet homme était vêtu d'une redingote toute neuve trop grande pour lui et d'un épouvantable pantalon en loques tout noirci par la boue.

Bossuet éclata de rire.

Qu'est-ce que c'est que cet homme-là?

— Ça? reprit Courfeyrac, c'est un poëte. Les poëtes portent assez volontiers des pantalons de marchands de peaux de lapin et des redingotes de pairs de France.

— Voyons où va Marius, fit Bossuet, voyons où va cet homme, suivons-les, hein?

— Bossuet! s'écria Courfeyrac, aigle de Meaux! vous êtes une prodigieuse brute. Suivre un homme qui suit un homme!

Ils rebroussèrent chemin.

Marius en effet avait vu passer Jondrette rue Mouffetard, et l'épiait.

Jondrette allait devant lui sans se douter qu'il y eût déjà un regard qui le tenait.

Il quitta la rue Mouffetard, et Marius le vit entrer dans une des plus affreuses bicoques de la rue Gracieuse, il y resta un quart d'heure environ, puis revint rue Mouffetard. Il s'arrêta chez un quincaillier qu'il y avait à cette époque au coin de la rue Pierre-Lombard, et, quelques minutes après, Marius le vit sortir de la boutique, tenant à la main un grand ciseau à froid emmanché de bois blanc qu'il cacha sous sa redingote. A la hauteur de la rue du Petit-Gentilly, il tourna à gauche et gagna rapidement la rue du Petit-Banquier. Le jour tombait, la neige qui avait cessé un moment venait de recommencer; Marius s'embusqua au coin même de la rue du Petit-Banquier qui

250 LES MISÉRABLES. — MARIUS.

était déserte comme toujours, et il n'y suivit pas Jondrette. Bien lui en prit, car, parvenu près du mur bas où Marius avait entendu parler l'homme chevelu et l'homme barbu, Jondrette se retourna, s'assura que personne ne le suivait et ne le voyait, puis enjamba le mur et disparut.

Le terrain vague que ce mur bordait communiquait avec l'arrière-cour d'un ancien loueur de voitures mal famé, qui avait fait faillite et qui avait encore quelques vieux berlingots sous des hangars.

Marius pensa qu'il était sage de profiter de l'absence de Jondrette pour rentrer; d'ailleurs l'heure avançait; tous les soirs mame Burgon, en partant pour aller laver la vaisselle en ville, avait coutume de fermer la porte de la maison qui était toujours close à la brune; Marius avait donné sa clef à l'inspecteur de police; il était donc important qu'il se hâtât.

Le soir était venu, la nuit était à peu près fermée; il n'y avait plus sur l'horizon et dans l'immensité qu'un point éclairé par le soleil, c'était la lune.

Elle se levait rouge derrière le dôme bas de la Salpêtrière.

Marius regagna à grands pas le n° 50-52. La porte était encore ouverte, quand il arriva. Il monta l'escalier sur la pointe du pied et se glissa le long du mur du corridor jusqu'à sa chambre. Ce corridor, on s'en souvient, était bordé des deux côtés de galetas en ce moment tous à louer et vides. Mame Burgon en laissait habituellement les portes ouvertes. En passant devant une de ces portes, Marius crut apercevoir dans la cellule inhabitée quatre têtes d'hommes immobiles que blanchissait vaguement un reste de jour tombant par une lucarne. Marius ne chercha pas à voir, ne voulant pas être vu. Il parvint à rentrer dans sa chambre sans être aperçu et sans bruit. Il était temps. Un moment après, il entendit mame Burgon qui s'en allait et la porte de la maison qui se fermait.

XVI

OU L'ON RETROUVERA LA CHANSON SUR UN AIR ANGLAIS A LA MODE EN 1832

Marius s'assit sur son lit. Il pouvait être cinq heures et demie. Une demi-heure seulement le séparait de ce qui allait arriver. Il entendait battre ses artères comme on entend le battement d'une montre dans l'obscurité. Il songeait à cette double marche qui se faisait en ce moment dans les ténèbres, le crime s'avançant d'un côté, la justice venant de l'autre. Il n'avait pas peur, mais il ne pouvait penser sans un certain tressaillement aux choses qui allaient se passer. Comme à tous ceux que vient assaillir soudainement une aventure surprenante, cette journée entière lui faisait l'effet d'un rêve, et, pour ne point se croire en proie à un cauchemar, il avait besoin de sentir dans ses goussets le froid des deux pistolets d'acier.

Il ne neigeait plus; la lune, de plus en plus claire, se dégageait des brumes, et sa lueur mêlée au reflet blanc de la neige tombée donnait à la chambre un aspect crépusculaire.

Il y avait de la lumière dans le taudis Jondrette. Marius voyait le trou de la cloison briller d'une clarté rouge qui lui paraissait sanglante.

Il était réel que cette clarté ne pouvait guère être produite par une chandelle. Du reste, aucun mouvement chez les Jondrette, personne n'y bougeait, personne n'y parlait, pas un souffle, le silence y était glacial et profond, et sans cette lumière on se fût cru à côté d'un sépulcre.

Marius ôta doucement ses bottes et les poussa sous son lit.

Quelques minutes s'écoulèrent. Marius entendit la porte d'en bas tourner sur ses gonds, un pas lourd et rapide monta l'escalier et parcourut le corridor, le loquet du bouge se souleva avec bruit; c'était Jondrette qui rentrait.

Tout de suite plusieurs voix s'élevèrent. Toute la famille était dans le galetas. Seulement elle se taisait en l'absence du maître comme les louveteaux en l'absence du loup.

— C'est moi, dit-il.

— Bonsoir, pèremuche, glapirent les filles.

— Eh bien? dit la mère.

— Tout va à la papa, répondit Jondrette, mais j'ai un froid de chien aux pieds. Bon, c'est cela, tu t'es habillée. Il faudra que tu puisses inspirer de la confiance.

— Toute prête à sortir.

— Tu n'oublieras rien de ce que je t'ai dit? tu feras bien tout?

— Sois tranquille.

— C'est que... dit Jondrette. Et il n'acheva pas sa phrase.

Marius l'entendit poser quelque chose de lourd sur la table, probablement le ciseau qu'il avait acheté.

— Ah çà, reprit Jondrette, a-t-on mangé ici?

— Oui, dit la mère, j'ai eu trois grosses pommes de terre et du sel. J'ai profité du feu pour les faire cuire.

— Bon, repartit Jondrette, demain je vous mène dîner avec moi.

Il y aura un canard et des accessoires. Vous dînerez comme des Charles-dix, tout va bien!

Puis il ajouta en baissant la voix :

— La souricière est ouverte. Les chats sont là.

Il baissa encore la voix et dit :

— Mets ça dans le feu.

Marius entendit un cliquetis de charbon qu'on heurtait avec une pincette ou un outil en fer, et Jondrette continua :

— As-tu suifé les gonds de la porte pour qu'ils ne fassent pas de bruit?

— Oui, répondit la mère.

— Quelle heure est-il?

— Six heures bientôt. La demie vient de sonner à Saint-Médard.

— Diable! fit Jondrette, il faut que les petites aillent faire le guet. Venez, vous autres, écoutez ici.

Il y eut un chuchotement.

La voix de Jondrette s'éleva encore :

— La Burgon est-elle partie?

— Oui, dit la mère.

— Es-tu sûre qu'il n'y a personne chez le voisin?

— Il n'est pas rentré de la journée, et tu sais bien que c'est l'heure de son dîner.

— Tu es sûre?

— Sûre.

— C'est égal, reprit Jondrette, il n'y a pas de mal à aller voir chez lui s'il y est. Ma fille, prends la chandelle et vas-y.

Marius se laissa tomber sur ses mains et ses genoux et rampa silencieusement sous son lit.

A peine y était-il blotti qu'il aperçut une lumière à travers les fentes de sa porte.

— P'pa, cria une voix, il est sorti.

Il reconnut la voix de la fille aînée.

— Es-tu entrée? demanda le père.

— Non, répondit la fille, mais puisque sa clef est à sa porte, il est sorti.

Le père cria :

— Entre tout de même.

La porte s'ouvrit, et Marius vit entrer la grande Jondrette, une chandelle à la main. Elle était comme le matin, seulement plus effrayante encore à cette clarté.

Elle marcha droit au lit, Marius eut un inexprimable moment d'anxiété, mais il y avait près du lit un miroir cloué au mur, c'était là qu'elle allait. Elle se haussa sur la pointe des pieds et s'y regarda. On entendait un bruit de ferrailles remuées dans la pièce voisine.

Elle lissa ses cheveux avec la paume de sa main et fit des sourires au miroir tout en chantonnant de sa voix cassée sépulcrale :

> Nos amours ont duré toute une semaine,
> Mais que du bonheur les instants sont courts!
> S'adorer huit jours, c'était bien la peine!
> Le temps des amours devrait durer toujours!
> Devrait durer toujours! devrait durer toujours!

Cependant Marius tremblait. Il lui semblait impossible qu'elle n'entendît pas sa respiration.

Elle se dirigea vers la fenêtre et regarda dehors en parlant haut avec cet air à demi fou qu'elle avait.

— Comme Paris est laid quand il a mis une chemise blanche! dit-elle.

Elle revint au miroir et se fit de nouveau des mines, se contemplant successivement de face et de trois quarts.

— Eh bien! cria le père, qu'est-ce que tu fais donc?

— Je regarde sous le lit et sous les meubles, répondit-elle en continuant d'arranger ses cheveux, il n'y a personne.

— Cruche! hurla le père. Ici tout de suite! et ne perdons pas le temps.

— J'y vas! j'y vas! dit-elle. On n'a le temps de rien dans leur baraque!

Elle fredonna :

> Vous me quittez pour aller à la gloire,
> Mon triste cœur suivra partout vos pas.

Elle jeta un dernier coup d'œil au miroir et sortit en refermant la porte sur elle.

Un moment après, Marius entendit le bruit des pieds nus des deux jeunes filles dans le corridor et la voix de Jondrette qui leur criait :

— Faites bien attention! l'une du côté de la barrière, l'autre au coin de la rue du Petit-Banquier. Ne perdez pas de vue une minute la porte de la maison, et pour peu que vous voyiez quelque chose, tout de suite ici! quatre à quatre! Vous avez une clef pour rentrer.

La fille aînée grommela :

— Faire faction nu-pieds dans la neige!

— Demain, vous aurez des bottines de soie couleur scarabée! dit le père.

Elles descendirent l'escalier, et, quelques secondes après, le choc de la porte d'en bas qui se refermait annonça qu'elles étaient dehors.

Il n'y avait plus dans la maison que Marius et les Jondrette, et probablement aussi les êtres mystérieux entrevus par Marius dans le crépuscule derrière la porte du galetas inhabité.

XVII

EMPLOI DE LA PIÈCE DE CINQ FRANCS DE MARIUS

Marius jugea que le moment était venu de reprendre sa place à son observatoire. En un clin d'œil, et avec la souplesse de son âge, il fut près du trou de la cloison.

Il regarda.

L'intérieur du logis Jondrette offrait un aspect singulier, et Marius s'expliqua la clarté étrange qu'il y avait remarquée. Une chandelle y brûlait dans un chandelier vert-de-grisé, mais ce n'était pas elle qui éclairait réellement la chambre. Le taudis tout entier était comme illuminé par la réverbération d'un assez grand réchaud de tôle placé dans la cheminée et rempli de charbon allumé, le réchaud que la Jondrette avait préparé le matin. Le charbon était ardent et le réchaud était rouge, une flamme bleue y dansait et aidait à distinguer la forme du ciseau acheté par Jondrette rue Pierre-Lombard, qui rougissait enfoncé dans la braise. On voyait dans un coin près de la porte, et comme disposés pour un usage prévu, deux tas qui paraissaient être l'un un tas de ferrailles, l'autre un tas de cordes. Tout cela, pour quelqu'un qui n'eût rien su de ce qui s'apprêtait, eût fait flotter l'esprit entre une idée très-sinistre et une idée très-simple. Le bouge ainsi éclairé ressemblait plutôt à une forge qu'à une bouche de l'enfer, mais Jondrette, à cette lueur, avait plutôt l'air d'un démon que d'un forgeron.

La chaleur du brasier était telle que la chandelle sur la table fondait du côté du réchaud et se consumait en biseau. Une vieille lanterne sourde en cuivre, digne de Diogène devenu Cartouche, était posée sur la cheminée.

Le réchaud, placé dans le foyer même, à côté des tisons à peu

près éteints, envoyait sa vapeur dans le tuyau de la cheminée et ne répandait pas d'odeur.

La lune, entrant par les quatre carreaux de la fenêtre, jetait sa blancheur dans le galetas pourpre et flamboyant; et pour le poétique esprit de Marius, songeur même au moment de l'action, c'était comme une pensée du ciel mêlée aux rêves difformes de la terre.

Un souffle d'air, pénétrant par le carreau cassé, contribuait à dissiper l'odeur de charbon et à dissimuler le réchaud.

Le repaire Jondrette était, si l'on se rappelle ce que nous avons dit de la masure Gorbeau, admirablement choisi pour servir de théâtre à un fait violent et sombre et d'enveloppe à un crime. C'était la chambre la plus reculée de la maison la plus isolée du boulevard le plus désert de Paris. Si le guet-apens n'existait pas, on l'y eût inventé.

Toute l'épaisseur d'une maison et une foule de chambres inhabitées séparaient ce bouge du boulevard, et la seule fenêtre qu'il y eût donnait sur des terrains vagues enclos de murailles et de palissades.

Jondrette avait allumé sa pipe, s'était assis sur la chaise dépaillée et fumait. Sa femme lui parlait bas.

Si Marius eût été Courfeyrac, c'est-à-dire un de ces hommes qui rient dans toutes les occasions de la vie, il eût éclaté de rire quand son regard tomba sur la Jondrette. Elle avait un chapeau noir avec des plumes assez semblable aux chapeaux des hérauts d'armes du sacre de Charles X, un immense châle tartan sur son jupon de tricot, et les souliers d'homme que sa fille avait dédaignés le matin. C'était cette toilette qui avait arraché à Jondrette l'exclamation : « *Bon! tu t'es habillée! tu as bien fait. Il faut que tu puisses inspirer de la confiance!* »

Quant à Jondrette, il n'avait pas quitté le surtout neuf et trop large pour lui que M. Leblanc lui avait donné, et son costume continuait d'offrir ce contraste de la redingote et du pantalon qui constituait aux yeux de Courfeyrac l'idéal du poëte.

Tout à coup Jondrette haussa la voix :

— A propos! j'y songe. Par le temps qu'il fait, il va venir en fiacre. Allume la lanterne, prends-la, et descends. Tu te tiendras derrière la porte en bas. Au moment où tu entendras la voiture s'arrêter, tu ouvriras tout de suite, il montera, tu l'éclaireras dans l'escalier et dans le corridor, et pendant qu'il entrera ici, tu redescendras bien vite, tu payeras le cocher et tu renverras le fiacre.

— Et de l'argent? demanda la femme.

Jondrette fouilla dans son pantalon, et lui remit cinq francs.

— Qu'est-ce que c'est que ça? s'écria-t-elle.

Jondrette répondit avec dignité :

— C'est le monarque que le voisin a donné ce matin.

Et il ajouta :

— Sais-tu? il faudrait ici deux chaises.

— Pourquoi?

— Pour s'asseoir.

Marius sentit un frisson lui courir dans les reins en entendant la Jondrette faire cette réponse paisible :

— Pardieu ! Je vais t'aller chercher celles du voisin.

Et d'un mouvement rapide elle ouvrit la porte du bouge et sortit dans le corridor.

Marius n'avait pas matériellement le temps de descendre de la commode, d'aller jusqu'à son lit et de s'y cacher.

— Prends la chandelle, cria Jondrette.

— Non, dit-elle, cela m'embarrasserait, j'ai les deux chaises à porter. Il fait clair de lune.

Marius entendit la lourde main de la mère Jondrette chercher en tâtonnant sa clef dans l'obscurité. La porte s'ouvrit. Il resta cloué à sa place par le saisissement et la stupeur.

La Jondrette entra.

La lucarne mansardée laissait passer un rayon de lune entre deux grands pans d'ombre. Un de ces pans d'ombre couvrait entièrement le mur auquel était adossé Marius, de sorte qu'il y disparaissait.

La mère Jondrette leva les yeux, ne vit pas Marius, prit les deux chaises, les seules que Marius possédât, et s'en alla, en laissant la porte retomber bruyamment derrière elle.

Elle rentra dans le bouge.

— Voici les deux chaises.

— Et voilà la lanterne, dit le mari. Descends bien vite.

Elle obéit en hâte, et Jondrette resta seul.

Il disposa les deux chaises des deux côtés de la table, retourna le ciseau dans le brasier, mit devant la cheminée un vieux paravent, qui masquait le réchaud, puis alla au coin où était le tas de cordes et se baissa comme pour y examiner quelque chose. Marius reconnut alors que ce qu'il avait pris pour un tas informe était une échelle de corde très-bien faite avec des échelons de bois et deux crampons pour l'accrocher.

Cette échelle et quelques gros outils, véritables masses de fer, qui étaient mêlés au monceau de ferrailles entassé derrière la porte, n'étaient point le matin dans le bouge Jondrette et y avaient été évidemment apportés dans l'après-midi, pendant l'absence de Marius.

— Ce sont des outils de taillandier, pensa Marius.

Si Marius eût été un peu plus lettré en ce genre, il eût reconnu, dans ce qu'il prenait pour des engins de taillandier, de certains instruments pouvant forcer une serrure ou crocheter une porte et d'autres pouvant couper ou trancher, les deux familles d'outils sinistres que les voleurs appellent *les cadets* et *les fauchants*.

La cheminée et la table avec les deux chaises étaient précisément en face de Marius. Le réchaud étant caché, la chambre n'était plus éclairée que par la chandelle; le moindre tesson sur la table ou sur la cheminée faisait une grande ombre. Un pot à l'eau égueulé masquait la moitié d'un mur. Il y avait dans cette chambre je ne sais quel calme hideux et menaçant. On y sentait l'attente de quelque chose d'épouvantable.

Jondrette avait laissé sa pipe s'éteindre, grave signe de préoccupation, et était venu se rasseoir. La chandelle faisait saillir les angles farouches et fins de son visage. Il avait des froncements de sourcils et de brusques épanouissements de la main droite comme s'il répondait aux derniers conseils d'un sombre monologue intérieur. Dans une de ces obscures répliques qu'il se faisait à lui-même, il amena vivement à lui le tiroir de la table, y prit un long couteau de cuisine qui y était caché et en essaya le tranchant sur son ongle. Cela fait, il remit le couteau dans le tiroir qu'il repoussa.

Marius de son côté saisit le pistolet qui était dans son gousset droit, l'en retira et l'arma.

Le pistolet en s'armant fit un petit bruit clair et sec.

Jondrette tressaillit et se souleva à demi sur sa chaise :

— Qui est là? cria-t-il.

Marius suspendit son haleine, Jondrette écouta un instant, puis se mit à rire en disant :

— Suis-je bête! c'est la cloison qui craque.

Marius garda le pistolet à sa main.

XVIII

LES DEUX CHAISES DE MARIUS SE FONT VIS-A-VIS

Tout à coup la vibration lointaine et mélancolique d'une cloche ébranla les vitres. Six heures sonnaient à Saint-Médard.

Jondrette marqua chaque coup d'un hochement de tête. Le sixième sonné, il moucha la chandelle avec ses doigts.

Puis il se mit à marcher dans la chambre, écouta dans le corridor, marcha, écouta encore :

— Pourvu qu'il vienne! grommela-t-il; puis il revint à sa chaise.

Il se rasseyait à peine que la porte s'ouvrit.

La mère Jondrette l'avait ouverte et restait dans le corridor faisant une horrible grimace aimable qu'un des trous de la lanterne sourde éclairait d'en bas.

— Entrez, monsieur, dit-elle.

— Entrez, mon bienfaiteur, répéta Jondrette se levant précipitamment.

M. Leblanc parut.

Il avait un air de sérénité qui le faisait singulièrement vénérable.

Il posa sur la table quatre louis.

— Monsieur Fabantou, dit-il, voici pour votre loyer et vos premiers besoins. Nous verrons ensuite.

— Dieu vous le rende, mon généreux bienfaiteur! dit Jondrette.

Et s'approchant rapidement de sa femme :

— Renvoie le fiacre!

Elle s'esquiva pendant que son mari prodiguait les saluts et offrait une chaise à M. Leblanc. Un instant après elle revint et lui dit bas à l'oreille :

— C'est fait.

La neige qui n'avait cessé de tomber depuis le matin était tellement épaisse qu'on n'avait point entendu le fiacre arriver, et qu'on ne l'entendit pas s'en aller.

Cependant M. Leblanc s'était assis.

Jondrette avait pris possession de l'autre chaise en face de M. Leblanc.

Maintenant, pour se faire une idée de la scène qui va suivre, que le lecteur se figure dans son esprit la nuit glacée, les solitudes de la Salpêtrière couvertes de neige, et blanches au clair de lune comme d'immenses linceuls, la clarté de veilleuse des réverbères rougissant çà et là ces boulevards tragiques et les longues rangées des ormes noirs, pas un passant peut-être à un quart de lieue à la ronde, la masure Gorbeau à son plus haut point de silence, d'horreur et de nuit, dans cette masure, au milieu de ces solitudes, au milieu de cette ombre, le vaste galetas Jondrette éclairé d'une chandelle, et dans ce bouge deux hommes assis à une table, M. Leblanc tranquille, Jondrette souriant et effroyable, la Jondrette, la mère louve, dans un coin et, derrière la cloison, Marius, invisible, debout, ne perdant pas une parole, ne perdant pas un mouvement, l'œil au guet, le pistolet au poing.

Marius du reste n'éprouvait qu'une émotion d'horreur, mais aucune crainte. Il étreignait la crosse du pistolet et se sentait rassuré.

— J'arrêterai ce misérable quand je voudrai, pensait-il.

Il sentait la police quelque part par là en embuscade, attendant le signal convenu et toute prête à étendre le bras.

Il espérait du reste que de cette violente rencontre de Jondrette et de M. Leblanc quelque lumière jaillirait sur tout ce qu'il avait intérêt à connaître.

XIX

SE PRÉOCCUPER DES FONDS OBSCURS

A peine assis, M. Leblanc tourna les yeux vers les grabats qui étaient vides.

— Comment va la pauvre petite blessée? demanda-t-il.

— Mal, répondit Jondrette avec un sourire navré et reconnaissant, très-mal, mon digne monsieur. Sa sœur aînée l'a menée à la

Bourbe se faire panser. Vous allez les voir, elles vont rentrer tout à l'heure.

— Madame Fabantou me paraît mieux portante? reprit M. Leblanc en jetant les yeux sur le bizarre accoutrement de la Jondrette, qui, debout entre lui et la porte, comme si elle gardait déjà l'issue, le considérait dans une posture de menace et presque de combat.

— Elle est mourante, dit Jondrette. Mais que voulez-vous, monsieur! elle a tant de courage, cette femme-là! Ce n'est pas une femme, c'est un bœuf.

La Jondrette, touchée du compliment, se récria avec une minauderie de monstre flatté :

— Tu es toujours trop bon pour moi, monsieur Jondrette!

— Jondrette, dit M. Leblanc, je croyais que vous vous appeliez Fabantou?

— Fabantou dit Jondrette! reprit vivement le mari. Sobriquet d'artiste!

Et, jetant à sa femme un haussement d'épaules que M. Leblanc ne vit pas, il poursuivit avec une inflexion de voix emphatique et caressante :

— Ah! c'est que nous avons toujours fait bon ménage, cette pauvre chérie et moi! Qu'est-ce qu'il nous resterait, si nous n'avions pas cela? Nous sommes si malheureux, mon respectable monsieur! On a des bras, pas de travail! On a du cœur, pas d'ouvrage! Je ne sais pas comment le gouvernement arrange cela, mais, ma parole d'honneur, monsieur, je ne suis pas jacobin, monsieur, je ne suis pas bousingot, je ne lui veux pas de mal, mais si j'étais les ministres, ma parole la plus sacrée, cela irait autrement. Tenez, exemple, j'ai voulu faire apprendre le métier du cartonnage à mes filles. Vous me direz : Quoi! un métier? Oui! un métier! un simple métier! un gagne-pain! Quelle chute, mon bienfaiteur! Quelle dégradation quand on a été ce que nous étions! Hélas! il ne nous reste rien de notre temps de prospérité! Rien qu'une seule chose, un tableau auquel je tiens, mais dont je me déferai pourtant, car il faut vivre! item, il faut vivre!

Pendant que Jondrette parlait, avec une sorte de désordre apparent qui n'ôtait rien à l'expression réfléchie et sagace de sa physionomie, Marius leva les yeux et aperçut au fond de la chambre quelqu'un qu'il n'avait pas encore vu. Un homme venait d'entrer, si doucement qu'on n'avait pas entendu tourner les gonds de la porte.

Cet homme avait un gilet de tricot violet, vieux, usé, taché, coupé et faisant des bouches ouvertes à tous ses plis, un large pantalon de velours de coton, des chaussons à sabots aux pieds, pas de chemise, le cou nu, les bras nus et tatoués, et le visage barbouillé de noir. Il s'était assis en silence et les bras croisés sur le lit le plus voisin, et comme il se tenait derrière la Jondrette, on ne le distinguait que confusément.

Cette espèce d'instinct magnétique qui avertit le regard fit que M. Leblanc se tourna presque en même temps que Marius. Il ne put se défendre d'un mouvement de surprise qui n'échappa point à Jondrette :

— Ah! je vois! s'écria Jondrette en se boutonnant d'un air de complaisance, vous regardez votre redingote? Elle me va! ma foi, elle me va!

— Qu'est-ce que c'est que cet homme? dit M. Leblanc.

— Ça? fit Jondrette, c'est un voisin. Ne faites pas attention.

Le voisin était d'un aspect singulier. Cependant les fabriques de produits chimiques abondent dans le faubourg Saint-Marceau. Beaucoup d'ouvriers d'usines peuvent avoir le visage noir. Toute la personne de M. Leblanc respirait d'ailleurs une confiance candide et intrépide.

Il reprit :

— Pardon, que me disiez-vous donc, monsieur Fabantou?

— Je vous disais, monsieur et cher protecteur, repartit Jondrette, en s'accoudant sur la table et en contemplant M. Leblanc avec des yeux fixes et tendres assez semblables aux yeux d'un serpent boa, je vous disais que j'avais un tableau à vendre.

Un léger bruit se fit à la porte. Un second homme venait d'entrer et de s'asseoir sur le lit, derrière la Jondrette.

Il avait, comme le premier, les bras nus et un masque d'encre ou de suie.

Quoique cet homme se fût, à la lettre, glissé dans la chambre, il ne put faire que M. Leblanc ne l'aperçût.

— Ne prenez pas garde, dit Jondrette, ce sont des gens de la maison. Je disais donc qu'il me restait un tableau précieux... — Tenez, monsieur, voyez.

Il se leva, alla à la muraille au bas de laquelle était posé le panneau dont nous avons parlé, et le retourna, tout en le laissant appuyé au mur. C'était quelque chose, en effet, qui ressemblait à un tableau, et que la chandelle éclairait à peu près. Marius n'en pouvait rien distinguer, Jondrette étant placé entre le tableau et lui; seulement il entrevoyait un barbouillage grossier et une espèce de personnage principal enluminé avec la crudité criarde des toiles foraines et des peintures de paravent.

— Qu'est-ce que c'est que cela? demanda M. Leblanc.

Jondrette s'exclama :

— Une peinture de maître, un tableau d'un grand prix, mon bienfaiteur! J'y tiens comme à mes deux filles, il me rappelle des souvenirs! mais je vous l'ai dit et je ne m'en dédis pas, je suis si malheureux que je m'en déferais.

Soit hasard, soit qu'il y eût quelque commencement d'inquiétude, tout en examinant le tableau, le regard de M. Leblanc revint vers le fond de la chambre.

Il y avait maintenant quatre hommes, trois assis sur le lit, un debout près du chambranle de la porte, tous quatre bras nus, immobiles, le visage barbouillé de noir. Un de ceux qui étaient sur le lit s'appuyait au mur, les yeux fermés, et l'on eût dit qu'il dormait. Celui-là était vieux; ses cheveux blancs sur son visage noir étaient horribles. Les deux autres semblaient jeunes; l'un était barbu, l'autre chevelu. Aucun n'avait de souliers; ceux qui n'avaient pas de chaussons étaient pieds nus.

Jondrette remarqua que l'œil de M. Leblanc s'attachait à ces hommes.

— C'est des amis. Ça voisine, dit-il. C'est barbouillé parce que ça travaille dans le charbon. Ce sont des fumistes. Ne vous en occupez pas, mon bienfaiteur, mais achetez-moi mon tableau. Ayez pitié de ma misère. Je ne vous le vendrai pas cher. Combien l'estimez-vous?

— Mais, dit M. Leblanc en regardant Jondrette entre les deux yeux et comme un homme qui se met sur ses gardes, c'est quelque enseigne de cabaret, cela vaut bien trois francs.

Jondrette répondit avec douceur :

— Avez-vous votre portefeuille là? je me contenterais de mille écus.

M. Leblanc se leva debout, s'adossa à la muraille et promena rapidement son regard dans la chambre. Il avait Jondrette à sa gauche, du côté de la fenêtre, et la Jondrette et les quatre hommes à sa droite, du côté de la porte. Les quatre hommes ne bougeaient pas et n'avaient pas même l'air de le voir.

Jondrette s'était remis à parler d'un accent plaintif, avec la prunelle si vague et l'intonation si lamentable, que M. Leblanc pouvait croire que c'était tout simplement un homme devenu fou de misère qu'il avait devant les yeux.

— Si vous ne m'achetez pas mon tableau, cher bienfaiteur, disait Jondrette, je suis sans ressource, je n'ai plus qu'à me jeter à même la rivière. Quand je pense que j'ai voulu faire apprendre à mes deux filles le cartonnage demi-fin, le cartonnage des boîtes d'étrennes. Eh bien! il faut une table avec une planche au fond pour que les verres ne tombent pas par terre, il faut un fourneau fait exprès, un pot à trois compartiments pour les différents degrés de force que doit avoir la colle, selon qu'on l'emploie pour le bois, pour le papier, ou pour les étoffes, un tranchet pour couper le carton, un moule pour l'ajuster, un marteau pour clouer les aciers, des pinceaux, le diable, est-ce que je sais, moi? et tout cela pour gagner quatre sous par jour! et on travaille quatorze heures! et chaque boîte passe treize fois dans les mains de l'ouvrière! et mouiller le papier! et ne rien tacher! et tenir la colle chaude! le diable, je vous dis! quatre sous par jour! comment voulez-vous qu'on vive!

Tout en parlant, Jondrette ne regardait pas M. Leblanc qui l'observait. L'œil de M. Leblanc était fixé sur Jondrette et l'œil de Jondrette sur la porte. L'attention haletante de Marius allait de l'un à l'autre. M. Leblanc paraissait se demander : Est-ce un idiot? Jondrette répéta deux ou trois fois avec toutes sortes d'inflexions variées dans le genre traînant et suppliant : Je n'ai plus qu'à me jeter à la rivière! j'ai descendu l'autre jour trois marches pour cela du côté du pont d'Austerlitz!

Tout à coup sa prunelle éteinte s'illumina d'un flamboiement hideux, ce petit homme se dressa et devint effrayant, il fit un pas vers M. Leblanc et lui cria d'une voix tonnante :

— Il ne s'agit pas de tout cela! me reconnaissez-vous?

XX

LE GUET-APENS

La porte du galetas venait de s'ouvrir brusquement et laissait voir trois hommes en blouses de toile bleue, masqués de masques de papier noir. Le premier était maigre et avait une longue trique ferrée ; le second, qui était une espèce de colosse, portait, par le milieu du manche et la cognée en bas, un merlin à assommer les bœufs. Le troisième, homme aux épaules trapues, moins maigre que le premier, moins massif que le second, tenait à plein poing une énorme clef volée à quelque porte de prison.

Il paraît que c'était l'arrivée de ces hommes que Jondrette attendait. Un dialogue rapide s'engagea entre lui et l'homme à la trique, le maigre.

— Tout est-il prêt? dit Jondrette.
— Oui, répondit l'homme maigre.
— Où donc est Montparnasse?
— Le jeune premier s'est arrêté pour causer avec ta fille.
— Laquelle?
— L'aînée.
— Y a-t-il un fiacre en bas?
— Oui.
— La maringotte est attelée?
— Attelée.
— De deux bons chevaux?
— Excellents.
— Elle attend où j'ai dit qu'elle attendît?
— Oui.
— Bien, dit Jondrette.

M. Leblanc était très-pâle. Il considérait tout dans le bouge autour de lui comme un homme qui comprend où il est tombé, et sa tête, tour à tour dirigée vers toutes les têtes qui l'entouraient, se mouvait sur son cou avec une lenteur attentive et étonnée, mais il n'y

avait dans son air rien qui ressemblât à la peur. Il s'était fait de la table un retranchement improvisé; et cet homme qui, le moment d'auparavant, n'avait l'air que d'un bon vieux homme, était devenu subitement une sorte d'athlète, et posait son poing robuste sur le dossier de sa chaise avec un geste redoutable et surprenant.

Ce vieillard, si ferme et si brave devant un tel danger, semblait être de ces natures qui sont courageuses comme elles sont bonnes, aisément et simplement. Le père d'une femme qu'on aime n'est jamais un étranger pour nous. Marius se sentit fier de cet inconnu.

Trois des hommes dont Jondrette avait dit : *Ce sont des*

fumistes, avaient pris dans le tas de ferrailles, l'un une grande cisaille, l'autre une pince à faire des pesées, le troisième un marteau, et s'étaient mis en travers la porte sans prononcer une parole. Le vieux était resté sur le lit, et avait seulement ouvert les yeux. La Jondrette s'était assise à côté de lui.

Marius pensa qu'avant quelques secondes le moment d'intervenir serait arrivé, et il éleva sa main droite vers le plafond, dans la direction du corridor, prêt à lâcher son coup de pistolet.

Jondrette, son colloque avec l'homme à la trique terminé, se tourna de nouveau vers M. Leblanc et répéta sa question en l'accompagnant de ce rire bas, contenu et terrible qu'il avait :

— Vous ne me reconnaissez donc pas ?

M. Leblanc le regarda en face et répondit :

— Non.

Alors Jondrette vint jusqu'à la table. Il se pencha par-dessus la chandelle, croisant les bras, approchant sa mâchoire anguleuse et féroce du visage calme de M. Leblanc, et avançant le plus qu'il pouvait sans que M. Leblanc reculât, et, dans cette posture de bête fauve qui va mordre, il cria :

— Je ne m'appelle pas Fabantou, je ne m'appelle pas Jondrette, je me nomme Thénardier ! je suis l'aubergiste de Montfermeil ! entendez-vous bien ? Thénardier ! Maintenant me reconnaissez-vous ?

Une imperceptible rougeur passa sur le front de M. Leblanc, et il répondit sans que sa voix tremblât, ni s'élevât, avec sa placidité ordinaire :

— Pas davantage.

Marius n'entendit pas cette réponse. Qui l'eût vu en ce moment dans cette obscurité l'eût vu hagard, stupide et foudroyé. Au moment où Jondrette avait dit : *Je me nomme Thénardier*, Marius avait tremblé de tous ses membres et s'était appuyé au mur, comme s'il eût senti le froid d'une lame d'épée à travers son cœur. Puis son bras droit, prêt à lâcher le coup de signal, s'était abaissé lentement, et au moment où Jondrette avait répété : *Entendez-vous bien, Thénardier ?* les doigts défaillants de Marius avaient manqué laisser tomber le pistolet. Jondrette, en dévoilant qui il était, n'avait pas ému M. Leblanc, mais il avait bouleversé Marius. Ce nom de Thénardier, que M. Leblanc ne semblait pas connaître, Marius le connaissait. Qu'on se rappelle ce que ce nom était pour lui ! Ce nom, il l'avait porté sur son cœur, écrit dans le testament de son père! il le portait au fond de sa pensée, au fond de sa mémoire, dans cette recommandation sacrée : « Un nommé Thénardier m'a sauvé la vie. Si mon fils le rencontre, il lui fera tout le bien qu'il pourra. » Ce nom, on s'en souvient, était une des piétés de son âme; il le mêlait au nom de son père dans son culte. Quoi! c'était là ce Thénardier, c'était là cet aubergiste de Montfermeil qu'il avait vainement et si longtemps cherché! Il le trouvait enfin, et comment? ce sauveur de son père était un bandit! cet homme, auquel lui Marius brûlait de se dévouer, était un monstre! ce libérateur du colonel Pontmercy était en train de commettre un attentat dont Marius ne voyait pas encore bien distinctement la forme, mais qui ressemblait à un assassinat! et sur qui, grand Dieu! Quelle fatalité! quelle amère moquerie du sort! Son père lui ordonnait du fond de son cercueil de faire tout le bien possible à Thénardier, depuis quatre ans Marius n'avait pas d'autre idée que d'acquitter cette dette de son père, et au moment où il allait faire saisir par la justice un brigand au milieu d'un crime, la destinée lui criait : C'est Thénardier! La vie de son père, sauvée dans une grêle de mitraille sur le champ héroïque de Waterloo, il allait enfin la payer à cet homme, et la payer de l'échafaud! Il s'était promis, si jamais il retrouvait ce Thénardier, de ne l'aborder qu'en se jetant à ses pieds, et il le retrouvait en effet, mais pour le livrer au bourreau! Son père lui disait : Secours Thénardier! et il répondait à cette voix adorée et sainte en écrasant Thénardier! Donner pour spectacle à son père dans son tombeau l'homme qui l'avait arraché à la mort au péril de sa vie, exécuté place Saint-Jacques par le fait de son fils, de ce Marius à qui il avait légué cet homme! Et quelle dérision que d'avoir si longtemps porté sur sa poitrine les dernières volontés de son père, écrites de sa main, pour faire affreusement tout le contraire! Mais, d'un autre côté, assister à ce guet-apens et ne pas l'empêcher! Quoi! condamner la victime et épargner l'assassin! est-ce qu'on pouvait être tenu à quelque reconnaissance envers un pareil misérable? Toutes les idées que Marius avait depuis quatre ans étaient comme traversées de part en part par ce coup inattendu.

Il frémissait. Tout dépendait de lui. Il tenait dans sa main à leur insu ces êtres qui s'agitaient là sous ses yeux. S'il tirait le coup de pistolet, M. Leblanc était sauvé et Thénardier était perdu; s'il ne le tirait pas, M. Leblanc était sacrifié, et, qui sait? Thénardier échappait. Précipiter l'un, ou laisser tomber l'autre! remords des deux côtés.

Que faire? que choisir? manquer aux souvenirs les plus impérieux, à tant d'engagements profonds pris avec lui-même, au devoir le plus saint, au texte le plus vénéré! manquer au testament de son père, ou laisser s'accomplir un crime! Il lui semblait d'un côté entendre « son Ursule » le supplier pour son père, et de l'autre le colonel lui recommander Thénardier. Il se sentait fou. Ses genoux se dérobaient sous lui. Et il n'avait pas même le temps de délibérer, tant la scène qu'il avait sous les yeux se précipitait avec furie. C'était comme un tourbillon dont il s'était cru maître et qui l'emportait. Il fut au moment de s'évanouir.

Cependant Thénardier, nous ne le nommerons plus autrement désormais, se promenait de long en large devant la table dans une sorte d'égarement et de triomphe frénétique.

Il prit à plein poing la chandelle et la posa sur la cheminée avec un frappement si violent que la mèche faillit s'éteindre et que le suif éclaboussa le mur.

Puis il se tourna vers M. Leblanc, effroyable, et cracha ceci :

— Flambé! fumé! fricassé! à la crapaudine!

Et il se remit à marcher, en pleine explosion.

— Ah! criait-il, je vous retrouve enfin, monsieur le philanthrope! monsieur le millionnaire râpé! monsieur le donneur de poupées! vieux jocrisse! Ah! vous ne me reconnaissez pas! non, ce n'est pas vous qui êtes venu à Montfermeil, à mon auberge, il y a huit ans, la nuit de Noël 1823! ce n'est pas vous qui avez emmené de chez moi l'enfant de la Fantine! l'Alouette! ce n'est pas vous qui aviez un carrick jaune! non! et un paquet plein de nippes à la main, comme ce matin chez moi! Dis donc, ma femme? c'est sa manie, à ce qu'il paraît, de porter dans les maisons des paquets pleins de bas de laine! vieux charitable, va! Est-ce que vous êtes bonnetier, monsieur le millionnaire? vous donnez aux pauvres votre fonds de boutique, saint homme! quel funambule! Ah! vous ne me reconnaissez pas? Eh bien, je vous reconnais, moi! je vous ai reconnu tout de suite dès que vous avez fourré votre mufle ici. Ah! on va voir enfin que ce n'est pas tout roses d'aller comme cela dans les maisons des gens, sous prétexte que ce sont des auberges, avec des habits minables, avec l'air d'un pauvre, qu'on lui aurait donné un sou, tromper les personnes, faire le généreux, leur prendre leur gagne-pain, et menacer dans les bois, et qu'on n'en est pas quitte pour rapporter après, quand les gens sont ruinés, une redingote trop large et deux méchantes couvertures d'hôpital, vieux gueux, voleur d'enfants!

Il s'arrêta, et parut un moment se parler à lui-même. On eût dit que sa fureur tombait comme le Rhône dans quelque trou; puis, comme s'il achevait tout haut des choses qu'il venait de se dire tout bas, il frappa un coup de poing sur la table et cria :

— Avec son air bonasse!

Et, apostrophant M. Leblanc :

— Parbleu! vous vous êtes moqué de moi autrefois! Vous êtes cause de tous mes malheurs! Vous avez eu pour quinze cents francs une fille que j'avais et qui était certainement à des riches, et qui m'avait déjà rapporté beaucoup d'argent, et dont je devais tirer de quoi vivre toute ma vie! Une fille qui m'aurait dédommagé de tout ce que j'ai perdu dans cette abominable gargote où l'on faisait des sabbats sterlings et où j'ai mangé comme un imbécile tout mon saint frusquin! Oh! je voudrais que tout le vin qu'on a bu chez moi fût du poison à ceux qui l'ont bu! Enfin, n'importe! Dites donc! vous avez dû me trouver farce quand vous vous êtes en allé avec l'Alouette! Vous aviez votre gourdin dans la forêt! Vous étiez le plus fort. Revanche. C'est moi qui ai l'atout aujourd'hui! Vous êtes fichu, mon bonhomme! Oh mais, je ris. Vrai, je ris! Est-il tombé dans le panneau! Je lui ai dit que j'étais acteur, que je m'appelais Fabantou, que j'avais joué la comédie avec mamselle Mars, avec mamselle Muche, que mon propriétaire voulait être payé demain, 4 février, et il n'a même pas vu que c'est le 8 janvier et non le 4 février qui est un terme! Absurde crétin! Et ces quatre méchants philippes qu'il m'apporte! Canaille! Il n'a même pas eu le cœur d'aller jusqu'à cent francs! Et comme il donnait dans mes platitudes! Ça m'amusait. Je me disais : Ganache! Va, je te tiens! Je te lèche les pattes ce matin, je te rongerai le cœur ce soir!

Thénardier cessa. Il était essoufflé. Sa petite poitrine étroite haletait comme un soufflet de forge. Son œil était plein de cet ignoble bonheur d'une créature faible, cruelle et lâche qui peut enfin terrasser ce qu'elle a redouté et insulter ce qu'elle a flatté, joie d'un nain qui mettrait le talon sur la tête de Goliath, joie d'un chacal qui commence à déchirer un taureau malade, assez mort pour ne plus se défendre, assez vivant pour souffrir encore.

M. Leblanc ne l'interrompit pas, mais lui dit lorsqu'il s'interrompit :

— Je ne sais ce que vous voulez dire. Vous vous méprenez. Je suis un homme très pauvre et rien moins qu'un millionnaire. Je ne vous connais pas. Vous me prenez pour un autre.

— Ah! râla Thénardier, la bonne balançoire! Vous tenez à cette plaisanterie! Vous pataugez, mon vieux! Ah! vous ne vous souvenez pas! Vous ne voyez pas qui je suis!

— Pardon, monsieur, répondit M. Leblanc avec un accent de politesse qui avait en un pareil moment quelque chose d'étrange et de puissant, je vois que vous êtes un bandit.

Qui ne l'a remarqué, les êtres odieux ont leur susceptibilité, les monstres sont chatouilleux. A ce mot de bandit, la femme Thénardier se jeta à bas du lit, Thénardier saisit sa chaise comme s'il allait la briser dans ses mains. — Ne bouge pas, toi! cria-t-il à sa femme; et, se tournant vers M. Leblanc :

— Bandit! oui, je sais que vous nous appelez comme cela, messieurs les gens riches! Tiens! c'est vrai, j'ai fait faillite, je me cache, je n'ai pas de pain, je n'ai pas le sou, je suis un bandit! Voilà trois jours que je n'ai mangé, je suis un bandit! Ah! vous vous chauffez les pieds vous autres, vous avez des escarpins de Sakoski, vous avez des redingotes ouatées, comme des archevêques, vous logez au premier dans des maisons à portier, vous mangez des truffes, vous mangez des bottes d'asperges à quarante francs au mois de janvier, des petits pois, vous vous gavez, et, quand vous voulez savoir s'il fait froid, vous regardez dans le journal ce que marque le thermomètre de l'ingénieur Chevalier. Nous, c'est nous qui sommes les thermomètres! nous n'avons pas besoin d'aller voir sur le quai au coin de la tour de l'Horloge combien il y a de degrés de froid, nous sentons le sang se figer dans nos veines et la glace nous arriver au cœur, et nous disons : Il n'y a pas de Dieu! Et vous venez dans nos cavernes, oui, dans nos cavernes, nous appeler bandits! Mais nous vous mangerons! mais nous vous dévorerons, pauvres petits! Monsieur le millionnaire! sachez ceci : J'ai été un homme établi, j'ai été patenté, j'ai été électeur, je suis un bourgeois, moi! et vous n'en êtes peut-être pas un, vous!

Ici Thénardier fit un pas vers les hommes qui étaient près de la porte et ajouta avec un frémissement :

— Quand je pense qu'il ose venir me parler comme à un savetier !

Puis s'adressant à M. Leblanc avec une recrudescence de frénésie :

— Et sachez encore ceci, monsieur le philanthrope ! Je ne suis pas un homme louche, moi ! Je ne suis pas un homme dont on ne sait point le nom et qui vient enlever des enfants dans les maisons ! Je suis un ancien soldat français, je devrais être décoré ! J'étais à Waterloo, moi ! et j'ai sauvé dans la bataille un général appelé le comte de je ne sais quoi. Il m'a dit son nom, mais sa chienne de voix était si faible que je ne l'ai pas entendu. Je n'ai entendu que *Merci*. J'aurais mieux aimé son nom que son remerciement. Cela m'aurait aidé à le retrouver. Ce tableau que vous voyez, et qui a été peint par David à Bruqueselles, savez-vous qui il représente ? Il représente moi. David a voulu immortaliser ce fait d'armes. J'ai ce général sur mon dos, et je l'emporte à travers la mitraille. Voilà l'histoire ! Il n'a même jamais rien fait pour moi, ce général-là ; il ne valait pas mieux que les autres ! Je ne lui en ai pas moins sauvé la vie au danger de la mienne, et j'en ai les certificats pleins mes poches ! Je suis un soldat de Waterloo, mille noms de noms ! Et maintenant que j'ai eu la bonté de vous dire tout ça, finissons, il me faut de l'argent, il me faut beaucoup d'argent, il me faut énormément d'argent, ou je vous extermine, tonnerre du bon Dieu !

Marius avait repris quelque empire sur ses angoisses, et écoutait. La dernière possibilité de doute venait de s'évanouir. C'était bien le Thénardier du testament. Marius frissonna à ce reproche d'ingratitude adressé à son père et qu'il était sur le point de justifier si fatalement. Ses perplexités en redoublèrent.

Du reste il y avait dans toutes ces paroles de Thénardier, dans l'accent, dans le geste, dans le regard qui faisait jaillir des flammes de chaque mot, il y avait dans cette explosion d'une mauvaise nature montrant tout, dans ce mélange de fanfaronnade et d'abjection, d'orgueil et de petitesse, de rage et de sottise, dans ce chaos de griefs réels et de sentiments faux, dans cette impudeur d'un méchant homme savourant la volupté de la violence, dans cette nudité effrontée d'une âme laide, dans cette conflagration de toutes les souffrances combinées avec toutes les haines, quelque chose qui était hideux comme le mal et poignant comme le vrai.

Le tableau de maître, la peinture de David dont il avait proposé l'achat à M. Leblanc, n'était, le lecteur l'a deviné, autre chose que l'enseigne de sa gargote, peinte, on s'en souvient, par lui-même, seul débris qu'il eût conservé de son naufrage de Montfermeil.

Comme il avait cessé d'intercepter le rayon visuel de Marius, Marius maintenant pouvait considérer cette chose, et dans ce badigeonnage il reconnaissait réellement une bataille, un fond de fumée, et un homme qui en portait un autre. C'était le groupe de Thénardier et de Pontmercy ; le sergent sauveur, le colonel sauvé. Marius était comme ivre, ce tableau faisait en quelque sorte son père vivant ; ce n'était plus l'enseigne du cabaret de Montfermeil, c'était une résurrection, une tombe s'y entr'ouvrait, un fantôme s'y dressait. Marius entendait son cœur tinter à ses tempes, il avait le canon de Waterloo dans les oreilles, son père sanglant vaguement peint sur ce panneau sinistre l'effarait, et il lui semblait que cette silhouette informe le regardait fixement.

Quand Thénardier eut repris haleine, il attacha sur M. Leblanc ses prunelles sanglantes, et lui dit d'une voix basse et brève :

— Qu'as-tu à dire avant qu'on te mette en brindesingues?

M. Leblanc se taisait.

Au milieu de ce silence une voix éraillée lança du corridor ce sarcasme lugubre :

— S'il faut fendre du bois, je suis là, moi!

C'était l'homme au merlin qui s'égayait.

En même temps une énorme face hérissée et terreuse parut à la porte avec un affreux rire qui montrait non des dents, mais des crocs.

C'était la face de l'homme au merlin.

— Pourquoi as-tu ôté ton masque? lui cria Thénardier avec fureur.

— Pour rire, répliqua l'homme.

Depuis quelques instants, M. Leblanc semblait suivre et guetter tous les mouvements de Thénardier, qui, aveuglé et ébloui par sa propre rage, allait et venait dans le repaire avec la confiance de sentir la porte gardée, de tenir, armé, un homme désarmé, et d'être neuf contre un, en supposant que la Thénardier ne comptât que pour un homme.

Dans son apostrophe à l'homme au merlin, il tournait le dos à M. Leblanc.

M. Leblanc saisit ce moment, repoussa du pied la chaise, du poing la table, et d'un bond, avec une agilité prodigieuse, avant que Thénardier eût eu le temps de se retourner, il était à la fenêtre. L'ouvrir, escalader l'appui, l'enjamber, ce fut une seconde. Il était à moitié dehors quand six poings robustes le saisirent et le ramenèrent énergiquement dans le bouge. C'étaient les trois « fumistes » qui s'étaient élancés sur lui. En même temps, la Thénardier l'avait empoigné aux cheveux.

Au piétinement qui se fit, les autres bandits accoururent du corridor. Le vieux, qui était sur le lit et qui semblait pris de vin, descendit du grabat et arriva en chancelant, un marteau de cantonnier à la main.

Un des « fumistes » dont la chandelle éclairait le visage barbouillé et dans lequel Marius, malgré ce barbouillage, reconnut Panchaud, dit Printanier, dit Bigrenaille, levait au-dessus de la tête de M. Leblanc une espèce d'assommoir fait de deux pommes de plomb aux deux bouts d'une barre de fer.

Marius ne put résister à ce spectacle. — Mon père, pensa-t-il, pardonne-moi !

Et son doigt chercha la détente du pistolet.

Le coup allait partir lorsque la voix de Thénardier cria :

— Ne lui faites pas de mal !

Cette tentative désespérée de la victime, loin d'exaspérer Thénardier, l'avait calmé.

Il y avait deux hommes en lui, l'homme féroce et l'homme adroit. Jusqu'à cet instant, dans le débordement du triomphe, devant la proie abattue et ne bougeant pas, l'homme féroce avait dominé; quand la victime se débattit et parut vouloir lutter, l'homme adroit reparut et prit le dessus.

— Ne lui faites pas de mal ! répéta-t-il, et sans s'en douter, pour premier succès, il arrêta le pistolet prêt à partir et paralysa Marius pour lequel l'urgence disparut, et qui, devant cette phase nouvelle, ne vit point d'inconvénient à attendre encore.

Qui sait si quelque chance ne surgirait pas qui le délivrerait de l'affreuse alternative de laisser périr le père d'Ursule ou de perdre le sauveur du colonel?

Une lutte herculéenne s'était engagée. D'un coup de poing en plein torse M. Leblanc avait envoyé le vieux rouler au milieu de la chambre, puis de deux revers de main avait terrassé deux autres assaillants, et il en tenait un sous chacun de ses genoux; les misérables râlaient sous cette pression comme sous une meule de granit; mais les quatre autres avaient saisi le redoutable vieillard aux deux bras et à la nuque et le tenaient accroupi sur les deux « fumistes » terrassés.

Ainsi, maître des uns et maîtrisé par les autres, écrasant ceux d'en bas et étouffant sous ceux d'en haut, secouant vainement tous les efforts qui s'entassaient sur lui, M. Leblanc disparaissait sous le groupe horrible des bandits comme un sanglier sous un monceau hurlant de dogues et de limiers.

Ils parvinrent à le renverser sur le lit le plus proche de la croisée et l'y tinrent en respect. La Thénardier ne lui avait pas lâché les cheveux.

— Toi, dit Thénardier, ne t'en mêle pas. Tu vas déchirer ton châle.

La Thénardier obéit, comme la louve obéit au loup, avec un grondement.

— Vous autres, reprit Thénardier, fouillez-le.

M. Leblanc semblait avoir renoncé à la résistance.

On le fouilla.

Il n'avait rien sur lui qu'une bourse en cuir qui contenait six francs, et son mouchoir.

Thénardier mit le mouchoir dans sa poche.

— Quoi! pas de portefeuille? demanda-t-il.

— Ni de montre, répondit un des « fumistes ».

— C'est égal, murmura avec une voix de ventriloque l'homme masqué qui tenait la grosse clef, c'est un vieux rude.

Thénardier alla au coin de la porte et y prit un paquet de cordes qu'il leur jeta.

— Attachez-le au pied du lit, dit-il.

Et apercevant le vieux qui était resté étendu à travers la chambre du coup de poing de M. Leblanc et qui ne bougeait pas :

— Est-ce que Boulatruelle est mort? demanda-t-il.

— Non, répondit Bigrenaille, il est ivre.

— Balayez-le dans un coin, dit Thénardier.

Deux des « fumistes » poussèrent l'ivrogne avec le pied près du tas de ferrailles.

— Babet, pourquoi en as-tu amené tant? dit Thénardier bas à l'homme à la trique, c'était inutile.

— Que veux-tu? répliqua l'homme à la trique, ils ont tous voulu en être. La saison est mauvaise. Il ne se fait pas d'affaires.

Le grabat où M. Leblanc avait été renversé était une façon de lit d'hôpital porté sur quatre montants grossiers en bois à peine équarri.

M. Leblanc se laissa faire.

Les brigands le lièrent solidement, debout et les pieds posant à terre au montant du lit le plus éloigné de la fenêtre et le plus proche de la cheminée.

Quand le dernier nœud fut serré, Thénardier prit une chaise et vint s'asseoir presque en face de M. Leblanc.

Thénardier ne se ressemblait plus ; en quelques instants sa physionomie avait passé de la violence effrénée à la douceur tranquille et rusée.

Marius avait peine à reconnaître dans ce sourire poli d'homme de bureau la bouche presque bestiale qui écumait le moment d'auparavant ; il considérait avec stupeur cette métamorphose fantastique et inquiétante, et il éprouvait ce qu'éprouverait un homme qui verrait un tigre se changer en un avoué.

— Monsieur... fit Thénardier.

Et écartant du geste les brigands qui avaient encore la main sur M. Leblanc :

— Éloignez-vous un peu, et laissez-moi causer avec monsieur.

Tous se retirèrent vers la porte.

Il reprit :

— Monsieur, vous avez eu tort d'essayer de sauter par la fenêtre. Vous auriez pu vous casser une jambe. Maintenant, si vous le permettez, nous allons causer tranquillement. Il faut d'abord que je vous communique une remarque que j'ai faite, c'est que vous n'avez pas encore poussé le moindre cri.

Thénardier avait raison, ce détail était réel, quoiqu'il eût échappé à Marius dans son trouble. M. Leblanc avait à peine prononcé quelques paroles sans hausser la voix, et, même dans sa lutte près de la fenêtre avec les six bandits, il avait gardé le plus profond et le plus singulier silence.

Thénardier poursuivit :

— Mon Dieu ! vous auriez un peu crié au voleur, que je ne l'aurais pas trouvé inconvenant. A l'assassin ! cela se dit dans l'occasion, et, quant à moi, je ne l'aurais point pris en mauvaise part. Il est tout simple qu'on fasse un peu de vacarme quand on se trouve avec des personnes qui ne vous inspirent pas suffisamment de confiance. Vous l'auriez fait qu'on ne vous aurait pas dérangé. On ne vous aurait même pas bâillonné. Et je vais vous dire pourquoi. C'est que cette chambre-ci est très-sourde. Elle n'a que cela pour elle, mais elle a cela. C'est une cave. On y tirerait une bombe que cela ferait pour le corps de garde le plus prochain le bruit d'un ronflement d'ivrogne. Ici le canon ferait boum et le tonnerre ferait pouf. C'est un logement commode. Mais enfin vous n'avez pas crié, c'est mieux, je vous en fais mon compliment, et je vais vous dire ce que j'en conclus : mon cher monsieur, quand on crie, qu'est-ce qui vient? la police. Et après la police? la justice. Eh bien! vous n'avez pas crié; c'est que vous ne vous souciez pas plus que nous de voir arriver la justice et la police. C'est que, — il y a longtemps que je m'en doute, — vous avez un intérêt quelconque à cacher quelque chose. De notre côté, nous avons le même intérêt. Donc nous pouvons nous entendre.

Tout en parlant ainsi, il semblait que Thénardier, la prunelle attachée sur M. Leblanc, cherchât à enfoncer les pointes aiguës qui sortaient de ses yeux jusque dans la conscience de son prisonnier. Du reste son langage, empreint d'une sorte d'insolence modérée et sournoise, était réservé et presque choisi, et dans ce misérable qui n'était tout à l'heure qu'un brigand, on sentait maintenant « l'homme qui a étudié pour être prêtre ».

Le silence qu'avait gardé le prisonnier, cette précaution qui allait jusqu'à l'oubli même du soin de sa vie, cette résistance opposée au premier mouvement de la nature qui est de jeter un cri, tout cela, il faut le dire, depuis que la remarque en avait été faite, était importun à Marius, et l'étonnait péniblement.

L'observation si fondée de Thénardier obscurcissait encore pour Marius les épaisseurs mystérieuses sous lesquelles se dérobait cette figure grave et étrange à laquelle Courfeyrac avait jeté le sobriquet de monsieur Leblanc.

Mais quel qu'il fût, lié de cordes, entouré de bourreaux, à demi plongé, pour ainsi dire, dans une fosse qui s'enfonçait sous lui d'un degré à chaque instant, devant la fureur comme devant la douceur de Thénardier, cet homme demeurait impassible; et Marius ne pouvait s'empêcher d'admirer en un pareil moment ce visage superbement mélancolique.

C'était évidemment une âme inaccessible à l'épouvante et ne sachant pas ce que c'est que d'être éperdue. C'était un de ces hommes qui dominent l'étonnement des situations désespérées. Si extrême que fût la crise, si inévitable que fût la catastrophe, il n'y avait rien là de l'agonie du noyé ouvrant sous l'eau des yeux horribles.

Thénardier se leva sans affectation, alla à la cheminée, déplaça le paravent qu'il appuya au grabat voisin, et démasqua ainsi le réchaud plein de braise ardente dans laquelle le prisonnier pouvait parfaitement voir le ciseau rougi à blanc et piqué çà et là de petites étoiles écarlates.

Puis Thénardier vint se rasseoir près de M. Leblanc.

— Je continue, dit-il. Nous pouvons nous entendre. Arrangeons ceci à l'amiable. J'ai eu tort de m'emporter tout à l'heure, je ne sais où j'avais l'esprit, j'ai été beaucoup trop loin, j'ai dit des extravagances. Par exemple, parce que vous êtes millionnaire, je vous ai dit que j'exigeais de l'argent, beaucoup d'argent, immensément d'argent. Cela ne serait pas raisonnable. Mon Dieu, vous avez beau être riche, vous avez vos charges; qui n'a pas les siennes? je ne veux pas vous ruiner, je ne suis pas un happe-chair après tout. Je ne suis pas de ces gens qui, parce qu'ils ont l'avantage de la position, profitent de cela pour être ridicules. Tenez, j'y mets du mien et je fais un sacrifice de mon côté. Il me faut simplement deux cent mille francs.

M. Leblanc ne souffla pas un mot.

Thénardier poursuivit :

— Vous voyez que je ne mets pas mal d'eau dans mon vin. Je ne connais pas l'état de votre fortune, mais je sais que vous ne regardez pas à l'argent, et un homme bienfaisant comme vous peut bien donner deux cent mille francs à un père de famille qui n'est pas heureux. Certainement vous êtes raisonnable aussi, vous ne vous êtes pas figuré que je me donnerais de la peine comme aujourd'hui, et que j'organiserais la chose de ce soir, qui est un travail bien fait, de l'aveu de ces messieurs, pour aboutir à vous demander de quoi aller boire du rouge à quinze et manger du veau chez Desnoyers. Deux cent mille francs, ça vaut ça. Une fois cette bagatelle sortie de votre poche, je vous réponds que tout est dit et que vous n'avez pas à craindre une pichenette. Vous me direz : Mais je n'ai pas deux cent mille francs sur moi. Oh! je ne suis pas exagéré. Je n'exige pas cela. Je ne vous demande qu'une chose. Ayez la bonté d'écrire ce que je vais vous dicter.

Ici Thénardier s'interrompit, puis il ajouta en appuyant sur les mots et en jetant un sourire du côté du réchaud :

— Je vous préviens que je n'admettrais pas que vous ne sachiez pas écrire.

Un grand inquisiteur eût pu envier ce sourire.

Thénardier poussa la table tout près de M. Leblanc, et prit l'encrier, une plume et une feuille de papier dans le tiroir qu'il laissa entr'ouvert et où luisait la longue lame du couteau.

Il posa la feuille de papier devant M. Leblanc.

— Écrivez, dit-il.

Le prisonnier parla enfin.

— Comment voulez-vous que j'écrive? je suis attaché.

— C'est vrai, pardon! fit Thénardier, vous avez bien raison.

Et se tournant vers Bigrenaille :

— Déliez le bras droit de monsieur.

Panchaud, dit Printanier, dit Bigrenaille, exécuta l'ordre de Thénardier.

Quand la main droite du prisonnier fut libre, Thénardier trempa la plume dans l'encre et la lui présenta.

— Remarquez bien, monsieur, que vous êtes en notre pouvoir, à notre discrétion, qu'aucune puissance humaine ne peut vous tirer d'ici, et que nous serions vraiment désolés d'être contraints d'en venir à des extrémités désagréables. Je ne sais ni votre nom, ni votre adresse, mais je vous préviens que vous resterez attaché jusqu'à ce que la personne chargée de porter la lettre que vous allez écrire soit revenue. Maintenant veuillez écrire.

— Quoi? demanda le prisonnier.

— Je dicte.

M. Leblanc prit la plume.

Thénardier commença à dicter :

— « Ma fille... »

Le prisonnier tressaillit et leva les yeux sur Thénardier.

— Mettez « ma chère fille », dit Thénardier.

M. Leblanc obéit.

Thénardier continua :

— « Viens sur-le-champ... »

Il s'interrompit.

— Vous la tutoyez, n'est-ce pas?

— Qui? demanda M. Leblanc.

— Parbleu! dit Thénardier, la petite, l'Alouette.

M. Leblanc répondit sans la moindre émotion apparente :
— Je ne sais ce que vous voulez dire.
— Allez toujours, fit Thénardier, et il se remit à dicter :
— « Viens sur-le-champ. J'ai absolument besoin de toi. La per-
« sonne qui te remettra ce billet est chargée de t'amener près de moi.
« Je t'attends. Viens avec confiance. »
M. Leblanc avait tout écrit.
Thénardier reprit :
— Ah! effacez *viens avec confiance*; cela pourrait faire supposer que la chose n'est pas toute simple et que la défiance est possible.
M. Leblanc ratura les trois mots.
— A présent, poursuivit Thénardier, signez. Comment vous appelez-vous ?
Le prisonnier posa la plume et demanda :
— Pour qui est cette lettre ?
— Vous le savez bien, répondit Thénardier, pour la petite. Je viens de vous le dire.

Il était évident que Thénardier évitait de nommer la jeune fille dont il était question. Il disait « l'Alouette », il disait « la petite », mais il ne prononçait pas le nom. Précaution d'habile homme gardant son secret devant ses complices. Dire le nom, c'eût été leur livrer toute « l'affaire », et leur en apprendre plus qu'ils n'avaient besoin d'en savoir.

Il reprit :
— Signez. Quel est votre nom ?
— Urbain Fabre, dit le prisonnier.

Thénardier, avec le mouvement d'un chat, précipita sa main dans sa poche et en tira le mouchoir saisi sur M. Leblanc. Il en chercha la marque et l'approcha de la chandelle.

— U. F. C'est cela. Urbain Fabre. Eh bien, signez U. F.
Le prisonnier signa.
— Comme il faut les deux mains pour plier la lettre, donnez, je vais la plier.

Cela fait, Thénardier reprit :
— Mettez l'adresse. *Mademoiselle Fabre*, chez vous. Je sais que vous demeurez pas très-loin d'ici, aux environs de Saint-Jacques-du-Haut-Pas, puisque c'est là que vous allez à la messe tous les jours, mais je ne sais pas dans quelle rue. Je vois que vous comprenez votre

situation. Comme vous n'avez pas menti pour votre nom, vous ne mentirez pas pour votre adresse. Mettez-la vous-même.

Le prisonnier resta un moment pensif, puis il prit la plume et écrivit :

« Mademoiselle Fabre, chez M. Urbain Fabre, rue Saint-Dominique-d'Enfer, n° 17. »

Thénardier saisit la lettre avec une sorte de convulsion fébrile.

— Ma femme ! cria-t-il.

La Thénardier accourut.

— Voici la lettre. Tu sais ce que tu as à faire. Un fiacre est en bas. Pars tout de suite, et reviens idem.

Et s'adressant à l'homme au merlin :

— Toi, puisque tu as ôté ton cache-nez, accompagne la bourgeoise. Tu monteras derrière le fiacre. Tu sais où tu as laissé la maringotte ?

— Oui, dit l'homme.

Et, déposant son merlin dans un coin, il suivit la Thénardier.

Comme ils s'en allaient, Thénardier passa sa tête par la porte entre-bâillée et cria dans le corridor :

— Surtout ne perds pas la lettre ! songe que tu as deux cent mille francs sur toi.

La voix rauque de la Thénardier répondit :

— Sois tranquille. Je l'ai mise dans mon estomac.

Une minute ne s'était pas écoulée qu'on entendit le claquement d'un fouet qui décrut et s'éteignit rapidement.

— Bien ! grommela Thénardier. Ils vont bon train. De ce galop-là la bourgeoise sera de retour dans trois quarts d'heure.

Il approcha une chaise de la cheminée et s'assit en se croisant les bras et en présentant ses bottes boueuses au réchaud.

— J'ai froid aux pieds, dit-il.

Il ne restait plus dans le bouge avec Thénardier et le prisonnier que cinq bandits.

Ces hommes, à travers les masques ou la glu noire qui leur couvrait la face et en faisait, au choix de la peur, des charbonniers, des nègres ou des démons, avaient des airs engourdis et mornes, et l'on sentait qu'ils exécutaient un crime comme une besogne, tranquillement, sans colère et sans pitié, avec une sorte d'ennui. Ils étaient dans un coin entassés comme des brutes et se taisaient.

Thénardier se chauffait les pieds.

Le prisonnier était retombé dans sa taciturnité. Un calme sombre avait succédé au vacarme farouche qui remplissait le galetas quelques instants auparavant.

La chandelle, où un large champignon s'était formé, éclairait à peine l'immense taudis, le brasier s'était terni, et toutes ces têtes monstrueuses faisaient des ombres difformes sur les murs et au plafond.

On n'entendait d'autre bruit que la respiration paisible du vieillard ivre qui dormait.

Marius attendait, dans une anxiété que tout accroissait. L'énigme était plus impénétrable que jamais. Qu'était-ce que cette « petite » que Thénardier avait aussi nommée l'Alouette? était-ce son « Ursule? » Le prisonnier n'avait pas paru ému à ce mot, l'Alouette, et avait répondu le plus naturellement du monde : Je ne sais ce que vous voulez dire. D'un autre côté, les deux lettres U. F. étaient expliquées, c'était Urbain Fabre, et Ursule ne s'appelait plus Ursule. C'est là ce que Marius voyait le plus clairement.

Une sorte de fascination affreuse le retenait cloué à la place d'où il observait et dominait toute cette scène. Il était là, presque incapable de réflexion et de mouvement, comme anéanti par de si abominables choses vues de près. Il attendait, espérant quelque incident, n'importe quoi, ne pouvant rassembler ses idées et ne sachant quel parti prendre.

— Dans tous les cas, disait-il, si l'Alouette, c'est elle, je le verrai bien, car la Thénardier va l'amener ici. Alors tout sera dit, je donnerai ma vie et mon sang s'il le faut, mais je la délivrerai! Rien ne m'arrêtera.

Près d'une demi-heure passa ainsi. Thénardier paraissait absorbé par une méditation ténébreuse, le prisonnier ne bougeait pas. Cependant Marius croyait par intervalles et depuis quelques instants entendre un petit bruit sourd du côté du prisonnier.

Tout à coup Thénardier apostropha le prisonnier.

— Monsieur Fabre, tenez, autant que je vous dise tout de suite.

Ces quelques mots semblaient commencer un éclaircissement. Marius prêta l'oreille.

Thénardier continua :

— Mon épouse va revenir, ne vous impatientez pas. Je pense que l'Alouette est véritablement votre fille, et je trouve tout simple que vous la gardiez. Seulement, écoutez un peu. Avec votre lettre, ma femme ira la trouver. J'ai dit à ma femme de s'habiller, comme vous avez vu, de façon que votre demoiselle la suive sans difficulté. Elles monteront toutes deux dans le fiacre avec mon camarade derrière. Il y a quelque part en dehors d'une barrière une maringotte attelée de deux très-bons chevaux. On y conduira votre demoiselle. Elle descendra du fiacre. Mon camarade montera avec elle dans la maringotte, et ma femme reviendra ici nous dire : C'est fait. Quant à votre demoiselle, on ne lui fera pas de mal; la maringotte la mènera dans un endroit où elle sera tranquille, et dès que vous m'aurez donné les petits deux cent mille francs, on vous la rendra. Si vous me faites arrêter, mon camarade donnera le coup de pouce à l'Alouette, voilà.

Le prisonnier n'articula pas une parole. Après une pause, Thénardier poursuivit :

— C'est simple, comme vous voyez. Il n'y aura pas de mal si vous ne voulez pas qu'il y ait du mal. Je vous conte la chose. Je vous préviens pour que vous sachiez.

Il s'arrêta; le prisonnier ne rompit pas le silence, et Thénardier reprit :

— Dès que mon épouse sera revenue et qu'elle m'aura dit : L'Alouette est en route, nous vous lâcherons et vous serez libre d'aller coucher chez vous. Vous voyez que nous n'avions pas de mauvaises intentions.

Des images épouvantables passèrent devant la pensée de Marius. Quoi ! cette jeune fille qu'on enlevait, on n'allait pas la ramener? un de ces monstres allait l'emporter dans l'ombre? où?... Et si c'était elle!

Et il était clair que c'était elle. Marius sentait les battements de son cœur s'arrêter.

Que faire? tirer le coup de pistolet; mettre aux mains de la justice tous ces misérables? Mais l'affreux homme au merlin n'en serait pas moins hors de toute atteinte avec la jeune fille, et Marius songeait à ces mots de Thénardier dont il entrevoyait la signification sanglante : « *Si vous me faites arrêter, mon camarade donnera le coup de pouce à l'Alouette.* »

Maintenant ce n'était pas seulement par le testament du colonel, c'était par son amour même, par le péril de celle qu'il aimait, qu'il se sentait retenu.

Cette effroyable situation, qui durait déjà depuis plus d'une heure, changeait d'aspect à chaque instant.

Marius eut la force de passer successivement en revue toutes les plus poignantes conjectures, cherchant une espérance et ne la trouvant pas.

Le tumulte de ses pensées contrastait avec le silence funèbre du repaire.

Au milieu de ce silence on entendit le bruit de la porte de l'escalier qui s'ouvrait, puis se fermait.

Le prisonnier fit un mouvement dans ses liens.

— Voici la bourgeoise, dit Thénardier.

Il achevait à peine qu'en effet la Thénardier se précipita dans la chambre, rouge, essoufflée, haletante, les yeux flambants, et cria en frappant de ses grosses mains sur ses deux cuisses à la fois :

— Fausse adresse!

Le bandit qu'elle avait emmené avec elle parut derrière elle et vint reprendre son merlin.

— Fausse adresse? répéta Thénardier.

Elle reprit :

— Personne! Rue Saint-Dominique, numéro dix-sept, pas de monsieur Urbain Fabre! On ne sait pas ce que c'est!

Elle s'arrêta suffoquée, puis continua :

— Monsieur Thénardier! ce vieux t'a fait poser! tu es trop bon, vois-tu! Moi, je te vous lui aurais coupé la margoulette en quatre pour commencer! et s'il avait fait le méchant, je l'aurais fait cuire tout vivant! il aurait bien fallu qu'il parle, et qu'il dise où est la fille, et qu'il dise où est le magot! Voilà comment j'aurais mené cela, moi! On a bien raison de dire que les hommes sont plus bêtes que les femmes! Personne numéro dix-sept! c'est une grande porte cochère! Pas de monsieur Fabre rue Saint-Dominique! et ventre à terre, et pourboire au cocher, et tout! J'ai parlé au portier et à la portière, qui est une belle forte femme, ils ne connaissent pas ça!

Marius respira.

Elle, Ursule ou l'Alouette, celle qu'il ne savait plus comment nommer, était sauvée.

Pendant que sa femme exaspérée vociférait, Thénardier s'était assis sur la table.

Il resta quelques instants sans prononcer une parole, balançant

sa jambe droite qui pendait et considérant le réchaud d'un air de rêverie sauvage.

Enfin il dit au prisonnier avec une inflexion lente et singulièrement féroce :

— Une fausse adresse? qu'est-ce que tu as donc espéré?

— Gagner du temps! cria le prisonnier d'une voix éclatante.

Et au même instant il secoua ses liens; ils étaient coupés. Le prisonnier n'était plus attaché au lit que par une jambe.

Avant que les sept hommes eussent eu le temps de se reconnaître et de s'élancer, lui s'était penché sous la cheminée, avait étendu la

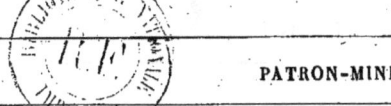

main vers le réchaud, puis s'était redressé, et maintenant Thénardier, la Thénardier et les bandits, refoulés par le saisissement au fond du bouge, le regardaient avec stupeur élevant au-dessus de sa tête le ciseau rouge d'où tombait une lueur sinistre, presque libre et dans une attitude formidable.

L'enquête judiciaire, à laquelle le guet-apens de la masure Gorbeau donna lieu par la suite, a constaté qu'un gros sou, coupé et travaillé d'une façon particulière, fut trouvé dans le galetas, quand la police y fit une descente; ce gros sou était une de ces merveilles d'industrie que la patience du bagne engendre dans les ténèbres et pour les ténèbres, merveilles qui ne sont autre chose que des instruments d'évasion. Ces produits hideux et délicats d'un art prodigieux sont dans la bijouterie ce que les métaphores de l'argot sont dans la poésie. Il y a des Benvenuto Cellini au bagne, de même que dans la langue il y a des Villon. Le malheureux qui aspire à la délivrance trouve moyen, quelquefois sans outils, avec un eustache, avec un vieux couteau, de scier un sou en deux lames minces, de creuser ces deux lames sans toucher aux empreintes monétaires, et de pratiquer un pas de vis sur la tranche du sou de manière à faire adhérer les lames de nouveau. Cela se visse et se dévisse à volonté; c'est une boîte. Dans cette boîte, on cache un ressort de montre, et ce ressort de montre bien manié coupe des manilles de calibre et des barreaux de fer. On croit que ce malheureux forçat ne possède qu'un sou; point, il possède la liberté. C'est un gros sou de ce genre qui, dans des perquisitions de police ultérieures, fut trouvé ouvert et en deux morceaux dans le bouge sous le grabat près de la fenêtre. On découvrit également une petite scie en acier bleu qui pouvait se cacher dans le gros sou.

Il est probable qu'au moment où les bandits fouillèrent le prisonnier, il avait sur lui ce gros sou qu'il réussit à cacher dans sa main, et qu'ensuite, ayant la main droite libre, il le dévissa et se servit de la scie pour couper les cordes qui l'attachaient, ce qui expliquerait le bruit léger et les mouvements imperceptibles que Marius avait remarqués.

N'ayant pu se baisser, de peur de se trahir, il n'avait point coupé les liens de sa jambe gauche.

Les bandits étaient revenus de leur première surprise.

— Sois tranquille, dit Bigrenaille à Thénardier. Il tient encore par une jambe, et il ne s'en ira pas. J'en réponds. C'est moi qui lui ai ficelé cette patte-là.

Cependant le prisonnier éleva la voix :

— Vous êtes des malheureux, mais ma vie ne vaut pas la peine d'être tant défendue. Quant à vous imaginer que vous me feriez parler, que vous me feriez écrire ce que je ne veux pas écrire, que vous me feriez dire ce que je ne veux pas dire...

Il releva la manche de son bras gauche et ajouta :

— Tenez.

En même temps il tendit son bras et posa sur la chair nue le ciseau ardent qu'il tenait dans sa main droite par le manche de bois.

On entendit le frémissement de la chair brûlée, l'odeur propre aux chambres de torture se répandit dans le taudis.

Marius chancela éperdu d'horreur, les brigands eux-mêmes eurent un frisson, le visage de l'étrange vieillard se contracta à peine, et tandis que le fer rouge s'enfonçait dans la plaie fumante, impassible et presque auguste, il attachait sur Thénardier son beau regard sans haine où la souffrance s'évanouissait dans une majesté sereine.

Chez les grandes et hautes natures, les révoltes de la chair et des sens en proie à la douleur physique font sortir l'âme et la font apparaître sur le front, de même que les rébellions de la soldatesque forcent le capitaine à se montrer.

— Misérables, dit-il, n'ayez pas plus peur de moi que je n'ai peur de vous !

Et arrachant le ciseau de la plaie, il le lança par la fenêtre qui était restée ouverte ; l'horrible outil embrasé disparut dans la nuit en tournoyant et alla tomber au loin et s'éteindre dans la neige.

Le prisonnier reprit :

— Faites de moi ce que vous voudrez. Il était désarmé.

— Empoignez-le ! dit Thénardier.

Deux des brigands lui posèrent la main sur l'épaule, et l'homme masqué à voix de ventriloque se tint en face de lui, prêt à lui faire sauter le crâne d'un coup de clef au moindre mouvement.

En même temps Marius entendit au-dessous de lui, au bas de la cloison, mais tellement près qu'il ne pouvait voir ceux qui parlaient, ce colloque échangé à voix basse :

— Il n'y a plus qu'une chose à faire.

— L'escarper!
— C'est cela.
C'étaient le mari et la femme qui tenaient conseil.
Thénardier marcha à pas lents vers la table, ouvrit le tiroir et y prit le couteau.
Marius tourmentait le pommeau du pistolet. Perplexité inouïe! Depuis une heure il y avait deux voix dans sa conscience, l'une lui disait de respecter le testament de son père, l'autre lui criait de secourir le prisonnier. Ces deux voix continuaient sans interruption leur lutte qui le mettait à l'agonie. Il avait vaguement espéré jusqu'à ce moment trouver un moyen de concilier ces deux devoirs, mais rien de possible n'avait surgi.

Cependant le péril pressait, la dernière limite de l'attente était dépassée; à quelques pas du prisonnier, Thénardier songeait, le couteau à la main.

Marius égaré promenait ses yeux autour de lui, dernière ressource machinale du désespoir. Tout à coup, il tressaillit.

A ses pieds, sur la table, un vif rayon de pleine lune éclairait et semblait lui montrer une feuille de papier. Sur cette feuille il lut cette ligne écrite en grosses lettres le matin même par l'aînée des filles Thénardier :

— LES COGNES SONT LA.

Une idée, une clarté traversa l'esprit de Marius; c'était le moyen qu'il cherchait, la solution de cet affreux problème qui le torturait, épargner l'assassin et sauver la victime.

Il s'agenouilla sur sa commode, étendit le bras, saisit la feuille de papier, détacha doucement un morceau de plâtre de la cloison, l'enveloppa dans le papier et jeta le tout par la crevasse au milieu du bouge.

Il était temps. Thénardier avait vaincu ses dernières craintes ou ses derniers scrupules et se dirigeait vers le prisonnier.

— Quelque chose qui tombe! cria la Thénardier.
— Qu'est-ce? dit le mari.
La femme s'était élancée et avait ramassé le plâtras enveloppé du papier. Elle le remit à son mari.
— Par où cela est-il venu? demanda Thénardier.
— Pardié! fit la femme, par où veux-tu que cela soit entré? C'est venu par la fenêtre.

— Je l'ai vu passer, dit Bigrenaille.

Thénardier déplia rapidement le papier et l'approcha de la chandelle.

— C'est de l'écriture d'Éponine. Diable!

Il fit signe à sa femme, qui s'approcha vivement, et il lui montra la ligne écrite sur la feuille de papier, puis il ajouta d'une voix sourde :

— Vite! l'échelle! laissons le lard dans la souricière et fichons le camp!

— Sans couper le cou à l'homme? demanda la Thénardier.

— Nous n'avons pas le temps.

— Par où? reprit Bigrenaille.

— Par la fenêtre, répondit Thénardier. Puisque Ponine a jeté la pierre par la fenêtre, c'est que la maison n'est pas cernée de ce côté-là.

Le masque à voix de ventriloque posa à terre sa grosse clef, éleva ses deux bras en l'air et ouvrit et ferma trois fois rapidement ses mains sans dire un mot.

Ce fut comme le signal du branle-bas dans un équipage. Les brigands qui tenaient le prisonnier le lâchèrent; en un clin d'œil l'échelle de corde fut déroulée hors de la fenêtre et attachée solidement au rebord par les deux crampons de fer.

Le prisonnier ne faisait pas attention à ce qui se passait autour de lui. Il semblait rêver ou prier.

Sitôt l'échelle fixée, Thénardier cria :

— Viens! la bourgeoise!

Et il se précipita vers la croisée.

Mais comme il allait enjamber, Bigrenaille le saisit rudement au collet.

— Non pas, dis donc, vieux farceur! après nous!

— Après nous! hurlèrent les bandits.

— Vous êtes des enfants, dit Thénardier, nous perdons le temps. Les railles sont sur nos talons.

— Eh bien, dit un des bandits, tirons au sort à qui passera le premier.

Thénardier s'exclama :

— Êtes-vous fous! êtes-vous toqués! en voilà-t-il un tas de jobards! perdre le temps, n'est-ce pas? tirer au sort, n'est-ce pas? au

doigt mouillé! à la courte-paille! écrire nos noms! les mettre dans un bonnet!...

— Voulez-vous mon chapeau? cria une voix du seuil de la porte.

Tous se retournèrent. C'était Javert.

Il tenait son chapeau à la main, et le tendait en souriant.

XXI

ON DEVRAIT TOUJOURS COMMENCER PAR ARRÊTER LES VICTIMES

Javert, à la nuit tombante, avait aposté des hommes et s'était embusqué lui-même derrière les arbres de la rue de la Barrière-des-Gobelins, qui fait face à la masure Gorbeau, de l'autre côté du boulevard. Il avait commencé par ouvrir « sa poche » pour y fourrer les deux jeunes filles chargées de surveiller les abords du bouge. Mais il n'avait « coffré » qu'Azelma. Quant à Éponine, elle n'était pas à son poste, elle avait disparu, et il n'avait pu la saisir. Puis Javert s'était mis en arrêt, prêtant l'oreille au signal convenu. Les allées et venues du fiacre l'avaient fort agité. Enfin, il s'était impatienté, et, *sûr qu'il y avait un nid là*, sûr d'être « *en bonne fortune,* » ayant reconnu plusieurs des bandits qui étaient entrés, il avait fini par se décider à monter sans attendre le coup de pistolet.

On se souvient qu'il avait le passe-partout de Marius.

Il était arrivé à point.

Les bandits effarés se jetèrent sur les armes qu'ils avaient abandonnées dans tous les coins au moment de s'évader. En moins d'une seconde, ces sept hommes, épouvantables à voir, se groupèrent dans une posture de défense, l'un avec son merlin, l'autre avec sa clef, l'autre avec son assommoir, les autres avec les cisailles, les pinces et les marteaux. Thénardier son couteau au poing. La Thénardier saisit un énorme pavé qui était dans l'angle de la fenêtre et qui servait à ses filles de tabouret.

Javert remit son chapeau sur sa tête et fit deux pas dans la chambre, les bras croisés, la canne sous le bras, l'épée dans le fourreau.

— Halte là, dit-il. Vous ne passerez pas par la fenêtre, vous passerez par la porte. C'est moins malsain. Vous êtes sept, nous sommes quinze. Ne nous colletons pas comme des auvergnats. Soyons gentils.

Bigrenaille prit un pistolet qu'il tenait caché sous sa blouse et le mit dans la main de Thénardier en lui disant à l'oreille :

— C'est Javert. Je n'ose pas tirer sur cet homme-là. Oses-tu, toi ?
— Parbleu, répondit Thénardier.
— Eh bien, tire.

Thénardier prit le pistolet et ajusta Javert.

Javert, qui était à trois pas, le regarda fixement et se contenta de dire :

— Ne tire pas, va ! ton coup va rater.

Thénardier pressa la détente. Le coup rata.

— Quand je te le disais ! fit Javert.

Bigrenaille jeta son casse-tête aux pieds de Javert.

— Tu es l'empereur des diables ! je me rends.
— Et vous ? demanda Javert aux autres bandits.

Ils répondirent :

— Nous aussi.

Javert repartit avec calme :

— C'est ça, c'est bon, je le disais, on est gentil.
— Je ne demande qu'une chose, reprit le Bigrenaille, c'est qu'on ne me refuse pas du tabac pendant que je serai au secret.
— Accordé, dit Javert.

Et se retournant et appelant derrière lui :

— Entrez maintenant !

Une escouade de sergents de ville, l'épée au poing, et d'agents armés de casse-tête et de gourdins se rua à l'appel de Javert. On garrotta les bandits.

Cette foule d'hommes à peine éclairés d'une chandelle emplissait d'ombre le repaire.

— Les poucettes à tous ! cria Javert.
— Approchez donc un peu ! cria une voix qui n'était pas une voix d'homme, mais dont personne n'eût pu dire : C'est une voix de femme.

La Thénardier s'était retranchée dans un des angles de la fenêtre, et c'était elle qui venait de pousser ce rugissement.

Les sergents de ville et les agents reculèrent.

Elle avait jeté son châle et gardé son chapeau; son mari, accroupi derrière elle, disparaissait presque sous le châle tombé, et elle le couvrait de son corps, élevant le pavé des deux mains au-dessus de sa tête avec le balancement d'une géante qui va lancer un rocher.

— Gare! cria-t-elle.

Tous se refoulèrent vers le corridor. Un large vide se fit au milieu du galetas.

La Thénardier jeta un regard aux bandits qui s'étaient laissé garrotter et murmura d'un accent guttural et rauque:

— Les lâches!

Javert sourit et s'avança dans l'espace vide que la Thénardier couvait de ses deux prunelles.

— N'approche pas! va-t'en! cria-t-elle, ou je t'écroule!

— Quel grenadier! fit Javert; la mère, tu as de la barbe comme un homme, mais j'ai des griffes comme une femme.

Et il continua de s'avancer.

La Thénardier, échevelée et terrible, écarta les jambes, se cambra en arrière et jeta éperdument le pavé à la tête de Javert. Javert se courba, le pavé passa au-dessus de lui, heurta la muraille du fond dont il fit tomber un vaste plâtras et revint, en ricochant d'angle en angle à travers le bouge, heureusement presque vide, mourir sur les talons de Javert.

Au même instant Javert arrivait au couple Thénardier. Une de ses larges mains s'abattit sur l'épaule de la femme et l'autre sur la tête du mari.

— Les poucettes! cria-t-il.

Les hommes de police rentrèrent en foule, et en quelques secondes l'ordre de Javert fut exécuté.

La Thénardier, brisée, regarda ses mains garrottées et celles de son mari, se laissa tomber à terre et s'écria en pleurant :

— Mes filles!

— Elles sont à l'ombre, dit Javert.

Cependant les agents avaient avisé l'ivrogne endormi derrière la porte et le secouaient.

Il s'éveilla en balbutiant :

— Est-ce fini, Jondrette?

— Oui, répondit Javert.

Les six bandits garrottés étaient debout, du reste, ils avaient encore leurs mines de spectres; trois barbouillés de noir, trois masqués.

— Gardez vos masques, dit Javert.

Et, les passant en revue avec le regard d'un Frédéric II à la parade de Potsdam, il dit aux trois « fumistes » :

— Bonjour, Bigrenaille. Bonjour, Brujon. Bonjour, Deux-Milliards.

Puis, se tournant vers les trois masques, il dit à l'homme au merlin :

— Bonjour, Gueulemer.

Et à l'homme à la trique :
— Bonjour, Babet.
Et au ventriloque :
— Salut, Claquesous.

En ce moment, il aperçut le prisonnier des bandits qui, depuis l'entrée des agents de police, n'avait pas prononcé une parole et tenait sa tête baissée.

— Déliez monsieur! dit Javert, et que personne ne sorte!

Cela dit, il s'assit souverainement devant la table, où étaient restées la chandelle et l'écritoire, tira un papier timbré de sa poche et commença son procès-verbal.

Quand il eut écrit les premières lignes, qui ne sont que des formules toujours les mêmes, il leva les yeux :

— Faites approcher ce monsieur que ces messieurs avaient attaché.

Les agents regardèrent autour d'eux.

— Eh bien, demanda Javert, où est-il donc?

Le prisonnier des bandits, M. Leblanc, M. Urbain Fabre, le père d'Ursule ou de l'Alouette, avait disparu.

La porte était gardée, mais la croisée ne l'était pas. Sitôt qu'il s'était vu délié, et pendant que Javert verbalisait, il avait profité du trouble, du tumulte, de l'encombrement, de l'obscurité, et d'un moment où l'attention n'était pas fixée sur lui, pour s'élancer par la fenêtre.

Un agent courut à la lucarne, et regarda. On ne voyait personne dehors.

L'échelle de corde tremblait encore.

— Diable! fit Javert entre ses dents, ce devait être le meilleur.

XXII

LE PETIT QUI CRIAIT AU TOME DEUX

Le lendemain du jour où ces événements s'étaient accomplis dans la maison du boulevard de l'Hôpital, un enfant, qui semblait venir du côté du pont d'Austerlitz, montait par la contre-allée de droite dans la direction de la barrière de Fontainebleau.

Il était nuit close.

Cet enfant était pâle, maigre, vêtu de loques, avec un pantalon de toile au mois de février, et chantait à tue-tête.

Au coin de la rue du Petit-Banquier, une vieille courbée fouillait dans un tas d'ordures à la lueur du réverbère; l'enfant la heurta en passant, puis recula en s'écriant :

— Tiens! moi qui avais pris ça pour un énorme, un énorme chien!

Il prononça le mot énorme pour la seconde fois avec un renflement de voix goguenarde que des majuscules exprimeraient assez bien : un énorme, ÉNORME chien!

La vieille se redressa furieuse.

— Carcan de moutard! grommela-t-elle. Si je n'avais pas été penchée, je sais bien où je t'aurais flanqué mon pied!

L'enfant était déjà à distance.

— Kisss! kisss! fit-il. Après ça, je ne me suis peut-être pas trompé.

La vieille, suffoquée d'indignation, se dressa tout à fait, et le rougeoiement de la lanterne éclaira en plein sa face livide, toute creusée d'angles et de rides, avec des pattes d'oie rejoignant les coins de la bouche.

Le corps se perdait dans l'ombre et l'on ne voyait que la tête. On eût dit le masque de la Décrépitude découpé par une lueur dans de la nuit.

L'enfant la considéra.

— Madame, dit-il, n'a pas le genre de beauté qui me conviendrait.

Il poursuivit son chemin et se remit à chanter :

> Le roi Coupdesabot
> S'en allait à la chasse,
> A la chasse aux corbeaux...

Au bout de ces trois vers, il s'interrompit. Il était arrivé devant le numéro 50-52, et trouvant la porte fermée, il avait commencé à la battre à coups de pied, coups de pied retentissants et héroïques, lesquels décelaient plutôt les souliers d'homme qu'il portait que les pieds d'enfant qu'il avait.

Cependant cette même vieille qu'il avait rencontrée au coin de la rue du Petit-Banquier accourait derrière lui, poussant des clameurs et prodiguant des gestes démesurés.

— Qu'est-ce que c'est? qu'est-ce que c'est? Dieu Seigneur! on enfonce la porte! on défonce la maison!

Les coups de pied continuaient.

La vieille s'époumonait.

— Est-ce qu'on arrange les bâtiments comme ça à présent!

Tout à coup elle s'arrêta.

Elle avait reconnu le gamin.

— Quoi! c'est ce satan?

— Tiens, c'est la vieille, dit l'enfant. Bonjour, la Burgonmuche. Je viens voir mes ancêtres.

La vieille répondit, avec une grimace composite, admirable improvisation de la haine tirant parti de la caducité et de la laideur, qui fut malheureusement perdue dans l'obscurité :

— Il n'y a personne, mufle.

— Bah! reprit l'enfant, où donc est mon père?

— A la Force.

— Tiens! et ma mère?

— A Saint-Lazare.

— Eh bien! et mes sœurs?

— Aux Madelonnettes.

L'enfant se gratta le derrière de l'oreille, regarda mame Burgon, et dit :

— Ah!

Puis il pirouetta sur ses talons, et, un moment après, la vieille, restée sur le pas de la porte, l'entendit qui chantait de sa voix claire et jeune en s'enfonçant sous les ormes noirs frissonnant au vent d'hiver :

> Le roi Coupdesabot
> S'en allait à la chasse,
> A la chasse aux corbeaux,
> Monté sur des échasses.
> Quand on passait dessous,
> On lui payait deux sous.

TABLE DES CHAPITRES

TROISIÈME PARTIE
MARIUS

LIVRE PREMIER
PARIS ÉTUDIÉ DANS SON ATOME

		Pages.			Pages
I.	Parvulus.	5	VIII.	Où on lira un mot charmant du dernier roi.	17
II.	Quelques-uns de ses signes particuliers.	6	IX.	La vieille âme de la Gaule	19
III.	Il est agréable.	7	X.	Ecce Paris, ecce homo	20
IV.	Il peut être utile.	8	XI.	Railler, régner	23
V.	Ses frontières	9	XII.	L'avenir latent dans le peuple.	27
VI.	Un peu d'histoire.	13	XIII.	Le petit Gavroche	28
VII.	Le gamin aurait sa place dans les classifications de l'Inde.	15			

LIVRE DEUXIÈME
LE GRAND BOURGEOIS

I.	Quatrevingt-dix ans et trente-deux dents	33	VI.	Où l'on entrevoit la Magnon et ses deux petits.	39
II.	Tel maître, tel logis.	35	VII.	Règle : ne recevoir personne, que le soir.	42
III.	Luc-Esprit.	36	VIII.	Les deux ne font pas la paire	42
IV.	Aspirant centenaire.	37			
V.	Basque et Nicolette.	38			

LIVRE TROISIÈME
LE GRAND-PÈRE ET LE PETIT-FILS

I.	Un ancien salon.	47	V.	L'utilité d'aller à la messe pour devenir révolutionnaire	69
II.	Un des spectres rouges de ce temps-là.	50	VI.	Ce que c'est que d'avoir rencontré un marguillier.	72
III.	Requiescant.	57	VII.	Quelque cotillon	79
IV.	Fin du brigand.	65	VIII.	Marbre contre granit	85

LIVRE QUATRIÈME

LES AMIS DE L'A B C

		Pages
I.	Un groupe qui a failli devenir historique.	93
II.	Oraison funèbre de Blondeau, par Bossuet.	106
III.	Les étonnements de Marius.	110
IV.	L'arrière-salle du café Musain.	112
V.	Élargissement de l'horizon.	120
VI.	*Res angusta.*	124

LIVRE CINQUIÈME

EXCELLENCE DU MALHEUR

I.	Marius indigent.	129
II.	Marius pauvre.	131
III.	Marius grandi.	135
IV.	M. Mabeuf.	139
V.	Pauvreté bonne voisine de misère.	145
VI.	Le remplaçant.	147

LIVRE SIXIÈME

LA CONJONCTION DE DEUX ÉTOILES

I.	Le sobriquet, mode de formation des noms de famille.	155
II.	*Lux facta est.*	158
III.	Effet de printemps.	160
IV.	Commencement d'une grande maladie.	162
V.	Divers coups de foudre tombent sur Mame Burgon.	165
VI.	Fait prisonnier.	166
VII.	Aventures de la lettre U livrée aux conjectures.	168
VIII.	Les invalides eux-mêmes peuvent être heureux.	170
IX.	Éclipse.	173

LIVRE SEPTIÈME

PATRON-MINETTE

I.	Les mines et les mineurs.	179
II.	Le bas-fond.	182
III.	Babet, Gueulemer, Claquesous et Montparnasse.	184
IV.	Composition de la troupe.	186

LIVRE HUITIÈME

LE MAUVAIS PAUVRE

I.	Marius, cherchant une fille en chapeau, rencontre un homme en casquette.	191
II.	Trouvaille.	193
III.	*Quadrifrons.*	195
IV.	Une rose dans la misère.	200
V.	Le judas de la providence.	209
VI.	L'homme fauve au gîte.	211
VII.	Stratégie et tactique.	217
VIII.	Le rayon dans le bouge.	221
IX.	Jondrette pleure presque.	224
X.	Tarif des cabriolets de régie : deux francs l'heure.	228
XI.	Offres de service de la misère à la douleur.	231
XII.	Emploi de la pièce de cinq francs de M. Leblanc.	236
XIII.	*Solus cum solo, in loco remoto, non cogitabuntur orare pater noster.*	241
XIV.	Où un agent de police donne deux coups de poing à un avocat.	244
XV.	Jondrette fait son emplette.	248
XVI.	Où l'on retrouvera la chanson sur un air anglais à la mode en 1832.	251
XVII.	Emploi de la pièce de cinq francs de Marius.	256
XVIII.	Les deux chaises de Marius se font vis-à-vis.	261
XIX.	Se préoccuper des fonds obscurs.	262
XX.	Le guet-apens.	267

TABLE DES GRAVURES

	DESSINATEURS.	Pages
Marius.	DE NEUVILLE.	1
Le gamin sur les barricades.	E. DELACROIX.	3
La fosse aux loups.	BRION.	10
La partie de billes.	BRION.	12
Le roi acheva la poire.	BRION.	17
Gavroche.	E. BAYARD.	25
Le grand bourgeois.	BRION.	31
La Magnon et son petit.	BRION.	40
Le grand-père et le petit-fils.	BRION.	45
Le brigand de la Loire.	BRION.	52
Le salon de Madame de T....	BRION.	60
Il était sorti de son lit....	BRION.	66
Marius devant son père mort.	BRION.	68
Monsieur, c'est ma place.	BRION.	70
Vive l'empereur!	E. ZIER.	76
Mais embrasse-moi donc.	BRION.	81
Marius sur la tombe de son père.	BRION.	84
Les amis de l'A, B, C.	LIX.	91
Grantaire.	BRION.	104
L'arrière-salle du café Musain.	BRION.	112
Un baiser à la volée.	E. ZIER.	117
Excellence du malheur.	BRION.	127
Le restaurant Rousseau.	H. VOGEL.	133
M. Mabœuf.	BRION.	141
La mère Plutarque.	BRION.	144
Où va-t-on?	BRION.	149
La conjonction de deux étoiles.	BRION.	153
M. Leblanc et sa fille.	BRION.	161
L'invalide.	BRION.	172
La rue de l'Ouest.	E. ZIER.	174
Vous êtes donc décidément quart-d'œil?	H. VOGEL.	176
Patron-Minette.	BRION.	177
Outils de mineurs.	BRION.	181
Le mauvais pauvre.	H. VOGEL.	189
Les petites Jondrette.	BRION.	193
Une rose dans la misère.	DE NEUVILLE.	201
Marius aux aguets.	BRION.	212
La fureur de Jondrette.	BRION.	215
Le monsieur bienfaisant.	BRION.	221

TABLE DES GRAVURES.

	DESSINATEURS.	Pages.
Sous la neige	BRION.	230
Surprise	BRION.	232
Elle semblait pensive	BRION.	233
Marius regarda par-dessus le mur	BRION.	243
La rue déserte	BRION.	250
Un sourire au miroir	BRION.	254
La mère Jondrette dans ses atours	E. ZIER.	257
Le guet-apens	BRION.	268
La lutte	BRION.	276
Le ciseau ardent	BRION.	288
Voulez-vous mon chapeau?	E. ZIER.	293
Le pavé	BRION.	296
Le procès-verbal	E. ZIER.	298
L'échelle de corde	H. SCOTT.	299
La Burgonmuche	H. VOGEL.	301
Le roi Coupdesabot	H. VOGEL.	303

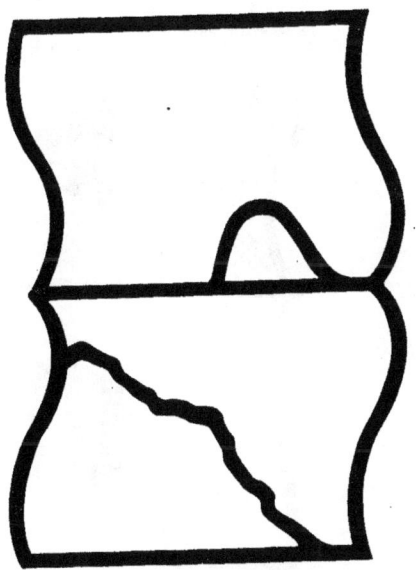

Texte détérioré — reliure défectueuse

NF Z 43-120-11

Contraste insuffisant
NF Z 43-120-14

www.ingramcontent.com/pod-product-compliance
Lightning Source LLC
Chambersburg PA
CBHW060356170426
43199CB00013B/1886